Manfred Köhler

**Melanchthon und der Islam**

Ein Beitrag zur Klärung des Verhältnisses zwischen Christentum und Fremdreligionen in der Reformationszeit

**Köhler, Manfred: Melanchthon und der Islam.**
Ein Beitrag zur Klärung des Verhältnisses zwischen Christentum und Fremdreligionen in der Reformationszeit,
**Hamburg, SEVERUS Verlag 2013.**
**Nachdruck der Originalausgabe, Leipzig 1938.**


ISBN: 978-3-86347-492-8
Druck: SEVERUS Verlag, Hamburg, 2013

Der SEVERUS Verlag ist ein Imprint der Diplomica Verlag GmbH.

**Bibliografische Information der Deutschen Nationalbibliothek:**
Die Deutsche Nationalbibliothek verzeichnet diese Publikation in der Deutschen Nationalbibliografie; detaillierte bibliografische Daten sind im Internet über http://dnb.d-nb.de abrufbar.


© **SEVERUS Verlag**
http://www.severus-verlag.de, Hamburg 2013
Printed in Germany
Alle Rechte vorbehalten.

Der SEVERUS Verlag übernimmt keine juristische Verantwortung oder irgendeine Haftung für evtl. fehlerhafte Angaben und deren Folgen.

seVERUS
Verlag

# Inhalt

Seite

## Einleitung

Die Stellung der vorreformatorischen Zeit zu Muhammed und dem Islam in .................. 7 — 18
  a) Dichtung ............................ 8 — 10
  b) Geschichtsschreibung und Missionsberichten ...... 10 — 13
  c) Theologie ........................... 13 — 18

## Erster Teil

### Melanchthons Darstellung des Islam

Vorbemerkung: Fundorte und Quellen ............ 19 — 29

I. Mahometus ............................ 29 — 39
  1. Muhammeds Leben ................... 30 — 31
  2. Der Staatsmann und Militär ............. 31 — 34
  3. Der Stifter der Mahometica secta .......... 34 — 36
  4. Charakteristik seiner Persönlichkeit ........ 36 — 39

II. Mahometica secta ..................... 39 — 65
  1. Entstehung und Ausbreitung ............ 39 — 45
  2. Der Koran ......................... 45 — 48
  3. Die Glaubenslehre ................... 48 — 52
  4. Die Ethik .......................... 52 — 55
  5. Der Kultus ......................... 55 — 56
  6. Die islamischen Philosophen ............ 56 — 60
  7. Das kleine Horn .................... 61 — 65

III. Turca ............................... 66 — 82
  1. Herkunft und Geschichte .............. 66 — 73
  2. Gog und Magog .................... 73 — 78
  3. Das Geschöpf und Werkzeug des Teufels .... 78 — 79
  4. Der Vollstrecker des göttlichen Willens ..... 79 — 82

## Zweiter Teil

### Melanchthons Kritik des Islam

I. Vorwurf des Fiktionalismus, Polytheismus, Rationalismus und der Häresie .. 83 — 98
  1. Irrtum de essentia et voluntate Dei ........ 84 — 88
  2. Leugnung von persona und officium Christi ... 88 — 91

|  | Seite |
|---|---|
| 3. Der heilige Geist nur ein motus | 91 — 92 |
| 4. Nicht die vera Ecclesia | 92 — 93 |
| 5. Keine Heilsgewißheit | 93 — 95 |
| 6. Werkgerechtigkeit | 95 — 96 |
| 7. Philosophische Religion | 96 — 98 |
| II. **Vorwurf des Utilitarismus, Eudämonismus und Hedonismus** | 98 — 104 |
| 1. Staats- und Kriegsethik | 99 — 100 |
| 2. Allgemeine sittliche Normenlosigkeit | 100 — 101 |
| 3. Staats- und Kulturfeindschaft | 101 — 102 |
| 4. Die islamische Ehegesetzgebung | 102 — 104 |

## Dritter Teil

### Melanchthons Standort innerhalb der Religionswissenschaft

| | |
|---|---|
| I. **Apologetisch-polemische Grundeinstellung** | 105 — 141 |
| 1. Die Verabsolutierung des Christentums | 105 — 116 |
| 2. Eschatologisch-pessimistische Stimmungen | 116 — 119 |
| 3. Biblizistische Geschichtsphilosophie | 119 — 125 |
| 4. Mangelhafte Kenntnisse und subjektive Darstellung | 125 — 141 |
| II. **Praktische Auswirkungen** | 141 — 162 |
| 1. Missionarische Indifferenz | 141 — 146 |
| 2. Grundsätzliche Intoleranz | 146 — 155 |
| 3. Das patriotische Anliegen | 155 — 162 |
| Anhang: Vergleich mit Luthers Islamkritik | 162 — 164 |

# Vorwort

Vorliegende Arbeit hat ihre Geschichte.

In Angriff genommen wurde sie auf Anregung des Leipziger Professors für Religionsgeschichte D. Hans H a a s.

Nachdem dieser hervorragende Gelehrte und edle Mensch viel zu früh für seine Schüler, die sein gesegnetes Wirken nie vergessen, vielmehr es und sein Leben als Verpflichtung zur Nachfolge des Meisters betrachten werden, in die „zukünftige Stadt" eingegangen war, fand die Abhandlung Förderung und Billigung durch Herrn Geheimrat Professor D. Dr. W e i n e l in Jena.

Ihm die Reinschrift vorzulegen, war mir nicht vergönnt; denn ich hatte sie eben abgeschlossen, als die Nachricht von seinem Tode eintraf.

Liebenswürdigerweise gestattete mir Herr Professor D. Dr. H e u s s i, dem ich mich dafür zu außerordentlichem Danke verbunden weiß, vorliegende Untersuchung der Theologischen Fakultät an der Friedrich Schiller-Universität J e n a als Dissertation vorzulegen. Sie ist im Januar 1937 angenommen worden.

Möge die Arbeit, bei deren Abfassung allein das Streben nach Wahrheit mich leitete, dazu beitragen, Werk und Wesen des praeceptor Germaniae zu verdeutlichen und richtig zu beurteilen!

Närrisch, daß jeder in seinem Falle
Seine besondere Meinung preist!
Wenn Islam Gott ergeben heißt,
Im Islam leben und sterben wir alle.

                                    Goethe

# Einleitung

Die dem Islam eigentümliche innige Verbindung von Religion und Politik hatte den Völkern, die sich zu ihm bekannten, große Erfolge beschert. Durch den auf die unterworfenen Länder ausgeübten Zwang war es nach und nach gelungen, einen großen Teil der alten Welt zu Anhängern des Propheten zu machen. Bereits zu Beginn des 7. Jahrhunderts war der Islam in christliches Gebiet eingedrungen. Jedoch die große Gefahr, die dem Christentum von dieser neuen Religion drohte, verspürte das Abendland, obwohl sie sich schon vorher in Spanien breit gemacht hatte, recht eigentlich erst, als die Pilger auf ihrem Zuge nach der heiligen Stadt von den Seldschukken mit roher Gewalt bedrängt wurden. Die daraufhin einsetzenden Kreuzzüge waren der Tat gewordene Protest gegen eine Religion, deren Bekenner ihre Lehre mit Feuer und Schwert auszubreiten und das Christentum zu verdrängen suchten. Angesichts der vom Islam geübten, allerdings erst, wie C. H. Becker meint, durch christliche Einflüsse — trotz Sure 47, 4! — aufgekommenen, religiösen Intoleranz erschien eine anders als mit der Waffe geübte Abwehr von vornherein unmöglich. Nur so ist es zu erklären, daß die christlichen Völker verhältnismäßig erst sehr spät daran gingen, die Glaubenslehre, deren Verfechter sie zuerst ihrer kriegerischen Erfolge wegen kennen und fürchten gelernt hatte, zu studieren und sich mit ihr auseinanderzusetzen. Vollends der Gedanke einer Missionierung der Muhammedaner tauchte erst im 13. Jahrhundert auf. Wenn man sich vergegenwärtigt, daß die Geltung des Missionsbefehls Jesu Christi (Matth. 28, 18 f.) damals noch durch keine textkritischen, völkischen, nationalen und kulturellen Erwägungen beeinträchtigt war, dann erscheint die Außerachtlassung der Gebote des Auferstandenen unbegreiflich. Verständlich wird jedoch diese missionarische Gleichgültigkeit durch die Einschätzung und Beurteilung, die Muhammed und sein Koran erfuhren. „Im Allgemeinen wurde das Bild, welches die Christen des Abendlandes sich von Mohammed und seiner Lehre machten, je länger, je mehr getrübt durch die ärgsten Fabeln und schliesslich völlig entstellt durch die thörichtsten Wahnvorstellungen und die gehässigsten Verläumdungen[1]." „Während der fünf ersten Jahrhunderte der Hidschra und bis zur Zeit des zweiten Kreuzzuges zeigt kein christlicher Schriftsteller eine deutliche Kenntnis des Korans. Trotz des intimen Verkehrs zwischen Christen und Muselmanen, besonders in Spanien, stand einer genaueren Kenntnis des Werkes Muhammeds einmal die schwierige arabische Sprache entgegen, vor allem aber der Schauder vor diesem Werk des Teufels und seinem schändlichen Inhalt. Diese Scheu währte das ganze Mittelalter hindurch, ja sie zeigt sich noch in den Vorreden eines Bibliander in der Mitte des 16. Jahrhunderts und eines Marracci am Ende des 17. Jahrhunderts[2]." Diese grundsätzlich polemische, bestenfalls apologetische Einstellung finden wir nun, von wenigen Ausnahmen abgesehen, auf allen Gebieten, in denen das christliche Abendland zum Islam Stellung nahm, in Dichtung, Geschichtsschreibung und Theologie.

### a) Dichtung.

Der italienische Dichter Dante Alighieri steht noch ganz im Bann mittelalterlicher Grausamkeit, Unduldsamkeit und Unwissenheit. Er, dem man eine kritische Einstellung durchaus nicht absprechen kann und dessen sonstige Dichtungen, seine Sonette zumal, von großer Güte und Edelkeit zeugen, versetzt Muhammed mit Judas und Beelzebub in die unterste, die neunte Stufe des Inferno, indem er ihm den Vorwurf macht, ein „seminator di scandalo e di scisma" zu sein. Der 28. Gesang im I. Teile seiner „Divina Commedia" beschreibt in den Versen 22—62 die furchtbaren Strafen, die Dante für den Gründer des Islam und dessen Diener Ali angemessen erscheinen. Dabei entwickelt er eine in anatomischen Bildern schwelgende Phantasie, die man fast krankhaft nennen kann. Die von Hans Haas[3] angeführten Strophen mögen das beweisen:

Ein Faß, von welchem Reif' und Dauben weichen,
 Ist nicht durchlöchert, wie hier einer hing,

---

[1] H. Prutz, Kulturgeschichte der Kreuzzüge. Berlin 1883. S. 73.
[2] G. Pfannmüller, Handbuch der Islam-Literatur. Berlin und Leipzig 1923. S. 212.
[3] —, Das Bild Muhammeds im Wandel der Zeiten. Berlin 1916. S. 17.

Zerfetzt vom Kinn bis zu Gesäß und Weichen,
Dem aus dem Bauch herunter im Geschling
Gedärm' und Eingeweid', wo sich die Speise
In Kot verwandelt, samt dem Magen hing.
Ich schaut ihn an und er mich gleicherweise,
Dann riß er mit der Hand die Brust sich auf
Und sprach zu mir: „Sieh, wie ich mich zerreiße!
Sieh hier das Bild von Mahoms Lebenslauf!
Vor mir geht Ali, das Gesicht gespalten
Vom Kinn bis zu dem Scheitelhaar hinauf.
Sieh alle die, da sie auf Erden wallten,
Dort Ärgernis und Trennung ausgesät,
Zerfetzt hier unten ihren Lohn erhalten."

Derselbe Vorwurf des „Ärgernisses", d. h. des Amoralismus, und der „Trennung", d. h. der Häresie, unter besonderer Betonung des ersteren, wird jedoch bereits erhoben in dem lateinischen Dichtwerk des Erzbischofs von Tours, Hildebert: „Historia Mahumetis", sowie in den „Otia de Machomete" des Mönchs Waltherius oder Gautier von Compiègne, die die Grundlage bildeten für den „Roman de Mahomet" von Alexandre du (dou) Pont[4]. Weit davon entfernt, Muhammeds staatspolitische und kriegerische Leistungen, seine Tapferkeit und adlige Haltung zu würdigen und zu preisen, was man im Hinblick auf die damalige Zeit mit ihrem ritterlichen Heldenideal annehmen könnte, schilderte man ihn nur als den vom Teufel angetriebenen Feind alles christlichen Wesens, dessen Leben und Moral in krassem Widerspruch zu christlicher Sittlichkeit standen. Hierbei darf man allerdings nicht vergessen, daß einmal eine eingehende Orientierung über Muhammed für den Laien bei der streng gehandhabten kirchlichen Zensur nahezu ausgeschlossen war — noch 1530 wurde die erste vollständige Koranausgabe des Paganini aus Brixen in Venedig auf päpstlichen Befehl sofort nach Erscheinen verbrannt[5]; auch die lateinische Koranausgabe des Züricher Orientalisten Theodor Buchmann konnte erst nach Intervention Luthers und Melanchthons erscheinen, nachdem man vorher deren Verleger Oporinus in Basel verhaftet hatte[6]

---

[4] Vgl. Pfannmüller, S. 151, und Haas, S. 15.
[5] Pfannmüller, S. 212.
[6] Corpus Reformatorum 5, 45.

— und daß zum anderen das durch die dauernde Angriffslust der Muhammedaner in die Verteidigung gedrängte Christentum einer objektiven Beurteilung nicht geneigt war. Die dichterische, sich naturgemäß auf Muhammed beschränkende Darstellung konnte nur einige Züge aus dem Leben des Propheten herausgreifen, und es wäre falsch, wollte man das dort gezeigte Bild ohne weiteres verallgemeinern; denn die hier verarbeiteten biographischen Einzelheiten, Fabeln und Legenden stammten, soweit sie nicht eigene dichterische Erfindung waren, aus anderen Quellen, nämlich aus den Werken katholischer Historiker und Missionare, die teils auf Grund eigener Forschungen, teils die gesammelten Erlebnisse und Erfahrungen anderer in orientalischen Ländern benützend und auswertend, ein Bild des Islams und seines Schöpfers entworfen hatten.

### b) Geschichtsschreibung und Missionsberichte.

Aus der langen Reihe derer, die den Islam beschrieben haben[7], seien hier nur die wichtigsten, vor allem diejenigen herausgegriffen, deren Einfluß sich bis in die Reformationszeit erstreckt. Besonders wertvoll sind darunter die Schriften der Franziskaner und Dominikaner, die auf Missionsreisen den Islam an Ort und Stelle kennen lernen konnten und auf Grund der dabei gewonnenen Kenntnisse ihre Berichte und Urteile abgaben. Da die abendländisch-christliche Geschichtschreibung bis zur Aufklärung fast ausschließlich — abgesehen von den Renaissance-Historiographen — in den Händen von Theologen lag, deren Hauptanliegen die Apologie des eigenen Glaubens war, wird man von vornherein die Anforderungen in bezug auf vorurteilslose und sachgemäße Darstellung und Beurteilung auf ein Mindestmaß herabschrauben müssen. In der Tat begegnet uns bei allen hierher gehörigen Historiographen eine grundsätzlich negative Einstellung zum Islam, von dem „den Reigen der Bestreiter des Islam" eröffnenden Johannes Damascenus (gest. 750), über Theophanes Confessor (gest. 819), dem Bibliothekar Anastasius in seiner „Historia ecclesiastica", Constantinus Porphyrogeneta, den ehemaligen Erzbischof von Tours, Wilhelm von Tripolis, Vincentius von Beauvais in seinem „Speculum historiale" — nach Prutz „Die vollstän-

---

[7] Vgl. auch: W. Gaß, Gennadius und Pletho. 1884. H. Prutz, Kulturgeschichte der Kreuzzüge. Berlin 1883. I. Buch, besonders S. 72—88.

digste Sammlung aller auf Mohammed bezüglichen Sagen, Fabeln und verläumderischen Erfindungen des christlichen Mittelalters⁸"' —, Guibert von Nogent (gest. 1124), Matthäus Parisiensis bis hin zu Eulogius von Cordoba. Die Kritik, in der man sich an tendenziöser Übertreibung und Gehässigkeit zu überbieten sucht, hat fast stets den gleichen Tenor: Muhammed ist ein Lügenprophet, der Erstgeborene des Satans, ein Verführer und elender Bote des Teufels, Kamelräuber, Wegelagerer, Zauberer, Mörder, falscher Prophet, Epileptiker, Lüstling, Lehrmeister der Unzucht, Gefäß der Unreinigkeit, Betrüger, überhaupt ein völlig verderbter und skrupelloser Mensch. Ja, man scheut sich nicht, ihn mit Ausdrücken wie „schmutziger Hund" und „Schwein" zu belegen und sogar seinen Tod zu verunglimpfen⁹, indem man behauptet, er habe sich „dem Trunke ergeben und sei einst in Mekka auf dem Heimwege von einem großen Gelage bewußtlos auf einen Misthaufen niedergesunken; kurz darauf seien Schweine gekommen, die den Schlafenden aufgefressen hätten, und dies sei auch der Grund, weshalb die Muslims kein Schweinefleisch äßen¹⁰". In demselben Fahrwasser segelt der später — in der Reformationszeit, 1540 — anonym erschienene „Alchoran¹¹", in dem unter anderen bekannten Vorwürfen auch der erhoben wird, daß Muhammed von dem nestorianischen Mönch Sergius, einem Ketzer, in der Heiligen Schrift unterrichtet worden sei. Dieser habe das türkische Gesetzbuch, den „Alchoran" geschrieben, Muhammed dagegen behauptet, es sei ihm vom Engel Gabriel übergeben worden¹².

Mit den angeführten Geschichtsschreibern ist jedoch die Reihe der Polemiker gegen den Islam — denn daß es sich in der damaligen Auseinandersetzung nur um Polemik handeln konnte, ist wohl inzwischen klar geworden — durchaus noch nicht vollständig. Es bleiben noch die Vertreter der katholischen Mission. Bei den

---

⁸ A. a. O., S. 82.
⁹ Haas, S. 16.
¹⁰ Ebda., S. 16 f.
¹¹ Dieses Werk war auch den Reformatoren bekannt; denn es wurde von ihnen, nachdem sie es Fastnacht 1540 in Straßburg erworben hatten, Bibliander zugesandt. — Wenn ich hier recht sehe, handelt es sich dabei um einen von Heinrich von Eppendorff übersetzten, in seinem „Annalbuch" abgedruckten Auszug aus der Confutationsschrift des Dionysius Carthusianus: „Alchoran. Das ist / des Mahometischen Gesetzbuchs / vnd Türckischen Aberglaubens Ynnhalt / vnd ablänung." Straßburg 1540. Ein Exemplar davon bewahrt die Landesbibliothek in Dresden auf.
¹² Pfannmüller, S. 146.

meisten von ihnen ist aber die reine Geschichtsschreibung bereits mit theologischen Motiven durchsetzt und von der kirchlich-domatisch geführten Diskussion, die im nächsten Abschnitt behandelt werden soll, kaum mehr zu trennen. Schon aus den abwehrenden und ablehnenden Titeln ihrer Schriften — Confutatio, Improbatio, Cribratio Alchorani, Contra Alcoranum, De statu Saracenorum et de Mahomete pseudopropheta, Notationes contra Mahometi dogmata — wird erkenntlich, daß man unter Verzicht auf eine deskriptive Methode die neue Religion samt ihrem Stifter und dessen Gesetzbuch bewußt vom Standpunkt der kirchlich gebilligten Lehre betrachtet. — Auf Anregung des Abtes von Clugny, Petrus Venerabilis, übersetzten zwei Kleriker, der Engländer Robertus Retenensis und Hermannus Dalmata[13], den Koran ins Lateinische. Dieses Werk ist deshalb für uns wichtig, weil es den Grundstock von Biblianders Sammelwerk[14], zu dem Melanchthon eine Praemonitio schrieb, bildet. In diesem Zusammenhang sind weiter zu erwähnen Wilhelm von Tripolis[15] mit seiner Schrift „Tractatus de statu Saracenorum et de Mahomete pseudopropheta eorum et eorum lege et fide" und Ricoldus de Monte Crucis[16] (gest. 1320), der Verfasser des „Itinerarium peregrinationis" und des „Propugnaculum fidei adversus mendacia et deliramenta Saracenorum Alcorani". Vor allem der letztere, der auf weiten Reisen in islamisches Gebiet — Türkei, Kaspisches Meer, Tartarei, Bagdad — eigene Eindrücke über die Religion des Propheten sammeln konnte, hat

---

[13] Vgl. Pfannmüller, S. 213. — Unter diesen Namen sind sie nicht genau zu identifizieren. Nach dem Kirchlichen Handlexikon, hg. von Buchberger, Bd. II Sp. 1792 und I Sp. 1927 vermutlich Robert von Melun oder de Torigny und Hermanus zu Tournay OSB, gest. nach 1147. — Vgl. ferner: M. Steinschneider: Polemische und apologetische Literatur in arabischer Sprache zwischen Muslimen, Christen und Juden, nebst Anhängen verwandten Inhalts. Leipzig 1877, in: Abhandlungen für die Kunde des Morgenlandes, Bd. 6, Nr. 3, S. 227—234.

[14] Machumetis Saracenorum Principis Eiusque Successorum Vitae, Ac Doctrina Ipseque Alcoran. Quo velut authentico legum divinarumcodice Agareni et Turcae aliique Christo adversantes populi reguntur, quae ante nos CCCC vir multis nominibus, Divi quoque Bernardi testimonio, clarissimus D. Petrus abbas Cluniacensis per viros eruditos, ad fidei Christianae ac sanctae matris Ecclesiae propugnationem, ex Arabica lingua in Latinam transferri curavit. — His adiunctae sunt Confutationes multorum, et quidem probatissimorum authorum, Arabicum, Graecorum, et Latinorum... Haec omnia in unum volumen redacta sunt, opera et studio Theodori Bibliandri. Zürich 1543 und 1550.

[15] Vgl. Prutz, S. 573 ff.; ihm rühmt er eine „vorurteilslose Darstellung des Islam" nach (S. 83 f.).

[16] Vgl. KHL. II, Sp. 1763 s. v. Ricaldo da Montecroce.

mit seinem Werk eine starke und nachhaltige Wirkung ausgeübt. U. a. wurde seine Confutatio Alcorani von dem Freund des Islampolemikers Kaiser Johannes VI. Kantakuzenos, Demetrius Kydones, ins Griechische[17] und von Martin Luther 1542 ins Deutsche übersetzt[18]. Bei der Bedeutung, die Ricoldus auch noch zur Zeit der Reformatoren gehabt hat, liegt es nahe, die Einwände anzuführen, die er gegen den Koran als Gottesgesetz ins Feld führt, zumal uns dieselben Argumente zum Teil später bei Melanchthon wieder begegnen werden. „Die wichtigsten Gegengründe sind diese: 1. Der Koran enthält alle alten, längst widerlegten Ketzereien in bezug auf die Lehre von Gott, Christus, Dreieinigkeit usw. 2. Er hat keine Wunder zu seiner Beglaubigung aufzuweisen. 3. Er ist ohne jegliche logische und sachliche Ordnung. 4. Er ist voller Widersprüche, besonders in seinen Aussagen über Gott, Christus, die Bibel. 5. Er ist wider alle Vernunft und Moral. 6. Er ist voller Lügen und Märlein usw. Kurz, die Türkenbibel kann nur vom Teufel stammen, der in Muhammed Gestalt gewonnen hat[19]." Mit dieser dogmatisch-ethischen Widerlegung des Dominikaner-Missionars sind wir aber bei der dritten Gruppe angelangt, die den Islam im Rahmen ihrer Glaubenslehren behandelt.

c) Theologie.

Unter den Theologen des Mittelalters, die sich mit dieser Aufgabe befassen, finden wir die berühmtesten und scharfsinnigsten Denker, wie Petrus Venerabilis, Thomas von Aquino, Dionysius Charthusianus, Johann von Torquemada, Nicolaus Cusanus, Papst Pius II., Girolamo Savonarola, Ludovicus Vives[20]. Es ist nötig, auf diese Gruppe etwas näher einzugehen und sie, wenigstens aus-

---

[17] S. Bibliander II. Buch, S. 83—165.
[18] Weimarer Ausgabe Bd. 53, S. 261 ff. Verlegung des Alcoran Bruder Richardi, Prediger Ordens.
[19] Pfannmüller, S. 144.
[20] Eine ziemlich vollständige Liste dieser Apologeten führt O. Zöckler, Geschichte der Apologie des Christentums. Gütersloh 1907. S. 236 bis 253; 257—268 auf. Das summarische Urteil über deren Tätigkeit lautet: „Die Literatur der wider die Religion Mohammeds gerichteten christlichen Schutz- und Streitschriften zeigt ein so starkes Vorherrschen des polemischen Tons vor dem einer ruhig demonstrierenden Apologetik, daß die Anwendung des letzteren Namens auf sie kaum zulässig erscheint" (S. 236 f.). Z. findet aber eine Entschuldigung: „Schon der persönliche Charakter des Stifters machte es den Christen schwer, anders als in starken Ausdrücken von demselben zu reden" (S. 237).

zugsweise, zu Worte kommen zu lassen, weil die hier vertretenen theologischen Meinungen teils das Seiten-, teils das Gegenstück bilden zu Melanchthons theologischem System. — Petrus Venerabilis' um die Mitte des 12. Jahrhunderts entstandene Streitschrift, die allerdings nur bruchstückweise erhalten ist, „Quäedam sumula brevis contra haereses et sectam diabolicae fraudis Saracenorum, sive Ismahelitarum[21]" enthält außer den bekannten moralischen Vorhalten auch eine Verwerfung muhammedanischer Irrlehren wegen ihrer Ablehnung der Trinität und Gottessohnschaft Christi. So lesen wir: In primis primus et maximus ipsorum execrandus est error, quod trinitatem in unitate deitatis negant[22]. Und weiter: Illi autem caeci Deum creatorem patrem esse negant: quia secundum eos nullus fit pater sine coitu. Christum itaque licet ex divino spiritu conceptum, Dei filium esse non credunt, nec etiam Deum, sed prophetam bonum, veracissimum, omnis peccati immunem, filium sine patre genitum nun quam mortuum: quia morte non est dignus[23].

Rund hundert Jahre später trat neben den Benediktiner in Thomas von Aquino ein Dominikaner gegen den Islam auf den Plan. Auf Veranlassung Reymunds von Pennaforte (gest. 1275) nahm er in einem Kapitel seiner „Summa de veritate catholicae fidei contra Gentiles" die Verteidigung der christlichen Lehre gegen den Islam auf, die er später in seiner Schrift „De rationibus fidei contra Saracenos graecos et Armenos ad Cantorem Antiochenum" fortsetzte. Nach ihm ist Sinnenlust „die Triebfeder der Gesetze und Vorschriften Mohammeds. Nicht übernatürliche Wunder, sondern Waffengewalt haben den Islam verbreitet. Seine ersten Anhänger waren nicht weise, in den göttlichen und menschlichen Dingen wohlbewanderte Männer, sondern rohe Wüstenbewohner[24]". — Auch der Kardinal Nicolaus von Cusa, der sich sogar um die Erlernung der arabischen Sprache bemühte[25], tadelt in seiner „Cribratio Alcorani[26]" — die übrigens neben Ricoldus' „Confutatio" die einzige Quelle für Luthers Islamkenntnis bildet[27], — am

---
[21] Bibliander, I. Buch, S. 2—6.
[22] Ebda., S. 2.
[23] Bibliander, I. Buch, S. 2 f.
[24] Pfannmüller, S. 142 f. Vgl. auch: Altaner, Die Dominikanermissionen des 13. Jahrhunderts. Habelschwerdt 1924.
[25] KHL II, Sp. 1142.
[26] Opera Basel 1565, S. 879—932. Bibliander, II. B., S. 21—82.
[27] WA, Bd. 53, S. 266.

Islam besonders, daß er die Richtigkeit seiner Lehre nicht durch Hinweis auf Wunder, sondern mit Waffengewalt zu erweisen sucht[28]. Weiterhin wendet er sich gegen den muslimischen Gottesbegriff, der bei Überbetonung Muhammeds Gott eine inferiore Rolle zuweise[29]. Schließlich habe man im Koran die wahre Natur Jesu Christi nicht richtig erkannt, indem man Jesus nur als Menschen, wenn auch als sehr vollkommenen gelten lassen will[30]. — Girolamo Savonarola, der berühmte Bußprediger, beweist im vierten Buch seines Werkes „De veritate fidei in Dominicae crucis triumphum" „die Wahrheit der christlichen Religion auch noch negativ durch Dartuung der Irrtümlichkeit und Verwerflichkeit aller nichtchristlichen Religionen, und zwar des Heidentums, Judentums und endlich der ‚Sekte der Muhammedaner', der ein konfuses Streben nach Verschmelzung aller Irrlehren der Juden und der Häretiker zu einem Ganzen vorgeworfen wird, unter Betonung der Fabelhaftigkeit ihres Alkoran, der Lasterhaftigkeit ihres Propheten und des fleischlichen Charakters ihrer Seligkeitshoffnungen[31]". In den bei Bibliander abgedruckten „Mahumetanorum sectam omni ratione carere, Commentatiuncula lectu dignissima[32]" hält Savonarola den Muhammedanern außer Häresie und Superstition auch die Übernahme des jüdischen Ritus der Beschneidung vor[33]. Überaus abfällig ist das Ur-

---

[28] Est igitur ultima resolutio probationis omnium, quae in Alchoran leguntur, gladius. Sic enim in Cap. prophetarum, in Alchoran scribitur de Machumet: Dixisti somnia, et blasphemias concinnasti, vel forte poetizas. Venias saltem cum miraculo uno, quemadmodum nuntii priores. Respondit: Destruximus, inquit Deus, civitates ante eos quae non crediderunt. Nec etiam vos miraculis credideritis, nisis per gladium (Bibliander II, S. 64 im 3. K. des 3. Buches mit der Überschrift: Cur dicuntur salvati credentes Alchoran et quod gladius est magister. Vgl. auch S. 68).

[29] Per hoc enim apparet, quod Deus qui loquitur in Alchoran, recognoscat alium Deum superiorem se, et dominum orientis et occidentis se maiorem. Non erit igitur deus supremus et absolutus. (Bibliander II, S. 65.) Deus Alchoran est servus Machumet. Ipse enim et angeli pro Machumet orant. Loquitur deus, quaecunque ipse Machumet loqui verecundatur (Ebda., S. 66).

[30] Et quamvis Alchoran talia de Christo dicat, per quae sapientes ista facile elicere possunt: tamen alibi variat et illa de Christo dicit, quae videntur in Christo consortium divinae naturae negare (Ebda., S. 69).

[31] Pfannmüller, S. 145.

[32] Bibliander vor Beginn des II. Buches ohne Seitenzählung.

[33] At Muhametani quodammodo inter Iudaeos et Haereticos medii, postremo nobis loco convincendi supersunt. Nam et Iudaeorum circumcisionem imitantur, et omnium fere haereticorum errores coacervarunt.

teil, das über die Persönlichkeit Muhammeds gefällt wird: Sed haec autore gloriatur Mahumetae. Qui, sicut certa tradit historia, prorsus irrationabilis, sceleratus, adulter et populorum praedator fuit. Wie Nicolaus Cusanus reibt sich auch Savonarola an den Gewaltmethoden, mit denen der Islam in einer der Vernunft nicht gemäßen Weise anderen Völkern aufgezwungen wurde³⁴. Außer dem aufs Irdische und Materielle gerichteten Sinnen und Trachten ist es besonders die Wunderlosigkeit, die bei ihm Anstoß erregt³⁵. — Eine Zusammenfassung aller bisherigen apologetischen Polemik bietet der Spanier Juan Luis Vives³⁶ (gest. 1540) in seiner Apologie „De veritate fidei christianae" und einer weiteren Schrift, „De conditione vitae Christianorum sub Turca³⁷". In dem von ihm geschilderten Redestreit eines Christen mit dem Muhammedaner Alfaquin wird diesem wiederum vorgehalten, daß „lediglich die Anwendung roher Gewalt zur Ausbreitung seiner Religion diene³⁸". Ein Exzerpt aus seinem Glaubenswerk³⁹ enthält die Behauptungen, Muhammed habe die Bibel verfälscht und in Ermangelung einer genauen Bibelkenntnis unrichtig interpretiert⁴⁰. Die heute noch umstrittene Frage, ob Muhammed beide Testamente der Bibel gelesen habe, wird von Vives rundweg verneint⁴¹. Auch er betont den militärisch-räuberhaften Charakter der neuen Religion, der sich bereits bei ihrer Entstehung deutlich zeige⁴².

---

— Omnis namque vera religio aut a naturali aut a supernaturali lumine proficiscitur. Sed eorum superstitio penitus confusa, a neutro horum lumine provenit.

[34] Vi autem et gladio, non rationibus instructus, pollicitationibus malaque arte homines rudes ac impuros sibi ascivit (sc. Muhammed).

[35] Nil praeterea divinum aut mirabile in hac secta, propter quod a Deo existimanda sit, apparet. Eiusmodi autem secta, terrena tantum sapiens, nulla verae beatitudinis mentione habita, bestialem quandam voluptatem ventrem consentanea post praesentem vitam pollicetur. — Nullis enim, quemadmodum Christiana religio, fulcitur miraculis.

[36] Vgl. Zöckler, S. 302 ff; KHL II, Sp. 2625 ff.

[37] Bibliander III. Buch, S. 140—148.

[38] Pfannmüller, S. 146.

[39] Bibliander, die unnumerierten Seiten zu Beginn des II. Buches.

[40] Iam quae sunt aperte planis verbis in veteri Testamento explicata, ipse depravat, et narrat falso, ut de Mose, de Pharaone, de Gedeone et Saule et Noe et arca, de Abraham et Lot, de Ioseph. De novo autem Testamento narrat falso natalem Domini, et de Ioanna baptista, etc.

[41] Fieri profesto non potest, ut Mahumetes legerit utrumque Testamentum.

[42] Nam quum Arabes irati Heraclio discessionem ab eo fecissent, hic se ordinibus iratorum militum admiscuit, eorumque animos adversus im-

Um seiner politischen Stellung die nötige Autorität zu verleihen, habe Muhammed, auf dessen geringe Herkunft man herabsah, sie mit einem religiösen Nimbus umkleidet, sich zum Propheten und Gottgesandten aufgeworfen und auf diese Weise seinen Maßnahmen den erforderlichen Nachdruck verschafft[43]. Muhammeds Anmaßung zeige sich auch darin, daß er sich, eine jüdische Eigentümlichkeit aufgreifend, ein „Volk des Eigentums" erkürt und das Verständnis des Koran an die Beherrschung der arabischen Sprache gebunden habe[44]. Der Koran sei ein Lügenwerk und außerdem ein Konglomerat aus jüdischen Schriften[45].

Aus allen den hier angeführten Äußerungen führender mittelalterlicher Theologen wird deutlich, daß man von einer kritisch sichtenden und sachgemäß wertenden Religionswissenschaft noch weit entfernt war. Keiner dieser Dichter, Historiker, Missionare oder Theologen vermag sich so weit aus der sie umfangenden Zeitgebundenheit zu lösen, daß er nicht nur das Verwerfliche, Abstoßende und Zweitrangige an der jüngsten Weltreligion sieht und betont, sondern auch das Schöne, Wertvolle, Besondere und Fortschrittliche im Islam aufzeigt. In einer satten kirchlichen Geborgenheit, verbunden mit einer häufig abstoßenden pharisäerhaften Überheblichkeit kam man gar nicht auf den Gedanken, etwa das beiden Religionen Gemeinsame aufzudecken und herauszustellen. Der sich in der Formel: „Extra ecclesiam nulla salus" offenbarende Mangel an Toleranz und Aufgeschlossenheit für andere Glaubensformen und -inhalte ließ die religionskundliche

---

peratorem exacuit, et in defectione confirmavit. Tum creatus est a parte quadam militum dux Mahumetes, quemadmodum ii solent in omni seditione extolli, qui prava multitudinis consilia comprobant, potentesque et principes insectantur.

[43] Humilitatem generis et vitae prioris sordes multi in novo duce aspernabantur. Ipse, ut ab illo se contemptu vindicaret, quod est apud stolidam plebem facillimum atque efficacissimum, divinitatem suis actibus praetendit, non iam se ducem et principem ferens, militari favore electum, sed prophetam et nuncium Dei omnipotentis, ut obtentu divinitatis omnes haberet, dicto audientes. Caput vero negotii erat, Deum misisse primo humano generi Mosen, hinc Christum natum Iesum, instructos facultate prodigiorum: homines illis non se praebuisse obsequentes: statuisse Mahumetem mittere sine miraculis armatum, ut quos non movissent oracula, cogerent arma: se esse postremum nuncium.

[44] Alias enim dicit, se gentem habere peculiarem, cui sit missus: et neminem intellecturum suum Alcoranum, nisi sit Arabs, aut sciat Arabice.

[45] Praeterea nec minus secure infinita mendacia in Alcorano confingit, partim ex Thalmut Judaeorum, quae tamen ipse magis corrupit...

Kontroverse über eine mit dem Schwarz-Weiß-Verfahren operierende Apologetik nicht hinauskommen. Daß dieser Kampf gegen ein Phantom gerichtet war, hat man nicht gemerkt; denn „den Islam, auf dessen Vernichtung das christliche Mittelalter ausging, hat es tatsächlich nie gegeben"[46]. Hierbei soll nicht übersehen werden, daß bei der Urteilsbildung gelegentlich praktische, durchaus verständliche staats- und kirchenpolitische Motive eine große Rolle gespielt haben mögen. Die nur mit Mühe aufrechterhaltene Reichseinheit, sei es, daß sie durch die andauernden Kämpfe zwischen Kaiser und Papst oder durch innere Streitigkeiten der Fürsten immer wieder gestört wurde, wäre durch einen erfolgreichen Angriff des Türken stark gefährdet, wenn nicht gar zerstört worden. Bei einer auch nur teilweisen Anerkennung der Lehre des Propheten hätte man den, das christliche Abendland gegen den Halbmond verteidigenden Kriegern den moralischen Rückhalt genommen. Vollends, wie hätte man auch nur einen einzigen Kreuzzug rechtfertigen wollen, wenn man „seiner unbestochenen, von Vorurteilen freien Meinung" nacheifernd, mit Lessing sich dem auch im Islam ruhenden Wahrheitsgehalt nicht verschlossen und in dem muselmanischen Gegner zuerst einen Saladin und nicht den Teufelssöldner erblickt hätte. So aber konnte man mit dem Gefühl in den Krieg ziehen, nicht nur den landhungrigen politischen Gegner in die Schranken zu weisen, sondern auch den Religionsfeind und Zerstörer christlicher Ordnung an der Ausübung seiner zersetzenden Absichten zu hindern[47]. Durch den unterlassenen Versuch einer Verständigung zwischen beiden Religionen standen sich zwei Absolutheitsansprüche unversöhnlich und bewußt betont gegenüber — der des sich auf die Offenbarungen und Verheißungen des Jesus von Nazareth berufenden Christentums auf der einen und der sich ebenfalls auf Zusicherungen und Erlebnisse ihres Propheten gründende des Islam auf der anderen Seite, dessen Richtigkeit und Rechtmäßigkeit man zudem noch mit den großen politischen Erfolgen unterstreichen zu können vermeinte.

---

[46] Prutz, S. 88.
[47] Ebda., S. 73.

*Erster Teil*

# Melanchthons Darstellung des Islam

Vorbemerkung: Fundorte und Quellen.

Welch gewaltige, alle bewegende Macht der Islam noch im 16. Jahrhundert darstellte, zeigt schon der Umstand, daß er die mit Aufgaben und Sorgen anderer Art überlasteten deutschen Reformatoren zur Stellungnahme zwang. Von Luther ist es bekannt, wie sehr ihn die muhammedanische Religion interessierte. Davon zeugen die 1529 erschienenen Schriften[48] „Vom Kriege wider die Türken", die „Heerpredigt wider den Türken" und die bereits erwähnte „Verlegung des Alcoran Bruder Richardi". Seine Stellung zum Islam ist schon mehrfach behandelt worden[49]. Auch Melanchthon kannte Luthers Arbeiten auf diesem Gebiet, „der in dem viel geschrieben hat, den Türken betreffend, und sonst, welcher Glaube gar nicht tauget". Ja er hält ihn in diesen Fragen für kompetenter als sich selbst; denn er fährt fort: „Ich traue es mich nicht zu, wiewohl mir allerlei gesagt wird[50]." Aber nicht nur Luther, auch sein Freund und Mitstreiter Melanchthon hat sich vom Beginn seiner wissenschaftlichen Tätigkeit bis in seine letzten Lebensjahre mit der Religion Muhammeds und ihren Bekennern beschäftigt. Hierbei bestimmte ihn nicht allein das Interesse des christlichen Theologen, sondern ebenso das des Historikers.

---

[48] Auf eine dieser beiden Schriften spielt Melanchthon gelegentlich eines Briefes an Justus Jonas vom 30. März 1529 an: De Turca magnum hic silentium est, tamen avide libellum Lutheri exspecto, teque rogo, vel ut meo sumpto mittas (CR 1, 1046).

[49] Vgl. H. Voßberg, Luthers Kritik aller Religionen. Leipzig 1922. S. 90—100; W. Holsten, Christentum und nichtchristliche Religion nach der Auffassung Luthers. Gütersloh 1932. S. 126—144; G. Simon, Der Islam und die christliche Verkündigung. Gütersloh 1920. S. 42—54; Ders., Luthers Gedanken über die moslemische Welt in: Kirchliche Rundschau, 33. Jahrg. 1918, S. 51 ff.; H. Barge, Luthers Stellung zum Islam in: Allgemeine Missionszeitschrift 43, S. 79 ff. und 108 ff.; K. Völker, Luther und der Osten Europas in: Lutherjahrbuch 1933, S. 116 ff.; Pfannmüller, S. 147.

[50] CR 2, 100.

In demselben Jahre, in dem Luther seine „Heerpredigt" hinausgehen ließ, lesen wir in einem Brief Melanchthons an seinen Freund Camerarius: Jonas hic componit libellum de Turcis, cuius operis silvam nos congessimus[51]. Es ist dies die in der Wittenberger Lutherhalle unter dem Titel aufbewahrte Schrift: „Das sibend Capitel Danielis / von des Türcken Gottes lesterung und schrecklicher mörderey / mit vnterricht Iusti Ione. Wittemberg. M. D. XXX." Der 42 Seiten umfassende Druck enthält außer einer den Zweck und Anlaß dieses Büchleins darlegenden Widmung an den Landgrafen Philipp von Hessen die Kapitel: Vnterricht Iusti Ione vom Türcken. Der Text Danielis Cap. VII. Außlegung. Vnterscheydt des Türckischen vnd anderer Königreich. Vermanung. — Eigenartigerweise hat sie in das Corpus Reformatorum keine Aufnahme gefunden[52]; denn daß die unter dem Namen Justus Jonas' ausgehende Schrift nicht dessen alleiniges Werk, sondern eine mit Melanchthons Hilfe zustandegekommene Gemeinschaftsarbeit ist, kann man aus den verschiedensten Andeutungen schließen. Das bezeugt einmal ein Brief Luthers an Hausmann vom 26. Oktober 1529: M. Philippus et Ionas edunt libellum in eandem causam (i. e. adversus Turcas)[53]. Nach Lage der Umstände kann es sich dabei nur um die eben erwähnte Schrift handeln. Außer der angeführten Bemerkung Melanchthons, die seine Mitarbeit bezeugt, haben wir noch im Widmungsvorwort das den eigenen Anteil stark einschränkende Eingeständnis Justus Jonas', er habe „mit hilff vnd zuthun etlicher / die der historien besser erfaren synd / denn ich bin / auß der heyligen schrifft etliche sprüch im Teutschen lassen außgehen / die da leren / was von den Türcken zehalten sey /". Daß unter denen, „die der historien besser erfaren synd", nur Melanchthon gemeint sein kann, zeigt seine sonstige Tätigkeit auf diesem Gebiet. Neben diesen äußeren Gründen weisen aber in ebenso starkem Maße der Inhalt und die Anlage des Türkenbüchleins Melanchthon als seinen geistigen Urheber aus. In keinem Punkte läßt sich nachweisen, daß Jonas etwa hierfür Quellen benutzt hat, die Melanchthon nicht zur Verfügung standen, mit anderen Worten, daß Jonas auf Grund

---

[51] CR 1, 1110.
[52] Wohl aber finden wir sie bei Hartfelder (Melanchthon als praeceptor Germaniae. Leipzig 1889) im Kapitel „Chronologisches Verzeichnis der Arbeiten Melanchthons" unter Nr. 182 (S. 589).
[53] Zitiert nach CR 1, CLX.

reichhaltigeren Materials eine eingehendere Islamkenntnis gehabt hätte. Sowohl was den Umfang der Islamkenntnis als auch die Art der Widerlegung betrifft, decken sich das VII. Cap. Danielis und das sonst von Melanchthon hierzu Geschriebene. — Alle diese Momente gestatten uns, das den Namen Justus Jonas tragende Türkenbüchlein als geistiges Eigentum Melanchthons zu betrachten und seinem Werk zuzuweisen, wie es Hartfelder auch schon getan hat.

Aber nicht nur an Jonas' „VII. Cap. Danielis" hat Melanchthon wesentlichen Anteil, sondern auch an Brenz, des schwäbischen Reformators kleinem Druck[54]: „Wie sich Prediger vnd Leyen halten solen / so der Turck das deutsche Land vberfallen würde / Christliche vnd notturftige vnterricht / Johannis Brentij Predigers zu Hall in Swaben. M. D. xxxj.", wie nachfolgende Stelle aus einem Brief an Brenz beweist: Quidam mendicus sacerdos voluit hic tuum libellum de Turcis edere, hunc ego mutavi plusquam dimidia operis parte tuo nomine. Feci id fretus nostra amicitia et spero te probaturum esse[55]. Da von Brenz keine ablehnende Antwort bekannt ist, darf man annehmen, daß das Türkenbüchlein in der von Melanchthon redigierten Form erschienen ist. Und da diese Tätigkeit sich über plusquam dimidia operis parte erstreckte, darf dieses Werk dem übrigen Melanchthons beigesellt und bei der Beurteilung seiner Islamkenntnis mit zugrundegelegt werden. — Auch dieses 16 Seiten umfassende Schriftchen geht von Daniel Kap. 7 aus und versucht sich in dem Nachweis der göttlichen Sanktionierung des Türkenkrieges. Es ist in der Hauptsache eine Untersuchung über die Rechtmäßigkeit eines mit der Waffe geführten Widerstandes gegen die Türken, sowie eine Rechtfertigung gegenüber christlich-quietistischen Einwänden. Stellenweise macht der Brenzsche Druck förmlich den Eindruck eines Exzerptes aus Jonas' „VII. Cap. Danielis". — Beide Schriften haben eine gemeinsame Vorlage in dem deutsch geschriebenen Chronicon Carionis.

Bevor wir jedoch auf dieses eingehen können, müssen wir uns kurz mit Melanchthons historiographischer Tätigkeit befassen. Sein vielseitiges Interesse suchte auch auf profan-historischem

---

[54] Dieser ist weder im CR noch bei Hartfelder abgedruckt, bezw. angeführt. Mir stand ein Exemplar der Wittenberger Lutherhalle zur Verfügung.
[55] CR 2, 517.

Gebiet, wo er sich ein umfassendes Wissen angeeignet hatte, sich zu betätigen. So überarbeitete er bereits 1514 in Tübingen Nauclers Weltchronik[56]. Den Historiker Melanchthon kennzeichnet Bretschneider in seinem Vorwort zum Chronicon Carionis folgendermaßen: Melanthonem rerum ab initio gestarum cognitionem satis profundam habuisse, qualem homo doctus illo tempore habere potuit, scripta eius minora satis testantur. Nun solum enim in epistolis et iudiciis suis, ut etiam in praefationibus, quas aliorum libris praeficit, abundam historiae priorum seculorum cognitionem conspiciendam praebuit, sed etiam in orationibus academicis saepius tractavit argumenta historica insigni modo[57]. Wohl nicht mit Unrecht nannte Luther ihn wegen seiner überall zutage tretenden wissenschaftlichen Hilfsbereitschaft famulus communis[58]. Er bevorwortete die Ursberger Chronik[59] und überarbeitete das 1532 erscheinende Chronicon Carionis. Über Melanchthons Anteil an diesem Geschichtswerk gehen die Meinungen auseinander[60]. Von dieser ursprünglich deutsch geschriebenen Chronik erschien 1558 eine völlig umgearbeitete und erweiterte lateinische Ausgabe[61]. Diese ist deshalb für uns wichtig, weil sie einen sechs Spalten umfassenden Abschnitt „De Mahometi regno et secta[62]" enthält. Verglichen mit den spärlichen diesbezüglichen Notizen

---

[56] CR 1, CXLVI; vgl. E. Joachim, Johannes Nauclerus und seine Chronik. Göttingen 1874. S. 12, 21; CR 28, 3 f.

[57] CR 12, 707. — Über Melanchthon als Historiker geben folgende Werke Aufschluß: R. Fester, Sleidan, Sabinus, Melanchthon in: Historische Zeitschrift 89, 1902, S. 1—16; E. C. Scherer, Die letzten Vorlesungen Melanchthons über Universalgeschichte in: Historisches Jahrbuch, 47. Bd., 1927, S. 359 ff.; S. Berger, Melanchthons Vorlesungen über Weltgeschichte in: Theologische Studien und Kritiken 1897, S. 787 ff.: Gegen Mitte der 50 er Jahre hält Melanchthon Vorlesungen über Weltgeschichte. Davon ist in Paris ein Kollegheft erhalten, das vom 13. Juli 1555 bis zum 9. April 1560 reicht. Es ist mir leider nicht gelungen, die zahlreicher Exkurse wegen besonders wertvolle Handschrift zu erlangen, die vermutlich auch Äußerungen über den Islam enthält; Hartfelder, S. 197—202, 294—306.

[58] H. Ziegler, Chronicon Carionis. Halle 1898. S. 13.

[59] CR 3, 216 ff.

[60] Vgl. G. Münch, Chronicon Carionis Philippicum. Ein Beitrag zur Würdigung Melanchthons als Historiker. Diss. Breslau 1927; E. Mencke-Glückert, Die Geschichtsschreibung der Reformation und Gegenreformation. Leipzig 1912. Nach diesem ist das Werk so gut wie ganz M. zuzuschreiben (S. 35 ff.).

[61] CR 12, 711 ff.

[62] CR 12, 1073 ff.

in der deutschen Chronik ist hier ein weit umfangreicheres Material verarbeitet. Münch sieht allerdings keinen wesentlichen Unterschied zwischen den beiden Darstellungen, denn der in der lateinischen Chronik Muhammed gewidmete eingehende Abschnitt verberge „seine enge Verwandtschaft mit der deutschen Chronik nur durch einige gelehrte Zutaten"[63]". Doch kann man, ohne Carion unrecht zu tun, die in der Chronik vertretene und begründete Ansicht über Muhammed und sein Werk als Melanchthons eigene und nicht von Carion übernommene Meinung ansehen.

Melanchthons starkes Interesse für den Islam erhellt weiter aus mehreren zu Türkenwerken geschriebenen Vorreden, so zu des italienischen Geschichtsschreibers Paulus Iovius' „Turcicarum rerum commentarius"[64]", zu Biblianders Sammelwerk[65] und zu Paolo Rubigallos 1544 erschienenem „Hodoeporicon itineris Constantinopolitani" in Form von zehn Distichen[66]. Aus einem diesem bei Rückkehr nach Panonien — er stammte aus Kremnitz in der Slowakei — mitgegebenen Testimonium[67] kann man schließen, daß er sieben Jahre in Wittenberg zugebracht hat. Während dieser Zeit dürfte er in nicht geringem Maße auf Melanchthon eingewirkt haben, einmal durch seinen schriftlich niedergelegten Reisebericht aus islamischen Ländern und außerdem durch mündliche Erzählungen. Noch stärker als von diesem wird Melanchthon von dem slawonischen Abenteurer Bartholomaeus Georgievitz[68] beeinflußt worden sein. In Melanchthons Sterbejahr erschien, ebenfalls mit einer Vorrede Melanchthons, ein Türkenbuch: De origine Imperii Turcorum eorumque administratione et disciplina brevia capita notationis loco collecta. Cui libellus de Turcorum moribus collectus a Bartholomaeo Georgieviz adiectus est. Cum Praefatione Reverendi viri D. Philippi Melanthonis. Witebergae 1560. Cum figuris Imperatorum Turcicorum ligno incisis[69]. Das zuerst erwähnte Buch läßt sich bezüglich seines Autors nicht genau

---

[63] A. a. O., S. 114.

[64] CR 3, 440 ff.; über Iovius vgl. KHL II, 180 f.; Enciclopedia Italiana Di science, lettere ed arti, Bd. XVII, s. v. Giovio, S. 277.

[65] CR 5, 10 ff.

[66] CR 5, 564.

[67] CR 5, 750.

[68] Über G. vgl. Fr. Babinger, Die türkischen Studien in Europa bis zum Auftreten Joseph von Hammer-Purgstalls in: Welt des Islam, 1919, S. 103 ff.

[69] CR 9, 1026 ff.

ausmachen, während es sich bei dem zweiten um Georgievitz' „De Turcarum moribus Epitome. Lugduni 1555⁷⁰" handelt. Das andere Werk Barth. Georgievitz' erschien in demselben Jahre, in dem uns unter dem 11. August ein Empfehlungsschreiben von Luther und Melanchthon für diesen überliefert ist. — Hier haben wir einmal den seltenen Fall, daß Melanchthon eine Quelle für seine Islamkenntnis angibt und gleichzeitig deren Glaubwürdigkeit bezeugt: Venit in Academiam nostram hic Pannonius hospes Bartholomaeus Georgievitz peregrinus Hierosolymitanus, qui narrat, se captum esse a Turcis in proelio, in quo Rex Ludovicus periit, ac postea Constantinopoli septem annos, et deinceps in Asia sex annos serviisse. Ita autem locorum appellationes et naturas regionum et gentium, et mores cum Turcicae gentis tum Armeniorum et Graecorum erudite recitat, et tam consentanea fide dignis historiis narrat, ut virum honestum esse, et honestis de causis peregrinari eum existimemus[71]. Und: Habui his diebus hospitem Pannonium, qui diu Constantinopoli et in Asia captivus servivit, ex quo historias rerum Turcicarum multas audivi[72]. — Hierher zu rechnen sind ferner die Declamationes: De vita Avicennae[73] und De capta Constantinopoli[74]. — Sogar zur biblischen Exegese wird der Islam herangezogen. Und zwar geschieht dies in der Postilla: Historica de inventione et exaltatione crucis Christi, cuius fit mentio in Calendariis die 14. Septembris[75]. Bei der Beantwortung der in ihr gestellten rhetorischen Frage: Estne possibile Mahometicam sectam esse Ecclesiam Dei[76]? gibt Melanchthon einen kurzen Abriß über die muhammedanische Religion und ihren Schöpfer. Außerdem finden sich in Briefen, Gutachten, Kommentaren, Gedichten, Artikeln und theologischen Lehrschriften verschiedener Art während der gesamten Schaffenszeit Melanchthons gelegentliche Äußerungen über Muhammed, Muhammedaner und Türken. Verkehrt wäre es nun aber, aus der Zahl der angeführten Werke über den Islam, die Melanchthon mit einem Vorwort versehen hat, zu schließen, daß er sie sämtlich gelesen und sich mit ihnen eingehend befaßt habe. Wie wir noch sehen werden, hat er gerade die, die geeignet gewesen wären, seine Vorstellungen vom Islam nach der positiven Seite abzuändern, abgelehnt.

---

[70] Pfannmüller, S. 156; Babinger, S. 105, kennt eine bereits 1552 in Rom erschienene Schrift dieses Titels.
[71] CR 5, 463. [72] CR 5, 467. [73] CR 11, 826 ff.
[74] CR 12, 153 ff. [75] CR 25, 498 ff. [76] CR 25, 502.

Damit sind wir aber bei der Frage nach den Quellen angelangt, die Melanchthon zur Verfügung standen und die er vermutlich verwertet hat. Direkte Angaben finden wir, von der erwähnten Ausnahme abgesehen, nirgends. Wir sind also auf Mutmaßungen angewiesen. Einen wesentlichen Teil seiner Kenntnisse scheint er Erzählungen des Hieronymus de Laski und Studenten der Universität Wittenberg aus Pannonien und Ungarn, also aus Gebieten, wo der Protestantismus mit dem Islam zusammenstieß, entnommen zu haben. Ein reger Briefwechsel verband ihn mit dem serbischen Reformator Christophorus Pannonius (Christoph Preiß[77]). Aus manchen Andeutungen ist zu schließen, daß darin der Islam, wie er sich in der in diesen Gebieten bei den Türken gebräuchlichen Form darbot, eine wichtige Rolle spielte. Auch von heimkehrenden Kriegsgefangenen wird er einiges erfahren haben. So werden zwei Wittenberger Schüler erwähnt, die von einem Juden losgekauft worden waren[78]. Freundschaft verband Melanchthon mit den Brüdern Hans und David von Ungnad. Ersterer, der drei Jahre in Sachsen lebte, finanzierte Trubers Mission unter den Südslawen und so mittelbar die unter dem Islam[79]. Dessen Bruder David war kaiserlicher Gesandter in Constantinopel und eine Zeitlang Rektor in Wittenberg. Diesen Posten mußte er jedoch bald nach der Amtsergreifung eines Todesfalles in seiner Familie wegen wieder aufgeben. Die von ihm gehaltene Rektoratsrede hatte Melanchthon ausgearbeitet[80]. Man wird in der Vermutung nicht fehlgehen, daß beide Ungnads Melanchthon über den Islam informiert haben. Ferner ist wahrscheinlich, daß er auf den vielen Konferenzen, an denen er teilnahm, mit Leuten zusammentraf, die den Islam aus eigener Anschauung kannten. Wie stark Melanchthon die Türken interessierten, geht allein schon daraus hervor, daß er sich nicht mit dem begnügte, was er über sie gelegentlich und zufällig erfuhr, sondern seine Freunde ausdrücklich aufforderte, ihm mitzuteilen, wenn sie etwas über die Türken wüßten[81]. Erhaltene Informationen gibt er dann wiederum an seine Freunde

---

[77] 49 Briefe enthält allein das CR.

[78] Nuper redierunt ex Belgrado equites aliquot in proximo proelio Turcicis capti. In his sunt nostri scholastici Erasmus Conricius, et Schulenburgius, redemti a quodam Iudaeo, qui horum familias novit (CR 3, 507).

[79] G. Simon, Der Islam und die christliche Verkündigung, S. 59.

[80] CR 10, 971.

[81] z. B. CR 1, 1110; 2, 592, 608.

und Bekannten weiter[82]. Aus dem Inhalt der übermittelten Nachrichten ergibt sich allerdings, daß sie meist politischer Natur waren, aber es ist wohl nicht von der Hand zu weisen, daß in die Briefe und Gespräche auch die muhammedanische Religion mit einbezogen wurde. Nach seinem eigenen Bekenntnis verband ihn mit polnischen und pannonischen Gelehrten innige Freundschaft[83]. Einmal heißt es: Haec — es handelt sich um eine Mordaffäre am türkischen Hofe — ad me scripserunt homines digni fide ex Pannonia[84]. Aus Polen bekam er Nachrichten[85], und dem Patriarchen von Constantinopel sendet er die CA griechisch[86] durch den 1559 in Wittenberg weilenden Diakon von Constantinopel Demetrius Rascianus. Von demselben Demetrius erfahren wir weiter, daß er, der drei Jahre in Byzanz Diakon war, Briefe eines gewissen Sigismund Gelous aus Ungarn mitgebracht hat[87]. Dieser Demetrius, ein vir peritus et dignus fide, wird nun bei der Weitergabe von türkischen Kriegsberichten mehrfach ausdrücklich als Quelle zitiert[88]. Die Art und Weise, wie hier ein politisches Ereignis nach vielen Seiten weitergeleitet wird, hinterläßt von Melanchthons Haus förmlich den Eindruck einer Nachrichtenzentrale. Daß die weitreichende Wirkung Melanchthons kaum überschätzt werden kann, aber auch schon zu seiner Zeit bekannt war, zeigt eine Stelle aus der Gedenkrede Konrads von Heresbach: Imo ex omnibus propemodum totius Europae provinciis et regnis, ex Gallia, Anglia, Hungaria, Transsylvania, Polonia, Dania, Bohemia, et ex Italia quoque ipsa, Imo ex Graecia fama nominis ipsius excitati, plurimi omnibus temporibus Witenbergam confluxerunt[89]. Ungarn brachten ihm Nachrichten aus dem vom Türken besetzten Lande[90] oder sandten ihm welche[91]. Dryander, ein gebürtiger Spanier aus Burgos ist mit Melanchthon befreundet[92]. Auch dürfte er von der Spanienreise des Camerarius mit dem Grafen Albert von Mansfeld im November 1526[93] und den Reisen des Sabinus und Flacius nach Italien und besonders nach Venedig profitiert haben[94]. Denn Venedig scheint damals der Ort gewesen zu sein, von wo aus

---

[82] CR 2, 584, 595; 6, 54; 7, 821; 8, 542; 9, 131. — Das geschieht einmal auch dadurch, daß er das Türkenbuch des Iovius den oben erwähnten übersendet: CR 3, 453, 458, 456.

[83] CR 9, 814.  [84] CR 5, 224.  [85] CR 8, 894.
[86] CR 9, 921.  [87] CR 9, 826f.  [88] CR 9, 818, 827.
[89] CR 10, 301.  [90] CR 6, 831; 8, 113; 25, 297.
[91] CR 8, 433f.  [92] CR 10, 356.
[93] CR 1, 831ff.  [94] CR 10, 361, 405.

Deutschland mit Nachrichten über den Islam versorgt wurde[95]:
„Das VII. Cap. Danielis" beruft sich auf „redliche glaubwürdige
leut / die disen dingen allen / zu Venedig vnd andern örtern
auffs fleyßigst nachgefragt[96]". Von daher läßt er sich auch Bücher
schicken[97]. — Einmal berichtet Melanchthon davon, daß er Bücher
aus Konstantinopel gesehen habe[98], und ein andermal schreibt er
an Georg von Anhalt: Heri literas accepi, in quibus mihi scribitur,
in Africa nullos esse coetus, nullos congressus ullius religionis[99].
Erhalten ist ein — inhaltlich unwesentlicher — Brief an zwei
Christen namens Jakobus in Samos über die Türken, nach dem man
vermuten darf, daß er auch mit diesen korrespondiert hat[100]. Zwei
Männer aus Griechenland und Kappadokien berichten ihm von
den Praktiken der türkischen Besatzungsarmee[101]. Daß sein Haus
auch ein internationaler Treffpunkt war, zeigt eine Feststellung,
die er anläßlich eines Besuches von Bartholomaeus Georgievitz
macht: Linguae eo die in mea coena erant undecim: Latina,
Graeca, Ebraica, Pannonia, Heneta, Turcica, Arabica, Graeca
vulgaris, Indica et Hispanica[102]. Daneben ist Melanchthon auch
mit Arabern direkt in Berührung gekommen, die er aber samt
und sonders sehr ungünstig beurteilt: Vidi multos similes Arabes,
sed omnes indoctos, et nullam eruditem linguam scientes[103].

An Gelegenheiten, sich einen eingehenden Einblick in die
muhammedanische Religion zu verschaffen, hat es Melanchthon
also nicht gefehlt. Hat er diese Gelegenheit genützt? Am Ende
des erwähnten Abschnittes über Muhammed und seine Sekte in
der Carionschen Chronik empfiehlt er die Lektüre der griechischen
Islam-Gegenschriften als für den Christen sehr nützlich[104]. Diese
Formulierung klingt so, als ob er sie persönlich gelesen hätte.
Allein ein Vergleich mit der umfangreichen Kontroversschrift
des Kaisers Johannes Kantakuzenos[105] mit ihrem reichhalti-

---

[95] Nicht zufällig verlegt daher auch Bodin den Ort für sein Colloquium heptaplomeres nach Venedig.
[96] Das VII. Cap. Dan., diij.
[97] Scripsi ad Spenglerum, ut si qua ratione fieri, per fratrem haerentem Venetiis libros huc mitti lectiones curet... (CR 1, 654). — Nuper accepi missos libellos ex Venetiis, quorum alter impressus erat, alter manu scriptus. Et titulus erat: universalis conciliatio. Plus, quam Manichaei furores erant (CR 9, 847).
[98] CR 25, 15.  [99] CR 10, 10.  [100] CR 8, 780.
[101] CR 8, 811.  [102] CR 5, 467.  [103] CR 2, 731.
[104] CR 12, 1076.  [105] Vgl. Bibliander IV. Buch.

gen Material zeigt, daß er die erwähnte polemische Literatur nur dem Namen nach kannte. Es bleibt weiterhin zweifelhaft, inwieweit und ob überhaupt Ricoldus' Confutatio Alcorani ihn beeinflußt hat. Luther hatte sie, wie erwähnt, aus dem Lateinischen ins Deutsche übersetzt und bei der anderweit zu beobachtenden Zusammenarbeit der beiden Reformatoren müßte man eigentlich annehmen, daß Melanchthon auch hieran mit beteiligt war. Aber schon der Umstand, daß Ricoldus' Name nirgends bei Melanchthon erwähnt wird, berechtigt zu dem Schluß, daß wir das Werk des Dominikaners nicht unter seine Quellen rechnen dürfen, ebensowenig, wie Paulus Iovius', Georgievitz' und Biblianders Bücher, die er bevorwortet hat. Der Grund mag vielleicht darin liegen, daß er sich in seiner vorgefaßten Meinung gegen den Islam nicht beeinflussen lassen wollte.

Das zeigt besonders deutlich sein Verhalten gegenüber dem Wiener Orientalisten und Islamforscher Postel[106]. Dessen Werk blieb ihm nicht verborgen, erregte aber durch die von diesem vertretene Toleranz- und Missionsforderung seinen Unwillen. Postels Unionsversuche waren ihm derart zuwider, daß er dessen ganzes Schrifttum verwarf[107]. Anscheinend sind seine Schriften damals weit verbreitet gewesen[108].

Soviel steht nach dem hier Gesagten wohl fest, daß Melanchthon keine eigenen Quellenstudien getrieben und seine An-

---

[106] Über ihn vgl. Haas, S. 24; Pfannmüller, S. 156 f.; RGG 2. Aufl., Bd. IV, 1363. — P. verfaßte u. a.: De orbis terrae Concordia, sive de ratione omnes populos ad Religionem Christianam adducendi libri 4. Basileae 1544. (II. Buch: Vita, educatio, moresque Muhamedis [!!] legislatoris Arabum, eiusque sectatorum traditur: demum Alcoranum a capite ad calcem ex Arabico excutitur, et refutatur.) — Alcorani seu legis Mahometi et Evangelistarum concordiae liber, in quo de calamitatibus orbi Christiano imminentibus tractatur. Paris 1543. — De la République des Turcs: et là ou l'occasion s'offrera, des Meurs et loy de tous Muhammedistes. Poitiers 1552.

[107] Nomen Postelli hominis Gallici tibi notum esse arbitror. Nam ante multos annos edidit pagellas, in quibus sunt figurae literarum Ebreae et Arabicae. (M. meint hier P.s: Linguarum duodecim characteribus differentium Alphabetum. Paris s. a.) Is vocatus est in Academiam Vienensem, ut doceat ibi linguam Arabicam, fortassis, ut praeparet iuniores ad lectionem Alcorani, cum vicinos habeant Turcos. Mitto orationem, qua studium linguae suis auditoribus commendat, in qua Latine loquentem non multo plus intelligo, quem (?) Arabice loquentem (CR 8, 398). Siehe auch: Ebda. 175, 318.

[108] Postelli, certe hominis fanatissimi multa scripta plena gravissimis erroribus per ecclesiam impune vagantur (CR 9, 205).

schauungen über den Islam lediglich auf den Forschungen und Berichten anderer aufgebaut hat. Münch wird daher seine Behauptung, daß unter anderem auch der Koran für Melanchthons kirchenhistorische Tätigkeit als Quelle gedient habe[109], kaum beweisen können. Das, was er höchstwahrscheinlich nicht nur gekannt, sondern auch gelesen hat, waren „büchlin / so die ihenigen geschrieben / welche in der Türkei gewonet /[110]" Pamphlete der Art, wie sie Haas an einer Stelle seines Buches[111] charakterisiert. — Das Arabische hat Melanchthon nach seinem eigenen Bekenntnis[112] nicht beherrscht, trotz verschiedener sprachlicher Erläuterungen arabischer Wörter[113] und der Kenntnis einiger arabischer medizinischer Fachausdrücke[114], auch nicht das Türkische, obwohl er einmal einen türkischen Namen erklärt[115].

## I. Mahometus

Welches Bild entwirft nun Melanchthon vom Islam? Bei der Beantwortung dieser Frage wollen wir uns zuerst der Person des Schöpfers der muhammedanischen Religion, des erfolgreichen Staatsmannes und Feldherrn, Muhammed zuwenden. — Für seinen Namen gibt es die verschiedensten Transkriptionen. Er, der heute im Deutschen allgemein Mohammed, Muhammed, seltener Muhammad genannt wird, heißt bei Melanchthon in der latinisierten Form meistens Mahometus, dann aber auch Mahumetus und Mahmetus und deutsch Mahometh, gelegentlich auch Mahmet und Machmet. Der Name Mahumetus nun, „arabisch: Muhammad ,der Gepriesene', auch vor der Zeit des Propheten schon ein üblicher Name[116]", bedeutet nach Melanchthon einen psychischen Affekt. Er leitet ihn von dem arabischen Wortstamm hammath-furor ab: Nomen Mahomet significat indignationem, iram, einen grim. Fuit vera furia Diabolica[117]. Diese unrichtige

---

[109] A. a. O., S. 134.   [110] Das VII. Cap. Dan., diij.   [111] A. a. O., S. 21.
[112] De eloquentia autem Avicennae nihil iudicare possumus, scripsit enim lingua Arabica... (CR 11, 831).
[113] CR 12, 730; 24, 97.   [114] CR 13, 24, 30, 37, 41, 44.
[115] Beelzebub Turci nominant Sanderbec, et credo Baal esse idem quod Turcis Bec. (CR 25, 988). — Bereits 1543 waren von einem gewissen Septemcastrensis „Duo sermones in vulgari Turcorum" erschienen (Steinschneider, S. 227).
[116] Lehmann-Haas, Textbuch zur Religionsgeschichte. Leipzig 1922. S. 341, A. 1.
[117] CR 25, 499. Et vocabulum Mahomet est idem, quod furor, ab Hammath, id est, furor (CR 25, 502).

Namenserklärung beruht höchstwahrscheinlich auf mangelnder Sprachkenntnis. Gleichwohl möchte ich nicht unterlassen, schon jetzt darauf hinzuweisen, daß es Melanchthon liebt, seiner Etymologie den Satz nomen est omen zugrunde zu legen[118].

## 1. Muhammeds Leben.

Von Muhammeds Leben erfahren wir nicht viel. Er wurde in Arabien geboren[119]. Dort gab es die beiden Stämme der Agarener und Sarazenen, Nachkommen der Agar (Hagar), bezw. der Sara (Sarah)[120]. Die Sarazenen dünkten sich wegen ihrer legitimen Abstammung von der materfamilias vornehmer. Über den Ort von Muhammeds Geburt macht Melanchthon keine genauen Angaben, da er ihn sowohl bei den Sarazenen als auch bei den Agarenern geboren werden läßt[121]. An einer anderen Stelle sagt er allerdings eindeutig, daß Muhammed ein Agarener war, der wegen der den Sarahkindern Abrahams gemachten Verheißung den Namen geändert habe[122]. Auf den Eintritt Muhammeds in die Geschichte wiesen mancherlei unter dem Papst Johannes III. erschienene Anzeichen, Himmelserscheinungen und Überschwemmungen hin[123]. Über sein wechselvolles Leben, seine Eltern, Verwandten, Freunde und Feinde, Mitkämpfer, Frauen berichtet Me-

---

[118] Nach Hartfelder war das Etymologisieren in der Reformationszeit überhaupt sehr beliebt (A. a. O., S. 280 ff.).

[119] In Arabia natum esse Mahometum plurimi tradunt... (CR 12, 1073).

[120] Unde nominant se Saracenos? Quia volunt videri filii Abraham ex Sara, et ex legitima conjuge, non ex concubina Agar. In Arabia fuerunt duae gentes, Saraceni, et Agareni, Agareni sunt ab Agar ancilla, vel concubina Abrahae: Saraceni sunt a Sara, et illi voluerunt haberi nobiliores: quia erant a conjuge libera, matrefamilias. Scitis aliud fuisse matremfamilias, aliud concubinam (CR 25, 503).

[121] Ipse est natus in Arabia, inter Agarenos. Saraceni habent nomen a Sara: volunt esse orti ex Sara, id est libera; Agareni ab Agar, quae fuit ancilla Sarae, ex qua natus est Ismahel. Posteri Ishmahel sunt Agareni; posteri Esau haben wollen edeler sein, nennten sich Saracenos. Partus sequitur ventrem. Da (!) ist der unflat geboren worden (CR 25, 499).

[122] Denn wiewol Mahomet ein Agarener war / hat er doch diesen namen aus der vrsach verwandelt / Die göttliche verheissung gehöret den kindern Abrahe / von der Sara geporn nicht von der Agar / (Chron. Car. 109 a); s. a. Das VII. Cap. Dan., cij.

[123] Zu diesen Zeiten hat man viel greulicher Zeichen am himel jnn Italia gesehen / feurige schlachten / Cometen / Auch hat die Tiber Rom schier erseufft / Diese zeichen haben des fall des Römischen Reichs vnd der Kirchen bedeut / der gevolget ist / Denn es wird Mahomet bald nu kommen (Chron. Car. 107 a).

lanchthon nichts. Offen bleibt, ob, wann, wie und wo Muhammed
gestorben ist.

## 2. Der Staatsmann und Militär.

Der Beginn seiner Herrschaft wird auf das Jahr 623 festgesetzt[124]. Die Hidschra wird nicht erwähnt, doch scheint das angegebene Datum des Beginns seiner Wirksamkeit auf sie hinzuweisen. Ausführlicher berichtet die deutsche Chronik über die Anfänge der Herrschaft Muhammeds. Danach hat sich Muhammed zum Führer einer wegen rückständiger Soldforderungen im Aufruhr befindlichen arabisch-agarenischen Kriegerschar aufgeworfen[125]. Mit Hilfe der finanziellen Mittel seiner sehr begüterten Frau — vermutlich ist hier an die Witwe Chadidscha gedacht — überredete er, besonders durch Beschenkung der Armen, seine Landsleute, ihn zum Führer zu ernennen, indem er geschickt die Unzufriedenheit der arabischen Soldaten mit Heraklius ausnützte[126]. Nach geglückten Unionsversuchen zwischen Juden und Christen gab Muhammed ihnen ein der menschlichen Vernunft angepaßtes, gelockertes Gesetz und flößte ihnen das Bewußtsein einer auf ihrer Erwählung beruhenden imperialistischen Sendung ein[127]. Von Anfang an bewegten ihn geistliche und weltliche Herrschaftsgelüste[128]; die von ihm geschaffene Religion ist nur

---

[124] Initium regni Mahometi collocatur in annum sexcentesimum Christi vicesimum tertium (CR 12, 1074). S. a. 13, 978; 25, 499.

[125] Die Agareni forn jnn Arabia sind allezeit leut vnd krieger gewesen / vnd hatten sold gehabt von heraclio / Da jhn aber des Keisers haubtleut den sold nicht lenger geben wolten / machet dieses kriegsuolck ein auffruhr widder die Römischen haubtleut / Durch diese auffruhr ist Mahomet gewaltig worden / denn der pöfel must ein haubt haben / (Chron. Car. 108 a u. b). Quia Heraclius non dederat stipendia Arabibus, ibi Arabes milites adiunxerunt se Mahometi (CR 25, 502).

[126] Multi inopes etiam a Mahometo adiuti, qui ducta uxore ditissima facile perfecit largitionibus, ut milites eum audirent, suasit, ut ducem crearent (CR 12, 1074).

[127] Nachdem er also Juden vnd Christen zusamen bracht / gab er für / sie weren / lauts der götlichen verheyssungen / Gottes volck vnd ein frey volck / das herrschen müst jnn aller welt / Darüber ließ er dem pofel nach allerley / wollust des leybs / hub auff den ehestand vnd ander eusserliche zucht / (Das VII. Cap. Dan. cij). Ut igitur legem suam armaret Mahometus, dicit imperium suae genti, quia sit orta a Sara, promissum esse, et id armis occupandum esse, et cogendas omnes gentes, ut aut legi Mahometicae obediant, aut vivant oppressi servitute (CR 12, 1075). S. a. 13, 1468.

[128] Mahomet hat sich jnn Arabia bey den Agarener vnd Sarrazener auffgeworfen für ein Propheten vnd König / (Chron. Car. 108 a).

ein Mittel zur Erzielung der arabischen Reichseinheit[129]. Daher erscheinen Melanchthon wichtiger noch als die Gründung einer neuen Religion Muhammeds Leistungen auf politischem und militärischem Gebiet[130]. Besonderen Eindruck macht ihm anscheinend die rasche Ausbreitung des Islam, der noch zu Lebzeiten des Propheten ein Land nach dem anderen sich unterwarf. Diese Erfolge sind so zu erklären, daß es Muhammed in erster Linie darauf ankam, eine besonderen Bedürfnissen angepaßte Staats- und Kriegsreligion zu schaffen, die geeignet war, die ideellen und ethischen Ansprüche der arabischen Söldner zu befriedigen[131]. Dazu war besonders eine Religion geeignet, die auf militärisch-politische Dinge Rücksicht nahm, so daß Melanchthon die muhammedanische Religion mit der des alten Sparta vergleicht[132]. Kulthandlungen fügt Muhammed nur wenige bei, um seine Kriegerschar nicht unnötig zu belasten[133]. Zur Anspornung des militärischen Geistes macht er dem einzelnen Zugeständnisse, und im öffentlichen Leben hebt er die allgemeine Wohlfahrt, fördert die nationale Eintracht und stärkt das militärische Ansehen[134]. Die Religion ist für Muhammed also nur Mittel zum Zweck, um des Staates willen da, keine selbständige Größe, und seine Motive sind ebenso wie die des Papstes — wie gesagt — machtpolitischer, imperialistischer Natur[135]. Der Koran ist demnach eine lex accomodata ad militare

---

[129] Damit aber das volck jnn ein eintrechtig Regiment gefasset würde / bedacht Mahomet nicht allein ein weltlich recht zu stellen / sondern auch ein newe Religion / (Chron. Car. 108 b).

[130] Do nu Mahomet ein grossen anhang gewunnen / vnnd ein anzal volcks bey einander hatte / fieng er ein lerman an / vnd name ein teyl von landt Arabien ein / das zuuor die Römer eingehabt / vnd hatte solchs leychtlich zu thun / dann die Persier plageten die selben lender seer vnd hatten wenig schutz von Römern (Das VII. Cap. Dan., cij).

[131] Huic genti cupidae libertatis et militiae legem accomodatam ad amplificationem libertatis et potentiae Mahometus scripsit. (CR. 12, 1073).

[132] ... sciamus totam legem Mahometi tantum esse politicam formam, pene Laconicam (CR 12, 1077). — Est autem forma propemodum Laconicae similis, praecipue ad militiam directa (CR 12, 1076).

[133] Deinde distinctionem suae multitudinis a caeteris gentibus faceret, et aliqua religionis species esset, ceremonias addidit, sed paucas, quia turba militaris non patitur multa talia vincula (Ebda.).

[134] ... ut invitaret animos militares, astute laxat in privatis moribus licentiam, et in publica consociatione beneficentiam, concordiam et decus militiae confirmat (CR 12, 1075).

[135] Postrema tentatio est regni causa manifestam idolatriam constituere et defendere. Sicut utrumque regnum Papae et Mahometi habet praecipuos nervos, terram idolatriam (CR 14, 229). — Mahometh, Papa

genus hominum[136]. Mit Hilfe dieser Militärordnung versucht nun Muhammed zuerst einmal die innerpolitischen Schwierigkeiten zu beseitigen, indem er den Koran zur unbedingt gültigen Norm erhebt und Aufwiegler, Überläufer, Flüchtlinge und „Kritikaster" unter Todesstrafe stellt[137]. Für seine Soldaten schafft er besondere Dienstgrade, und aus den öffentlichen Steuern, die nicht zu anderen Zwecken verwendet werden dürfen, garantiert er ihnen einen festen Sold[138]. Mittels einer besonderen Sühneordnung — für einen Falscheid (Meineid?) oder Ehebruch muß der Wohlhabende zehn Minderbemittelte kleiden oder einen Gefangenen zurückkaufen — und durch eine ausgesprochene Sozialpolitik — Geschenke an Arme und Almosen als Bußgelder — sucht er die sozial schlechter Gestellten zu gewinnen, um auf diese Weise die erforderliche Einheit herzustellen[139]. Durch diese innerpolitischen Maßnahmen und Sozialgesetze erwarb sich Muhammed eine rasch anwachsende Anhängerschaft, deren Siege seine Autorität stärkten[140]. Nach der Eroberung Arabiens und der anliegenden Gebiete, Ägyptens und Asiens, drang er über Damaskus, den Sitz seiner Regierung, bis Persien vor[141]. In Damaskus hat Muhammed neun Jahre regiert[142]. Muhammeds Eroberungen wurden, wie Melanch-

---

propter imperia excogitarunt idolatricos cultus, et videmus conspirare potentiam mundi ad defendendam idolatriam... (CR 15, 63).

[136] CR 25, 499.

[137] Deinde seditiosos, desertores et taxantes aliquid in Alcorano iubet interfici, ut legitur in excerptis εἴ τις λόγον ἀπορίας εἴποι εἰς τὸ κόρραν(!), παρευθὺς θανάτῳ τελευτήσει (CR 12, 1076).

[138] Ordinat igitur militares gradus et attribuit ducibus et militibus certa stipendia ex pensionibus publicis, quas non licet ad alios usus transferre (CR 12, 1076).

[139] ...si quis fecit stuprum aut adulterium, aut iuravit falso, dives vestiat decem inopes, aut redimat precio captivum. Inops vestiat duos pauperes. Deinde ut sit occasio beneficentiae, quae prodest ad concordiam, non solum iubet largiri pauperibus, sed etiam pro delictis ordinat mulctas dandas Pauperibus (CR 12, 1076).

[140] Has leges, cum turba militaris libenter acciperet, cito crevit multitudo, et victoriae legis autoritatem auxerunt (CR 12, 1076).

[141] Mahomet cum suis exercitibus Saracenis et Agarenis occupavit Arabiam: postea ingressus est vicina loca Aegypti et Asiae: protulit fines imperii in Persidem et ita paulatim crevit (CR 25, 500). — Namen erstlich ein Arabien / vnd ein teil Syrien / Denn zu Damasco ist Mahomets Regia gewesen / (Chron. Car. 108 b).

[142] Creatus igitur dux paulatim initia regni confirmavit in vicinia Damasci annos novem... (CR 12, 1074). Liegt hier eine Verwechslung mit Mekka vor?

thon an anderer Stelle schreibt, von seinen Nachfolgern in der Regierung mit Erfolg fortgesetzt.

### 3. Der Stifter der Mahometica secta.

Neben der Aufrichtung und Erweiterung seiner weltlichen Macht verfolgte Muhammed die Absicht, seinem Volke eine neue Religion zu geben. Wenn auch das erste sein Hauptanliegen war, so ist doch diese seine andere Absicht nicht weniger deutlich, zumal sie mit dem Anspruch auftrat, nicht angemaßt, sondern göttlich inspiriert zu sein[143]. Seine Vollmacht leitete er denn auch nicht aus Wundern her, sondern aus dem Schwert, durch das er den ihm Widerstreitenden Tod, Züchtigung oder Tribute androht[144]. In Gemeinschaft mit Juden, Häretikern und dem Mönch Sergius verfaßte er den Koran[145]. Er selbst reiht sich in die Gottessöhne, zu denen er Jesus, Moses, Propheten und Könige rechnet, ein[146]. Durch seine Lehren bewirkte er eine rasche und gewaltige Umwälzung[147]. Die Summe seiner Lehren kann man jedoch nur als rationalistische Religion bezeichnen, da er aus ihr alles ausscheidet, was nicht mit der ratio vereinbar ist[148]. Aus denselben und utilitaristischen Motiven verkündigte er einen unitaristischen Gott und leugnete die Zweinaturenlehre[149]. Schließlich kritisiert er noch am Evangelium, daß es ohne Gewalt ausgebreitet werde und die Rache untersage[150]. Seine Re-

---

[143] Ipse doctrinae formam proposuit, addidit se habere colloquia coelestia et enthusiasmos, ut augeret autoritatem (Ebda.).

[144] Haec enim verba leguntur in verbis excerptis ex Alcorano: ὅτι οὐκ ἦλθε διὰ θαυμάτων ἀλλὰ διὰ ξίφους δοῦναι τὸν νόμον, καὶ τοῖς μὴ πειθομένοις αὐτῷ θάνατος ἔσται ἢ τιμωρία ἢ φόρους δοῦναι (CR 12, 1076).

[145] ... et narratur in Alcorano scribendo Sergium monachum, et alios quosdam haereticos et Judaeos adhibitos esse quorum deliberatione popularia dogmata electa sint ... (CR 12, 1075).

[146] ... sic et Mahometus contendit Mosen, Christum, se, et alios multos Prophetas et reges fuisse filios Dei ... (CR 15, 230).

[147] Ingens et horrenda mutatio generis humani, et quidem celeriter facta est sparso dogmate Mahometi, quod primum amplexi sunt Arabes, qui nunquam legitimis imperiis paruerunt (CR 12, 1073).

[148] Sustulit articulos, qui non congruunt ad rationem ... (CR 25, 499).

[149] Et quia sciebat dissidia oriri de difficilibus articulis, qui non iudicantur ratione, removit doctrinam de tribus personis divinitatis, et contendit tantum unicam personam esse Deum. Negat in Christo duas esse naturas (CR 12, 1075).

[150] Deinde taxavit Mahometus Evangelium, quod prohibeat vindictam, et non cogat gladio populos ad obedientiam (Ebda.).

ligion ist eine Umwandlung der Sündenvergebung in das Satisfaktionsprinzip[151], ein häretischer Synkretismus, aus der Absicht entstanden, die bisher bestehenden Unterschiede aufzuheben und eine Union herzustellen[152].

Muhammeds Ethik gründet sich nach Melanchthons Darstellung auf ein bestimmtes System von Ver- und Geboten, wobei er aus dem Dekalog das 5. und 7. Gebot übernimmt[153]. In direkten Gegensatz tritt er zum 6. Gebot, indem er nicht nur die Vielweiberei, sondern auch die Ehescheidung ohne Vorliegen eines besonderen, eheaufhebenden Grundes und entsprechenden richterlichen Urteils durch eine einseitige Willenserklärung des Mannes gestattet[154]. Von sonstigen sittlichen Anweisungen Muhammeds werden, außer den bereits erwähnten Sozialerlassen, das Verbot des Genusses von Schweinefleisch und Wein angeführt[155]. Außer diesen Maßnahmen, die das allgemeine äußerliche Tun und Treiben der Menschen regeln sollen, wurden von Muhammed auch solche getroffen, die sich speziell auf die Ordnung des religiösen Lebens beziehen[156]. — Der neue Kultus, zur Unterscheidung von anderen Religionen erdacht und aus praktisch-militärischen Erwägungen nur wenige Übungen enthaltend, hat als Hauptpunkte die Beschneidung, die Feier des fünften Tages in der Woche und das fünfmalige tägliche Gebet[157]. Denen, die sich zu der neuen Lehre bekennen, ihre Weisungen und Gebote halten, besonders aber den

---

[151] Ita remissionem peccatorum transfert in satisfactionem... (CR 12, 1076).

[152] Da kam Mahomet, und kocht die vorigen Ketzereien in einem Topf beisammen, und macht einen Schein, als wollt er alle Opiniones glossiren und concordiren, und Einigkeit machen... (CR 3, 880).

[153] Homicidia et furta punit sicut Lex Mosi. Ita duo praecepta utilitatis causa utcunque retinet: Non occides, et: Non furtum facies (CR 12, 1076). S. a. Das VII. Cap. Dan., cij.

[154] Ut autem et illecebras addat, concedit πολυγαμίαν et sinit fieri divortia privato arbitrio sine cognitione Iudicum, et sine manifesta causa (CR 12, 1076). Tollit leges coniugii, permittit duci et abiici sine iudicio coniuges... (CR 25, 499). S. a. 12, 1078.

[155] ... concedit vesci omnium quadrupedum, volucrum et piscium carnibus, excepta suilla carne... (CR 12, 1076). Dissentiunt etiam a doctrina divina prohibitio vini et suillae carnis (CR 12, 1078 f.).

[156] Vnd damit die sache dannocht ein schein hatte / machet er auch einen eusserlichen Gottesdienst mit beten / fasten / speyß verbieten / (Das VII. Cap. Dan., cij).

[157] Deinde ut distinctionem suae multitudinis a caeteris gentibus faceret, et aliqua religionis species esset, ceremonias addidit, sed paucas, quia turba militaris non patitur multa talia vincula. Retinuit circumcisionem, ut confirmaret persuasionem de regno promisso posteritati Sarae.

im Kampf für den Glauben Gefallenen verheißt Muhammed nicht nur im irdischen Leben, sondern auch im Jenseits — von Muhammed Paradies genannt — Glückseligkeit und Freuden ohne Zahl[158]. — Das ist im großen ganzen das Bild, das uns Melanchthon von Muhammed in seiner Eigenschaft als Politiker und Religionsstifter entwirft.

4. Charakteristik seiner Persönlichkeit.

Was die der Reformation voraufgegangenen Theologen an Muhammed auszusetzen hatten, ist bekannt, und mit welchen Ausdrücken sie ihrer Kritik Ausdruck gaben, ebenfalls. Es ist nun eine für einen Protestanten schmerzliche Feststellung, daß der vielseitig gebildete, feinsinnige, edle und an den antiken Klassikern geschulte Humanist das ihm von Luther beigelegte und von Hans Haas aufgenommene Epitheton „der sanfte, leisetretende" für diesen Bereich nicht verdient. Denn die Beinamen, die er dem Propheten gibt, weichen nur wenig von denen früherer Islam-Bestreiter ab. — Einigermaßen glimpflich und vom Standpunkt des christlichen Apologeten verständlich ist es, wenn Melanchthon Muhammed mit einem „Füchslein" vergleicht, da er sich, die List und Gewandtheit dieses Tieres nachahmend, die innerchristlichen Streitigkeiten im Orient zunutze machte und eine eigene, nach seiner Ansicht äußerlich geschlossene und einheitliche Religion verbreitete[159]. Der Vergleich Muhammeds mit einem „Füchslein" soll wohl dessen Verschlagenheit und Skrupellosigkeit dartun. Es ist aber auch möglich, daß Melanchthon durch Hinrek de Altmars „Reinke de Vos", das 1498 zuerst in Lübeck in niederdeutscher und 1544 in Frankfurt in hochdeutscher Bearbeitung erschien, beeinflußt worden ist. Ein charakteristischer Zug dieses Werkes ist es ja gerade, daß Reinecke Fuchs die Uneinigkeit und Unzufriedenheit der anderen Tiere zu seinem Nutzen auszuwerten versteht. Doch findet sich in Melanchthons Werken kein Hinweis auf dieses satirische Epos. —

---

Instituit diem festum, qui nobis est sextus dies hebdomadae: iubet quotidie dici precationem quinquies (CR 12, 1076).

[158] ... servantibus hanc legem promittit victorias et opes in hac vita, et post hanc vitam in Paradiso, ut ipse nominat delicias et gaudia sine fine, ac certo beatos fore affirmat omnes fortiter proeliantes in acie (Ebda.).

[159] Nam istis certaminibus (sc. disputationibus Arii contra filium Dei) diu agitatis irrepsit vulpecula illa Mahometus, et constituit genus doctrinae plausibile rationi (CR 25, 83).

An einen Muhammed zuteil gewordenen göttlichen Auftrag, wovon der Koran mehrfach erzählt, vermag Melanchthon ebensowenig zu glauben, wie er dessen prophetisches Selbstbewußtsein anerkennt. Der arabische Prophet ist für ihn lediglich ein gerissener Spekulant und religiöser Demagoge[160], der am Ende des arianischen Streites, als die Zerrüttung der Kirche vollständig war, mit seiner rationalistischen und opportunistischen Einstellung die durch Glaubenskämpfe zermürbten und angewiderten Menschen zu übertölpeln vermochte[161]. Überhaupt ist Muhammed ein Nachfolger des Arius, in dessen vorgetretenen Bahnen er wandelt[162]. Bei der Rolle, die man dem Teufel noch in der Reformationszeit zuweist, wo er wechselseitig als Urheber der gegnerischen Anschauungen hingestellt wird, ist es nicht weiter verwunderlich, wenn auch Muhammed als „Organ" des Teufels bezeichnet wird, denn die umstürzlerischen Ideen des Propheten waren selbstverständlich nicht menschlichen Ursprungs, sondern das Produkt des Teufels und seiner Dämonen. Bewiesen wird diese Behauptung durch Hinweis auf die späte Entstehung von Muhammeds Lehre, ihren Widerspruch mit der Heiligen Schrift[163], seinen Götzendienst und Abfall von Gottes Wort[164], die gewaltsame Ausbreitung[165] und

---

[160] Vnd dieweil die kirch durch Arij ketzerey zerrissen vnd die leut irre worden / fandt er guten raum bey dem pofel / Dann wenn das Gewissen irre wirdt in einem stücke des glaubens / so fellet es leichtlich gantz von allen artickeln / ... vnd sucht mit eygener vernunfft / wo es bleyben vnd was es halten wölle / (Das VII. Cap. Dan., c).

[161] Inn diese spaltung ist entlich Mahomet komen / dem hat Arius das loch gemacht / vnd ist des greulichen Antichristi vorgenger gewesen / Denn da die leut also jrre waren / kam Mahomet / vnd macht das dritte / das fein vernünfftig war / vnd hube die disputationes auff / das gefiel der welt / (Chron. Car. 94 a; s. a. 108 b).

[162] Do nu Arririus das loch gemacht / ist Mahomet komen / vnd hat noch weyter gerissen / derhalben der eynig mensch Arrius schuldig ist an allem irthum vnd vbel / so die Mahometisch secte / nun in die neun hundert jar getriben / (Das VII. Cap. Dan., cij). — ... ex Ariana dissensione ortus est Mahomet ... (CR 14, 489 ff.). — Vae Ario, aut Mahometo, per quem venit mala doctrina (CR 24, 36). — Ab Ario furores Mahometici orti sunt (CR 21, 602).

[163] Ac certissimum est, Mahometum a Diabolo missum esse, quia Mahometi doctrina recens est, pugnans cum Prophetis et Apostolis, ut manifestum est (CR 15, 343).

[164] Also sind die Ketzer und Mahometh, auch durch die Teufel getrieben, vnd von Gottes wort gewichen, vnd haben andere Götter vnd anderen Gottesdienst gemacht (CR 23, XC).

[165] Do die Christliche kirche durch die ketzerey Arij / Allenthalben zur strewet / ... Erwecket der teuffel / einen genant Mahomet in Arabia /

damit, daß er offen Christus bekriegt[166]. Neben der Kennzeichnung Muhammeds als Teufelsdiener finden sich aber Äußerungen, die womöglich eine noch stärkere Kritik an Muhammeds Person und Wandel enthalten und besonders befremdend durch die Art ihrer Begründung erscheinen: Constat Mahometem esse furem et latronem, quia venit non praeeunte non ducente Christo[167]. Die beiden unverständlich harten Bezeichnungen als Dieb und Straßenräuber — latro möglicherweise aber auch in der Bedeutung: der auf eigene Hand Krieg führende Freibeuter — werden auch dann nicht erträglicher, wenn man das non praeeunte, non ducente Christo als Handeln Muhammeds ohne Christi Auftrag auslegt[168]. Fest steht für Melanchthon, daß Muhammed zusammen mit Nero, Catilina, Pharao — also Brandstiftern, Verschwörern und grausamen Tyrannen ein vas irae ist[169]. — Noch eine Stufe tiefer stehen reine Schimpfworte, die man beim besten Willen nicht mehr in Wahrung christlicher Interessen gesprochen denken kann. Hier leitet Melanchthon allein noch das Bestreben, den Andersgläubigen auf jede erdenkliche und möglichst gründliche Weise zu diffamieren: Weil Muhammed „einen großen scheislichen lermen angerichtet" hat, wird er schlechthin ein „unflat" genannt[170]. Die Zerstörungssucht der Muhammedaner, für die Melanchthon Muhammed verantwortlich machen zu müssen glaubt, veranlassen ihn, den vermeintlichen Schuldigen als „Bluthund" hinzustellen[171]. Melanchthons ungeteilten Beifall findet es, daß ein gewisser Michael in den besonderen Umständen bei Arius Tode in Byzanz

---

das er die Christenheit nicht allain mit newer falscher lere / sonder auch mit gewalt / so es müglich / gar vertilgen solt (Das VII. Cap. Dan., c).

[166] Habet autem Diabolus et organa sua, Mahometus palam infert bellum Christo, et nosse signa hostilia facile est (CR 13, 961). — Sed haec audacia non est humana, singulares furiae sunt immissae in pectus Mahometo a diabolo (CR 13, 937).

[167] CR 14, 265.

[168] Es besteht hier allerdings die Möglichkeit einer Anlehnung M.s an Joh. 10. Aber mir steht dafür, daß diese Worte nicht im biblischen, sondern im tatsächlichen Sinn zu verstehen sind, da andernorts noch weit härtere Ausdrücke fallen.

[169] Etliche sind vasa misericordiae... Und dagegen vasa irae, verworfene Strafgefäß, als welche guten Stand in der Regierung zerrütten und in Haufen werfen, Gottes Zorn schrecklicher erregen, als Pharao, Catilina, Nero, Arius, Mahomet etc. Tyrannen und Ketzer etc. (CR 8, 208).

[170] CR 25, 499.

[171] CR 8, 7.

einen Fingerzeig auf die „cloaca Mahometi" sieht[172]. Daniel mag vielleicht als Vorlage gedient haben bei der Identifizierung Muhammeds mit dem „Antichrist[173]". Was wir sonst an Vergleichen mit Häretikern und Schismatikern finden, wird gelegentlich der Kritik Melanchthons am Islam noch näher auszuführen sein. Trotz dieser an Schärfe kaum zu überbietenden Aussagen über Muhammed findet sich aber auch eine beschränkte Anerkennung seiner Lehre, die allerdings im gleichen Satz durch den Vorwurf der „Giftmischerei" wieder abgeschwächt wird[174].

## II. Mahometica secta
### 1. Entstehung und Ausbreitung.

Der Name des Propheten findet sich seltener als der seiner Anhänger, die entweder lateinisch Mahometica secta, Mahometistae, Mahometici, Mahometica colluvies[175], Mahometica barbaries[176], Mahometica Rabies[177], latrocinium Mahometicum[178], Saraceni, oder deutsch Mahometisten, Mahometisch Reich und Mahomets Reich genannt werden. Der Ausdruck Islam begegnet uns weder in deutscher, noch in lateinischer Form, wohl aber das Hauptwort Mahometismus[179]. Soweit es sich um d o g m a t i s c h e Äußerungen und Abhandlungen handelt, werden synonym Turca oder der Türcke verwandt. Obwohl Türken und Sarazenen durchaus nicht identifiziert werden[180], weiß Melanchthon doch um die Zugehörigkeit der Türken zum Islam, wenn er „Türcken und andere Mahometisten[181]" und ein andermal „Turci et alii Mahometici[182]" zusammen aufführt: Ipsum turcicum regnum est Mahometicum[183]. Beide, „das Saracenisch und Türckisch Reich" sind auf das „Mahometisch Gesetz" gegründet[184].

---

[172] Michaelis Praefatio valde nobis placuit, ubi narrat Arii morte, significatam esse hanc postremam Mahometi cloacam (CR 5, 285).

[173] Quare Mahometus Antichristi nomine comprehendendus est, et inter hostes Filii Dei execrandus et fugiendus (CR 13, 954). S. a. 13, 970.

[174] Pharisaei excerpunt ex Moise quae volunt. E t i a m M a h o m e t h a b e t  a l i q u a  v e r a, id est, legalia quaedam; sed doctrinam Evangelii prorsus abiicit, et legalibus quoque miscet multa venena (CR 24, 549).

[175] CR 12, 635, 1078.    [176] CR 12, 747.    [177] CR 13, 911.
[178] CR 11, 312.    [179] CR 25, 82, 418.

[180] Turcica natio non est Saracenica; Saracenica est Arabica. Illi primum invaserunt Syriam et Persiam et Asiam, postea venerunt Turci ex Asia, et acceperunt leges et religionem Saracenicam... (CR 25, 504).

[181] CR 28, 541.    [182] CR 12, 901.
[183] CR 24, 673.    [184] CR 22, 623.

Vor der Einführung des Islam waren die Araber Söldner und Räuber[185]. Die Ursache für den Eingang der muhammedanischen Religion in das arabische Volk liegt einmal an der Verärgerung über die arianischen Streitigkeiten und zum andern an Muhammeds nationalen und materiellen Verheißungen[186]. Eine andere genetische Erklärung geht von Ägypten als einem für Häresien besonders prädestinierten Gebiet aus[187].

In einem sowohl die politischen wie religiösen Momente, die bei der Entstehung des Islam wirksam waren, würdigenden geschichtsphilosophischen Exkurs sucht Melanchthon die Zwangsläufigkeit des im Orient vor sich gehenden Geschehens nachzuweisen: Cum in Oriente dilaceratae essent Ecclesiae non tantum Ariana peste, sed etiam Manichaeis et aliis furoribus, et haec varietas in multorum animis dubitationes et odium religionis Christianae et nominis Christiani accenderet, et disciplina laxata esset, facile impelli homines potuerunt, ut novum dogma, quod obscuras disputationes tollebat, et tantum plausibilia humanis iudiciis proponebat, amplecterentur, praesertim cum et Imperium Romanum multae gentes iam et odissent et contemnerent, avide arripuerunt illae gentes alioqui et curiosae et leves, Aegyptia, Arabica, Syriaca, opiniones populares et autorem Mahometum armaverunt[188].

Der Boden, auf dem der Islam, wie jede Irreligion, entstand, war durch die vorausgegangene Zerstörung von Königreichen gut

---

[185] ...vel domi latrocinia exercerunt, vel suo arbitrio foris, alii apud alios mercede militarunt (CR 12, 1073).

[186] Die weyl nun in Arabia vil Juden waren / vnd die Kirchen zertrennet / vnd der mehrer teyl / so Christen genant / sich ergerten an der vneinigkeit / so sich hielte zwischen Arrianis vnd den rechten Christen / fiel der pofel zu / auff dise newe scheinbarliche teuffelische lere / sonderlich die weyl sie höreten / das sie solten ein frey volck sein / vnd wurden gelt vnd gut gewinnen (Das VII. Cap. Dan., cij). S. a. CR 9, 1076, 536; 25, 417.

[187] Late ibi (sc. in Ägypten) Manichäorum furor grassatus est, Ubi orti sunt etiam Monachi. Ariani quoque inde extiterunt. Postea venit Mahometus, qui collecta manu Saracenorum primum occupavit Ägyptum, atque ibi regnum constituit... (CR 24, 97).

[188] CR 9, 536. — Considerentur autem praecipue in historia Ecclesiae, semina utriusque Imperii huius senectae mundi, Mahometici et Pontificii. Utrumque ortum est ex dissidiis de doctrina. Creverant enim vitia omnis generis in Ecclesia, luxus, ambitio, audacia fingendi nova dogmata, et novos cultus spreto Evangelio, intestina odia, libidines, avaricia, rapacitates. Talibus moribus irritatus Deus permisit ut grassaretur illa Mahometi Tyrannis et vinceret (CR 13, 468).

vorbereitet. Analog den Vorgängen in Babylon, wo der dort beheimatete Baalskult nach dem Sieg Alexanders durch die Verehrung des Jupiter Olympius ersetzt wurde, kommt in Asien und Afrika nach Vernichtung der Lehre Christi der Muhammedanismus[189].

Der Beginn der sarazenischen Herrschaft wird in der deutschen Chronik im Stile ihrer Zeit durch vier verschiedene Zeitangaben bestimmt. Unter der Kapitelüberschrift: „Von Mahomet und der Sarrazener Reich" finden wir: Anno Christi. 630 Anno Heraclij. 18 Anno mundi. 4674 Anno Romae. 1382[190]. Schon unter Muhammeds Führung dehnt sich der Islam über sein Ursprungsland Arabien aus. Sarazenen und Agarener setzen die Ausbreitung mit Erfolg fort, erobern im Laufe von 95 Jahren Arabien, Palästina, Syrien, Persien, Ägypten, Afrika, brechen in Spanien und Gallien ein, belagern zur Zeit Leo des Isauriers Constantinopel, werden aber abgeschlagen und auch ein zweitesmal unter der Führung von Masgada durch Hunger und Pest gezwungen, die Belagerung der Stadt aufzugeben[191]. Nur eine undeutliche Vorstellung scheint Melanchthon von den Personen und Leistungen der ersten Kalifen gehabt zu haben. So berichtet er von einem angeblichen Schwiegersohn Muhammeds, Amiras, er habe Damaskus eingenommen und zur Hauptstadt gemacht[192].

Der Name Amiras verbirgt ein Quidproquo, das sich nur

---

[189] Cum tenerent Chaldaei imperium Babylonicum colebatur ibi Baal, postea Alexandri victoria Iovem Olympium invexit et res ipsa ostendit, ruinas regnorum secum trahere mutationes religionum, ut in Asia et Africa deleta Christi doctrina, grassantur furores Mahometici (CR 15, 243).

[190] Chron. Car. 108 a.

[191] Mahomet coepit regnare anno sexcentesimo vicesimo tertio Christi. Ab hoc anno usque ad initium Leonis Isauri, videlicet usque annum Christi septingentesimum decimum octavum sunt anni centum et quinque (sic!). Intra hoc spatium Mahomet et successores eius, qui Saraceni et Agareni nominantur, potiti sunt Arabia, Palaestina, Syria, Persia, Aegypto, Africa, traiecerunt et ex Africa in Hispaniam, quam cum decem annos tenuissent in Galliam usque ad Turonem trecenta et septuaginta millia Saracenorum infusa sunt. Alibi vero progressi in minorem Asiam obsederunt regnante Constantino Barbato Byzantinum circiter annum sexcentesimum septuagesimum quartum, unde repulis redeunt cum maiore classe sub Leone Isauro post annos circiter quadraginta, videlicet Leonis Isauri initio. Tunc rursus biennio Constantinopolin obsident duce Masgada, sed rursus singulari ope divina repulsus est. Nam Saracenicus exercitus fame et pestilentia periit (CR 12, 1085).

[192] Successit ei Amiras gener, qui Damascum cepit, et regni caput constituit. Deinde capit Gazan et Ierosolynam (CR 12, 1074).

schwer lösen läßt. Amiras kann einmal die verballhornte Form von Abu Bekr sein, der zu Muhammed in verwandtschaftlichem Verhältnis stand, aber nicht dessen Schwiegersohn oder Schwager, sondern sein Schwiegervater war und nach des Propheten Tode als erster Kalif das Haupt der Gemeinde wurde[193]. Jedoch Damaskus hat er nicht erobert. Das war das Werk des Generals, der die Eroberung von Ägypten durchführte und „als einer der schlauesten Politiker seiner Zeit" galt, Amr b. Al As Al Sahmi[194]. Rein klanglich scheint der Name Amiras auf letzteren hinzuweisen. Auf beide trifft aber nicht zu, was im 2. Satz berichtet wird über die Einnahme von Jerusalem und Gaza. Denn diese ist weder ein kriegerisches Verdienst Abu Bekrs noch Amrs, sondern des zweiten Kalifen Omar — ihn transkribiert Melanchthon, wie wir gleich sehen werden, Ahumar — und seines Feldherrn Abu Ubaida. Noch eine dritte Möglichkeit besteht in der Gleichsetzung Amiras' mit Ali ben Abi Talib. Dieser war als Mann der Fatima tatsächlich der Schwiegersohn des Propheten, aber nicht der erste, sondern der vierte Kalif. Damaskus wurde aber auch nicht von ihm, sondern das erstemal 635 von Khalid b. Walid und im Dezember des nächsten Jahres, nachdem es von Heraklius zurückerobert worden war, von Abu Ubaida eingenommen[195]. Also auch diese Hypothese hat ihre Schwierigkeiten. Man geht wohl nicht fehl in der Annahme, daß Melanchthon Abu Bekr überhaupt nicht gekannt hat.

Omar[196], der dritte Kalif — tatsächlich der zweite —, besetzte nach Unterwerfung eines großen Teils von Syrien Ägypten[197]. Ihm folgte Mu'awiya (Muhavius) als vierter Kalif — tatsächlich der fünfte —. Nach der Einnahme Caesareas und der Besiegung Orismasdas unterwarf er Persien und führte dort den Islam ein[198]. Trotz Aufständen und Spaltungen innerhalb des muhammedanischen Reiches gelang es den Kalifen — hier von Melanchthon Sultane genannt — ihre Macht in den besetzten Gebieten aufrechtzuerhalten, bis sie von den Türken abgelöst wurden, die die Sarazenen aus Persien vertrieben und dort die Herrschaft an-

---

[193] Vgl. Houtsma und Schade, Enzyklopaedie des Islam, Bd. I, Sp. 85 f.
[194] EI I, Sp. 351.   [195] Vgl. EI I, Sp. 942.   [196] Vgl. EI II, Sp. 1176.
[197] Ahumar tertius rex magna Syriae parte domita occupat Aegyptum (CR 12, 1074).
[198] Muhavius quartus rex Caesaream Palaestinae septenni obsidione capit, et victo Cosroae filio Orimasda Persiam regno Saracenico addidit et ei legem Mahometicam imposuit (Ebda.). Vgl. EI III, 665 ff.

traten, wobei sie nach und nach die muhammedanische Religion annahmen[199]. So gewaltig erscheint Melanchthon der Siegeszug des Islam, daß wir bei ihm häufig die resignierte Feststellung finden: Heute ist der größte Teil der Menschheit muhammedanisch[200]; an Zahl ist die „muhammedanische Rotte" den Christen überlegen[201]. Auch in Persien hat sich der Islam durchgesetzt[202]. Nicht allein ganz Afrika und Teile von Asien, sondern sogar einen großen Teil von Europa verstanden sie für sich zu gewinnen[203]. Das Christentum ist zwar im Orient nicht völlig ausgelöscht; die vorhandenen Reste sind jedoch minimal und in einem wenig erfreulichen Zustand[204].

Im Anschluß an die unten angeführte Stelle kommt Melanchthon auf die Thomaschristen zu sprechen. Der Name fällt zwar nicht, aber aus der näheren Beschreibung kann man nur auf diese schließen. Wie überall, werden auch hier keine Quellen angegeben. „Da hinden in India, in una parte Indiae habent hanc superstitionem, ut et circumcisionem et baptismum servent und halten den sontag und den Sonabend. Ita retinuerunt reliquias Iudaicae superstitionis: quia simul, ut credo, profecti sunt ad docendum[205]. Da weder der Buddhismus noch der Hinduismus die Beschneidung als Ritus hat, können hier nur die Thomaschristen gemeint sein, die allerdings nach ihrer Einschätzung als superstitio nicht zum legitimen Christentum gerechnet werden[206].

Das Übergreifen des Islam auf Europa gestaltete die Lage des Christentums kritisch, vor allem als es jenem gelungen war, sich

---

[199] Etsi autem inter ipsos quoque seditiones et regnorum divisiones secutae sunt, ut in aliis regnis: tamen Saracenorum principes Sultani praecipuam potentiam in Syria, Aegypto, Africa, et magna parte Asiae retinuerunt circiter quadringentos annos, donec rex Saracenicus, qui Persiam tenuit, contra Babylonicum Turcos attraxit, qui paulatim accepta lege Mohometica excusserunt ex regno Persico regem Saracenicum tempore Constantini Monomachi, seu Conradi Franci, non multo ante Gotfridi expeditionem susceptam ad Palaestinam (CR 12, 1074).

[200] Nunc maxima pars generis humani est Mahometica (CR 25, 600). — Maxima pars generis humani est palam impia: Quanta multitudo est Mahometica (CR 24, 565). S. a. 9, 625; 10, 866; 14, 755; 24, 27.

[201] ...factio Mahometica est multitudo generis humani maior, quam quae nominatur Christiana (CR 24, 673).

[202] Hodie Mahometica secta est florentissima in Persia (CR 25, 502).

[203] ...iam etiam magna pars Europae est Mahometica (CR 24, 673).

[204] Quam triste est, quod in Oriente sunt tam pauci Christiani: et si qui sunt, est in eis multum errorum et tenebrarum (CR 25, 714).

[205] Ebda.

[206] Vgl. W. German, Die Kirche der Thomaschristen. Gütersloh 1877.

in Spanien festzusetzen, das gleichsam als Operationsbasis zur Eroberung der anderen Länder unseres Kontinents dienen sollte. Die durch diese Lage für das Abendland gegebene Gefahr sieht Melanchthon ganz klar und damit aber auch das Verdienst, das sich Karl Martell durch seinen Sieg bei Tours und Poitiers über den spanischen Emir Abd Al-Rahman (Abidiramus; und Amoraeus: Wer damit gemeint ist, läßt sich nicht ausmachen; möglicherweise bedeutet er einfach Emir und damit dasselbe wie Abdarrahman) erworben hat. In der sarazenischen Niederlage sieht Melanchthon die schützende Hand Gottes[207]. Karl Martell wird wegen dieses seines Verdienstes, daß er die Sarazenen hinter die natürliche Grenze der Pyrenäen zurückwarf, Gallien vor der Verwüstung bewahrte und die Ausbreitung des Muhammedanismus im übrigen Europa verhinderte, mit dem höchsten Lob bedacht[208]. Seine Leistung wird von Melanchthon deshalb so hoch geschätzt, weil er nicht nur den territorialen Bestand der christlichen Staaten unversehrt erhielt, sondern auch die weitere Ausbreitung der muhammedanischen Religion unmöglich machte. Denn nach seiner Ansicht bezweckte der Islam eine doppelte Unterwerfung: 1. eine kriegerisch-imperialistische und 2. eine religiös-missionarische[209]. Die kulturellen Werke der Sarazenen in Nordafrika und Spanien übergeht Melanchthon. Hervorgehoben wird lediglich der Hadjib von Andalusien Al Mansur Ibn Abi Amir[210], den er in der „Declamatio de studiis veteris Philosophiae" wegen des Baues von Schulen und Bibliotheken in Marokko, Cordova und Sevilla als Förderer der Wissenschaft preist[211]. Dort verdrängt das Arabische

---

[207] Agnoscamus autem et divinitus depulsos esse a Gallia Saracenos pulcherrimis victoriis Caroli Martelli, ducis Brabantiae... (CR 12, 1085).

[208] Repressi his cladibus Saraceni, qui se Gallia et Italia potituros esse speraverant, deinde semper inter Pyrenaeos montes se continuerunt. Nec existimo bellum utilius et difficilius post id tempus ullum gestum esse. Quia non solum Galliae vastatio, sed etiam propagatio Mahometicae impietatis in reliquam Europam prohibita est (CR 12, 1086).

[209] ...ac late cum imperio legem Mahometicam propagaverunt (CR 12, 1074).

[210] Vgl. EI III, Sp. 276 ff.

[211] ...aliquanto post in Maroco oppido regni Tunetani celeberrimo Mansor rex praemiis maximis positis, bibliothecis conditis, et aedificiis in scholae usum magnifice extructis, studia rursus in honorem adduxit atque admirationem, perfectique ut ceu reviviscerent in illis locis: et inde cum Hispaniae magnam partem excussis Gottis, Vandalis, Alanis et Suevis, qui eam veteribus colonis oppressis, circa annum a nato Christo quingentesimum obsederant, in Hispaniam excitatis Cordubae et Hispali gymnasiis omnium disciplinarum propagavit (CR 12, 257).

allmählich völlig das Griechische, wie es allgemein der Fall ist, daß die Unterworfenen den Siegern sich auch in der Sprache anpassen[212]. Erwähnt wird ferner die Sammelaktion des Ptolemaeus in der „Syntaxis mathematica" — die als „Almagest" im 9. Jahrhundert ins Arabische übersetzt wurde —, wodurch bei dem Sarazenensturm auf Alexandria die astronomische Wissenschaft vor einem Verlust bewahrt wurde[213].

Vergleicht man das von Melanchthon entworfene Bild der islamischen Expansion mit einer den gleichen Gegenstand darstellenden modernen Abhandlung wie C. H. Beckers „Ausbreitung der Araber im Mittelmeergebiet[214]", so ergibt sich, daß Melanchthon diese im Namen einer Religion unternommenen Feldzüge nach Umfang, Richtung — zuerst südlich — östlich, dann nordwestlich — und Auswirkung richtig wiedergibt. Gelegentliche Überschätzungen — so die Behauptung, daß der größte Teil der Menschheit muslimisch sei — sind einmal auf das Konto mangelnder geographischer[215] und historischer Kenntnisse zu setzen und zum anderen als pädagogische Maßnahmen des praeceptor Germaniae zu werten; denn die Kenntnis dieser geschichtlichen Vorgänge, zum Teil auch diese selbst, scheinen ihm außerordentlich wichtig und nützlich[216].

## 2. Der Koran.

Die lex Mahometica ist meist der um ihres Gesetzescharakters willen gewählte Sammelbegriff für die muslimische Religion. Daneben ist sie aber auch im engeren Sinne einfach eine Umschreibung für den Koran. Seine tatsächliche Entstehung unter Abu Bekr ist Melanchthon nicht bekannt, er hält ihn vielmehr, wie wir bereits wissen, für ein von dem Mönch Sergius, Muhammed und anderen Häretikern gemeinsam verfaßtes Machwerk. Im Urtext hat ihn Melanchthon bestimmt nicht gelesen, da solche Exem-

---

[212] Ebda.
[213] Cum autem in Aegypto Saracenica barbaries et academiam Alexandrinam et studia delevit, vetera monumenta perierunt. Et tota doctrina de motibus (sc. stellarum) interitura erat, quae tunc dispersa fuit in multos et varios libros, nisi paulo ante Saracenicos motus Ptolemaeus totam artem in unum volumen contraxisset (CR 8, 62).
[214] In: Islamstudien, Bd. I, S. 66—145. Leipzig 1924.
[215] Vgl. hierzu die dem Chron. Car. beigegebene Weltkarte.
[216] Haec de Saracenis et de Caroli Martelli victoriis, et excellenti virtute nolui omittere, qui harum tantarum rerum consideratio propter multas gravissimas causas utilissima est (CR 12, 1088).

plare damals in Europa noch nicht existierten[217]. Ebensowenig
kann er in Biblianders Koranausgabe die fehlerhafte lateinische
Übersetzung von Robertus Retenensis und Hermanus Dalmata
studiert haben, da er sonst in seinem Schrifttum darauf stärkeren
Bezug genommen hätte, eine deutlichere Vorstellung bezüglich
seines Inhalts haben müßte und nicht so viel — wie wir noch
sehen werden — unwahre, ungenaue und unsachliche Behauptungen
aufstellen könnte. So aber ist ihm nicht einmal die Einteilung des
Korans in Suren — bei Bibliander Azoara genannt, von denen 124
statt der üblichen 114 gezählt werden — und deren Zahl bekannt.
Eigenartigerweise werden zwei aus dem Koran „in excerptis" angeführte Stellen nicht lateinisch, sondern griechisch zitiert[218]. —
Sicher ist, daß Melanchthon den Koran nicht nur dem Namen nach
gekannt, sondern mit ihm auch eine bestimmte Vorstellung verbunden hat. Welcher Art sie war, zeigt die Interpretation des
Wortes Koran. Es wird abgeleitet von Korach, das gleichbedeu-
tend ist mit Sammlung oder Mengfutter (vermischter Inhalt, Mancherlei): Alcoranus unde dicitur? Korach, est collectio, farrago[219].
Die erste Erklärung ist möglich und findet sich auch bei Bibliander[220].
Wahrscheinlicher jedoch ist es, daß man darunter ursprünglich
„Vortrag, was vorgetragen wird[221]" verstand. Der an zweiter Stelle
angeführte Ausdruck farrago zeigt von neuem die nun schon bekannte Neigung Melanchthons, die Minderwertigkeit einer Religion schon rein sprachlich zu beweisen. — Aufs Formale gesehen,
werden zwei Einwände gegen den Koran erhoben: 1. daß er nicht
in freier, sondern gebundener Rede verfaßt und 2. jünger ist als
die Heilige Schrift[222]. Er ist das Buch Muhammeds, mit Fabeln an-
gefüllt und hat als solches den Teufel zum Autor, was für den Ein-
sichtigen leicht zu erkennen ist. Aber auch, wo dieses nicht so
ganz deutlich werden sollte, mag sich der Leser — nämlich von
Biblianders Koranübersetzung — klar darüber sein, daß dieses

---

[217] Diese Möglichkeit bestand erst seit dem Ende des 17. Jahrhunderts, als Ludovico Marracci den Koran arabisch herausgab.
[218] CR 12, 1075 f.
[219] CR 25, 499.
[220] Bibliander, I. Buch, S. 8 u. 188.
[221] EI II, 1139.
[222] Mahometisten und Türken sind gewißlich Gottes Feinde, denn
ihre Lehre ist ein neu Gedicht, das lang nach den Propheten und
Aposteln uffkommen ist... (CR 8, 7). — ...certum est recens natam esse
opinionem Mahometicam longo tempore post Apostolos... (CR 13, 952).
S. a. 12, 1077.

Gedicht mit der ägyptischen Tieranbetung auf einer Stufe steht[223]. Der Inhalt des Koran ist derart unmenschlich, abscheulich und pervers, daß man ihn nur aus unterweltlichen Kräften entstanden denken kann und glauben muß, eine tierische Stimme rede aus ihm[224]. Diese Charakteristik nimmt nicht wunder, wenn man eine andere These über die Entstehung des Koran daneben hält: Wie Muhammed und seine Sekte, also ist selbstverständlich auch der Koran nur eine Folgeerscheinung der arianischen Polemik gegen die Gottessohnschaft Christi[225]. Auch er enthält die imperialistischen Illusionen Muhammeds und die auf Abraham sich berufende Anmaßung, die Muhammedaner seien Gottes Volk[226]. Seine Bestimmung ist, wie bei den Spartanern, eine gesetzliche Grundlage für die kriegerische Ertüchtigung zu schaffen[227]. Das geschieht auf zweierlei Weise, erstens, indem in ihm eine Strafordnung mit bestimmten Wiedergutmachungsregeln entworfen[228], zweitens aber grundsätzlich der persönlichen Freiheit der weitestgehende Spielraum gelassen wird[229]. Zusammenfassend betrachtet ist der Koran also ein unter Ausnützung der durch den Arianismus bedingten innerchristlichen Schwierigkeiten entstandenes, Muhammeds Anmaßung dienendes, schlimme Häresien enthaltendes, vom Teufel inspiriertes Staatsgesetz, das von vornherein durch seine späte Entstehung und seine Reimform das Recht verwirkt hat, Gottes authentisches Wort zu sein: „Im Alkoran aber ist nichts denn eytel vnuerschampt lügen vnd greulich gottes lesterung / Dann darinnen rhümet sich Mahomet / er sey ein Prophet von got ge-

---

[223] Etsi autem liber Mahometi adeo refertus est prodigiosis fabulis, ut sani facile deprehendant autorem diabolum, qui talibus sannis deridet Deum et homines: tamen haec lectorem praemonui, ut, si quid fortassis alicubi minus scurriliter dici videtur, tamen sciamus, totum hoc poema nihilo plus ad nos pertinere quam Aegyptiorum portenta, qui feles et serpentes invocabant (CR 5, 12 f.).

[224] Quam monstrosa, quam distorta est oratio Mahometi in Alcorano: non hominem, imo ne bovem quidem sed Plutonem ipsum ex infernalibus Tenebris boare, ac feralem vocem edere putes (CR 11, 865).

[225] ... scimus Alcoranum Mahometicum esse recens inventum, ortum ex blasphemis disputationibus Arii contra filium Dei (CR 25, 83).

[226] Dann jhr Alkoran leret sie / wie sie gottes volck vnd Abrahams kinder sein / denen die verheyssung / so Abraham geschehen / zugehör / das sie sollen herrn jnn aller welt werden (Das VII. Cap. Dan., diij).

[227] Illa summa est Alcorani. Directa est illa legis latio ad Laconicam formam (CR 24, 673).

[228] Alcoranus tradidit canones, qui gradus delictorum, quibus operibus compensandi sint (CR 5, 615).

[229] Alcoranus permittit magnam licentiam (CR 25, 418)

sandt / zuendern die lere des Euangelij / leugnet vnd vernainet die gotheit Christi / auch nimet er gantz wegk die rechte christliche lere von der gnade / vergebung der sünde vnd vom glauben / darinne doch der rechte warhafftige Gottes dienst stehet / Damit aber die grossen grewlichen teuffels lügen ein schein haben / so macht er dannocht die selbige lere gemeß menschlicher vernunfft[230].

### 3. Glaubenslehre.

Die muhammedanische Religion erscheint Melanchthon als ein einheitliches, einmal festgelegtes und stets gleichbleibendes Gebilde. Von einer Weiterbildung in Hadit, Idjma und orthodoxe Systematik weiß er nichts. So identifiziert er fast ausschließlich Muhammeds Glaubensaussagen mit denen seiner Bekenner. Mit anderen Worten: Muhammeds primitive Predigt wird von den durch die Tradition erfolgten Zusätzen nicht geschieden. Daraus darf man jedoch Melanchthon keinen Vorwurf machen, denn auch wir brauchen heute noch, wie C. H. Becker ausführt[231], „das Wort Islam in einer Fülle von Bedeutungen. Wir verstehen darunter zunächst die Religion, und zwar sowohl die primitive Predigt Muhammeds, als auch das davon grundverschiedene orthodoxe Lehrgebäude oder die Volksreligion der heutigen Muhammedaner in Asien und Afrika. Damit nicht genug, bezeichnen wir mit Islam eines der großen islamischen Weltreiche, zahllose Einzelstaaten, die auf seinen Trümmern erwuchsen, ja sogar die muhammedanischen Staaten der Gegenwart. Aber nicht nur wirkliche Staaten, ein viel Größeres nennen wir so: eine politische Theorie, mag sie sich nun auf staatsrechtlicher oder eschatologischer Lehre aufbauen. Und endlich nennen wir das Religion und Staat umschlingende Kulturganze mit dem gleichen Namen: eine Zivilisation, die bei aller lokaler Verschiedenheit bei weiten zeitlichen Abständen doch scheinbar ein einheitliches Gepräge trägt". Bei weitem nicht die gleiche, aber eine ähnliche Fülle von Bedeutungen und Beziehungen schwebt Melanchthon vor, wenn er auf den Glauben der Muhammedaner zu sprechen kommt. — Die für Muhammeds, die Religion als Mittel zum Zweck nutzende Staatsgesetzgebung wie für ihre Annahme durch die Araber gegebene Motivation ist die gleiche. Danach schufen — gemäß den Voraussagen der Propheten und Apostel — der in der Kirche eingerissene Götzendienst und

---

[230] Das VII. Cap. Dan., d.    [231] Islamstudien, Bd. I, S. 1 f.

die moralische Verwilderung den Boden, auf dem die Mahometica pestis wachsen konnte: Durch die schismatischen Ereignisse in Arabien und Ägypten entstand ein weltanschaulicher Wirrwarr, der geeignet war, oberflächliche Menschen dem neuen Dogma Muhammeds geneigt zu machen, zumal es auf politische und dem menschlichen Denken genehme Absichten hinausläuft[232]. — Die Muhammedaner sind keine ἄθεοι, sondern werden als Theisten anerkannt. Sie wissen — worauf sie sich viel zugute halten — um die Existenz eines Gottes[233]. Besonderen Wert legen sie darauf, daß sie einen einzigen, den wahren Gott verehren[234]. Ihr Gott — und hiermit kommt Melanchthon zu der für ihn wichtigsten Feststellung über den Islam — ist aber nicht der neutestamentliche Versöhnergott, der gnädige, sündenvergebende Vater Jesu Christi, der der Welt seinen Sohn als Mittler sandte, sondern nur der Schöpfer Himmels und der Erden[235]. Dadurch, daß sie zwar den Schöpfergott anrufen, aber über den Mittler Jesus in einer falschen Vorstellung befangen sind, stehen sie in einer Reihe mit Platon[236]. Auf diese Weise kommen sie zu einem Gott, der nur insoweit existiert, als er den menschlichen Vorstellungen und Wünschen ent-

---

[232] ...praedicunt Prophetae et Apostoli mundum poenas daturum esse, quod post sparsum Evangelium tyranni saeviant in membra Christi, deinde et ab illis ipsis qui gubernant Ecclesiam, polluta sit Ecclesia idolis, falsis dogmatibus, parricidiis Sanctorum et libidinibus. Et ex his seminibus ortam esse Mahometicam pestem historia ostendit. Cum Arabia et Aegyptus multis monstrosis dogmatibus dilacerarentur, opinionum confusio movit leves homines, ut novo dogmati Mahometi adplauderent, quod tollebat controversias veteres, et tantum politicas sententias et gratas humanis iudiciis proponit (CR 13, 864).

[233] Intelligunt (sc. Mahometistae) esse aliquid numen... (CR 25, 860). S. a. 7, 583 f.; 12, 529, 560 f.; 14, 380, 279; 23, 210 f.; 15, 301; 21, 609.

[234] ... Turcae gloriantur se invocare Deum conditorem rerum, et quidem valde superbiunt hac doctrina, quod unum Deum nominent... (CR 14, 275). — Mahometistae gloriantur se unum et verum Deum invocare, conditorem coeli et terrae... (CR 15, 343).

[235] Invocant Mahometistae Deum universae naturae conditorem, sed eius filium ac doctrinam aversantur. Negant hunc esse Deum, qui hanc doctrinam approbat (CR 5, 260). Turci etsi dicunt se invocare unum Deum, conditorem coeli et terrae, tamen a vero Deo aberrant, quia negant hunc esse Deum, qui misit Filium Mediatorem (CR 21, 609). — Nam Ethnici, Turci et similes, etiamsi adfirmant se invocare verum Deum, et illud videlicet numen, quod condidit coelum et terram, tamen a vero Deo aberrant, quia negant esse aeternum patrem, et filium imaginem de aeterni patris essentia genitam... (CR 12, 584).

[236] Etiamsi Plato aut Turci iactitant, se invocare Deum unum conditorem rerum, tamen a vero Deo aberrant, quia hunc non invocant, qui se patefecit misso filio, nec accedunt ad Deum ducente mediatore (CR 10, 762).

spricht, kurz zu einem anthropomorphen Gott[237]. Mit der Erschaffung der Welt sind aber die Funktionen des muslimischen Gottes noch nicht erschöpft; er ist auch Weltrichter. Und als solcher zeigt er sich sowohl als zürnender wie als gnädiger Gott, indem er richten, Tote auferwecken und den Gerechten ewiges Leben schenken wird[238].

Die den Muhammedanern an dieser Stelle gemachte Konzession, immerhin im Besitze einer particula doctrinae zu sein, wird bei anderer Gelegenheit noch überboten in dem Lob, das dem unitarischen Gottesbegriff als magnus articulus gespendet wird. Und zwar findet sich diese Äußerung in einem Gespräch zwischen Hieronymus de Laski und Sultan Suleimann — nach Art der Umstände kann es sich hierbei nur um Suleimann II. den Großen handeln, der 1520—1560 regierte —, das Melanchthon in seiner Postilla: Historica de inventione et exaltatione crucis Christi wiedergibt. Um seiner religions- und reformationsgeschichtlichen Bedeutung willen mag es ganz angeführt werden: Turcicus Imperator Solimannus, qui adhuc vivit, interrogavit Hieronymum Lasci de Luthero, an vidisset eum, et nosset: respondit se familiariter cum eo collocutum esse: postea interrogavit Solimannus in quibus rebus fecisset mutationem in illa parte orbis, et qualem: Hieronymus Lasci dixit ei quaedam concinniora: dixit eum sustulisse superstitiones. Ibi dixit Solimannus: Est magnus vir, quisquis est, sed nondum pervenit ad istam lucem, in qua nos sumus. Illa quoque sunt digna memoria: quia Mahometistae putant se aliquid magni dicere, quod tenent articulum de unitate Dei; est magnus articulus. Sed nos etiam debemus esse confirmati de Filio Dei, de quo illi nihil dicunt[239]. — Das alle Muslim einigende Band ist die Leugnung der Zweinaturenlehre[240] und ihre vornehmste Aufgabe die Lästerung des fleischgewordenen Gottessohnes[241]. Neben

---

[237] Denique non invocant hunc verum Deum, qui se patefecit misso filio, sed audacissime pingunt in suis mentibus idolum Dei qualem ipsi esse volunt (CR 12, 560).

[238] Mahometistae retinent particulam doctrinae; dicunt esse Deum et esse eum iudicaturum et resuscitaturum mortuos, daturum iustis vitam aeternam (CR 24, 649).

[239] CR 25, 504.

[240] Maxima pars generis humani est Mahometica, quae hoc ipso foedere coniuncta est, quod negat in Christo esse duas naturas, divinam et humanam (CR 10, 866).

[241] ...postquam apparuit adsumpta humana natura non solum certamina de hoc filio mota sunt, sed etiam horribile Imperium Mahometi-

der Leugnung seiner Göttlichkeit und seiner Mittlerrolle zwischen Gott und den Menschen wird ihm auch seine Messianität abgesprochen[242]. Die befreiende und erlösende Wirkung des Kreuzestodes Jesu Christi betrachten sie als eine Fabel; sie setzen dafür die seligmachende Wirkung des Heldentodes[243]. Hiermit verbunden ist eine völlige Unwissenheit über die durch Christus geschenkten Heilstatsachen, wie Sündenvergebung, Versöhnung, Verheißung des ewigen Lebens[244]. Ihre negative Einstellung zur Gottheit Christi empfinden die Muhammedaner aber nicht etwa als schwachen Punkt in ihrer Lehre, sondern sie rühmen sich ihrer im Sinne eines reineren Gottglaubens[245]. Rein negative Angaben werden von den muhammedanischen Gläubigen auch über den heiligen Geist gemacht. Sie verneinen, daß der heilige Geist zur Wesenheit des Vaters gehöre[246] und „von beiden gehet aus[247]". Man läßt ihn nicht als Person, sondern, modern gesprochen, nur als élan vital gelten[248]. Das muslimische Korrelat einer Bestreitung der Gottheit Christi ist die Betonung seiner Menschlichkeit und seiner Eigenschaften als Prophet, Lehrer und Gesetzgeber[249]. Christus, der mit Moses und Muhammed unter die Propheten ge-

cum exortum est ad propagandam et defendendam blasphemiam contra eum (CR 10, 883).

[242] Negant esse Messiam promissum Abrahae, et Mediatorem inter Deum et homines; multo magis negant esse Filium Dei. Illa omnia reiiciunt (CR 25, 503).

[243] Putant fabulosum esse, omnes homines liberari morte unius miseri hominis. Si ulla mors esset gloriosa, potius constituta esset mors bellatoris alicuius, qui cecidisset in acie (CR 24, 679). — Mahometistae dicunt omnino fabulam esse, quod alicuius sanguine et supplicio sint redempti homines: postea numerant ipsi praestantes homines, qui ceciderunt in acie: Illam mortem iudicant esse magis gloriosam, quam Christi (CR 24, 674).

[244] Prorsus autem ignorant filium Dei et Evangelium, id est, promissionem de gratuita remissione peccatorum, et de reconciliatione, et de haereditate vitae aeternae donandae per fidem in Filium Mediatorem (CR 23, 1). S. a. 12, 561.

[245] Mahometistae ... sibi arrogant iusticiae laudem, hoc uno argumento, quod non addunt Filium Deo ... (CR 13, 1467).

[246] Turci ... negant ... Spiritum sanctum esse de essentia patris (CR 14, 279).

[247] Negant Spiritum sanctum a Patre et Filio procedere (CR 23, 210).

[248] ... nec assentitur (sc. Mahometicum regnum) Spiritum sanctum personam esse, sed cogitat esse agitationem creatam in homine, ut dicimus heroicos motus in viris fortibus (CR 23, 237).

[249] Turci etiam aliquid retinent; dicunt Christum fuisse sapientem doctorem, dedisse bonas leges (CR 24, 642). Negat (sc. Mahometus) Christum esse Filium Dei; dicit eum fuisse tantum hominem, id est, prophetam bonum (CR 25, 499).

zählt wird, findet jedoch nicht uneingeschränkte Anerkennung, sondern ihm wird seine politische Indifferenz, Bedeutungslosigkeit und Unfähigkeit vorgeworfen. Während Moses wenigstens einen kleinen Staat geschaffen und organisiert habe, habe Jesus auf diesem Gebiet überhaupt keine Leistungen aufzuweisen, ganz im Gegensatz zu Muhammed, der ein Imperium gründete und dem deshalb der Vorrang eingeräumt wird[250]. Anstelle des von den Muhammedanern in seinem wahren Wert verkannten und in seinen Vollmachten geschmälerten Christus tritt als Messias Muhammed, der hiernach nicht nur die Prädikate Gottessohn und Prophet, sondern auch dieses andere des Meisters erhält[251]. — Die Aufzählung der von Melanchthon angeführten dogmatischen Aussagen des Islam hinterläßt den Eindruck, daß sich die muslimische Religion fast ausschließlich in der Ablehnung einzelner Punkte des christlichen Bekenntnisses erschöpft habe. Besondere, der muhammedanischen Dogmatik eigentümliche Züge, wie die scharfe Betonung des Gerichtsgedankens oder der fatalistische Schicksalsglaube, werden nicht aufgezeigt.

### 4. Die Ethik.

So betrachtet, enthält der muhammedanische Glaube eben nur ein dogma plausibile prophanis ingeniis, und die hierfür gegebene Begründung: quia tantum est particula legis[252] weist darauf hin, daß die Glaubenssätze der Muhammedaner für Melanchthon letztlich nur Morallehren sind, mit anderen Worten ausgedrückt: Die Bekenner Muhammeds besitzen particulam doctrinae rationis humanae de lege, seu de moribus[253], wobei der Akzent auf den beiden letzten Begriffen liegt. Grundsätzlich erkennt also Melanchthon das Vorhandensein eines muhammedanischen „Gesetzes"

---

[250] Dicunt Mahometistae fuisse tres excellentes prophetas, Moysen, deinde Christum, postea Mahometum. Sed Mahometum suum anteferunt caeteris; quia dicunt Moysen tantum parvum populum constituisse, et ordinasse parvam politiam; Christum nullam politiam constituisse, et ordinasse sed suum Mahometum constituisse magnum imperium... (CR 25, 502). — Deinde dicunt, Christum fuisse doctorculum sine exercitu et politia; es sey ein schlechter gesell gewesen (Ebda. f.).

[251] Sic Turcae hodie dicunt, Mahomet esse Messiam, ut ita ornent et amplificent suum regnum (CR 25, 784). — Ob das „hodie" die Behauptung in sich birgt, daß die M. nach Melanchthons Ansicht erst später dazu übergegangen sind, Muhammed eine höhere, gottähnliche Stellung einzuräumen, läßt sich nicht mit Sicherheit sagen, ich möchte es aber annehmen.

[252] CR 12, 978.      [253] CR 5, 11.

an[254] Gelegentlich wird sogar die gesamte muslimische Religion auf diesen Nenner gebracht[255]. Von diesem Gesetz, das, wie bekannt ad usum bellatoris geschaffen wurde, werden nun auch einzelne Bestimmungen angeführt, die sich mit einigen Geboten des Dekalogs decken. Darin werden den Anhängern des Propheten Achtung vor dem Leben Angehöriger und Fremder, vor dem Eigentum, sauberes Eheleben, Mildtätigkeit und Freigebigkeit geboten[256]. Bekannt ist ihm die Sitte der Frauenverschleierung, die Disziplin, Abstinenz und Spielfeindschaft der Türken. So sagt er, daß er „groß vnd vil lobes gelesen habe / das die Türcken ein schöne zucht vnter einander haben / wie alle jhre weyber mit verdackten angesichten müssen einhergehen / also / das mancher vater seins son weyb nymmer blosses Angesicht sihet / Item / wie sie nicht schwelgen oder sauffen / nicht spilen /[257]". Neben den für alle verbindlichen Gesetzen kennt der Islam einen höheren Grad der „Vollkommenheit", wie die auch bei ihm vorhandene Institution des Mönchtums beweist[258]. Unter den Werken der türkischen Mönche finden sich solche, die allein auf Askese und Kasteiung hinauslaufen, aber auch enthusiastische Neigungen, nützliche und karitative Leistungen[259].

---

[254] Nonne etiam Turci sciunt legem? Ita, aliquo modo (CR 25, 621).

[255] Nihil autem continet doctrina Mahometi, nisi particulam legis de operibus (CR 15, 1357). — Mahometistae, et alii, tantum docent particulam Legis de quibusdam externis et civilibus officiis... (CR 23, 1).

[256] Ita duo praecepta utilitatis causa utcunque retinet: Non occides, et: Non furtum facies (CR 12, 1076). Ethnici, Turcae, hoc sciunt: Non occides, Non moechaberis, etc. (CR 24, 188). — Ethnici, et Mahometistae, seu Turcae, possunt etiam regere mores externos honesta disciplina, in coniugio legitimo praestare castitatem, dare eleemosynas, sobrie et temperanter vivere, etc. (CR 14, 718). — ... postea habent multa officia, in dandis eleemosynis, sunt liberales (CR 25, 503).

[257] Das VII. Cap. Dan., d.

[258] Denn auff die weis möchten sich auch die Mahometisten vnd Türcken rhümen (denn sie haben auch Einsiedel vnd München, wie gleubliche historien vorhanden) das sie Euangelische Volkomenheit hielten (CR 28, 303).

[259] Wie die Priester Baals theten, die jren eigen Leib verwundten vnd zerschnitten, Wie man von der Türcken Priester auch sagt etc. (CR 22, 558). S. a. 23, 664. Daher sind auch bey den Türcken mancherley müncherey entstanden / Etlich gehen den gantzen winter bloß / Etlich lassen sich mit eysen brennen / etlich fasten vil tage an einander / vermainen damit vil zu verdienen / vnd geben für / sie reden mit Engeln / Etlich haben dannocht nützlich werck für / tragen brunnen wasser vmb in den grossen stedten am meer / das die leut / zutrincken haben / Etlich

Obwohl Melanchthon also dem muhammedanischen Leben
eine beschränkte Anerkennung zuteil werden läßt, erscheint es
ihm doch nichts weniger als einwandfrei: Er sieht darin eine
Moral verkörpert, die praktisch keine Normen kennt, und in
Zügellosigkeit endet, die sich auf allen Gebieten, besonders auf
sexuellem, auswirkt[260]. Eine schlimme Folge ist vor allem der von
beiden Geschlechtern geübte, nicht mit einem besonderen Verbot
belegte Inzest[261]. Das, was Melanchthon am meisten beschäftigt,
ist die Eheauffassung und die damit zusammenhängende Stellung
der Frau bei den Muhammedanern. Trotz der Äußerung: in
coniugio legitimo praestare castitatem verneint er grundsätzlich
das Institut einer Ehe im Islam. Was sich da Ehe nennt, ist nicht
eine solche, d. h. eine der Fortpflanzung und Vermeidung von Un-
sittlichkeit dienende, unauflösliche Lebensgemeinschaft, sondern
mehr eine auf Befriedigung von Begierden abgestellte Einrichtung, da Heirat, Scheidung und Wiederverehelichung ungeregelt
und ohne Beschränkung gestattet sind[262]. Die Ehe der Muhammedaner ist eine Polygamie, denn sie dürfen zwölf legitime Frauen
und daneben Konkubinen in unbeschränkter Zahl haben[263].

---

herbergen arme frembde leut / vnd beweysen dadurch jhre heyligkeit
(Das VII. Cap. Dan., d).

[260] Mahometistae... frenum laxant libidinibus, lege concedunt duci,
dimitti, et rursus duci dimissas, quot quisque velit, concedunt lege et
nefarias libidines... (CR 13, 1467). — Nulla sunt amplius ibi (sc. Constantinopoli) studia doctrinarum .. est nullus ordo coniugiorum; ducun-
tur et abiiciuntur uxores, quando mariti volunt. Praeterea nec domestica
vita aliquid habet culturae (CR 25, 12). S. a. 13, 954.

[261] Est autem Mahometica quoque doctrina plane barbara. Liberat
homines a vinculis legis divinae: Patres cubant apud filios (wohl fili a s!),
et filii apud matres... (CR 25, 417). — ... wie zu dieser Zeit Türcken
und andere Mahometisten, stossen die Weiber von sich, wenn sie wollen,
vnd sind schandliche vermischungen zwischen vater vnd tochter etc.
(CR 28, 541).

[262] Estne apud Mahometistas coniugium? Non. Quid ist Coniugium?
Est legitima et indissolubilis coniunctio unius maris et foeminae instituta
divinitus, ad procreandam sobolem, et ad vitandas vagas libidines. Apud
Mahometistas ducunt, quot volunt, et dimittunt, quando volunt sine
caussa (CR 25, 503). — At lex Mahometi concedit ducere, dimittere, et
dimissas rursus ducere. Hoc prorsus est tollere coniugii perpetuum
foedus, et non solum cum Christi dicto pugnat, sed etiam cum Moise.
Ac talis consuetudo, quid est nisi promiscua quaedam scortatio, ducere,
extrudere, vendere alteri, rursus emere extrusam. Nullum est igitur vere
coniugium legibus Turcicis (CR 13, 1469). S. a. 15, 1078, 1083; 21, 706;
22, 623 f.; 12, 1076; 14, 1467.

[263] Bey den Türcken aber ist gar kein ehestand / denn sie mügen

Wie wir noch sehen werden, kommt es Melanchthon in seiner Kritik am Islam darauf an, den Nachweis für die grundsätzliche Gleichheit zwischen Muhammedanern und Papisten zu erbringen. Häufig findet man diese beiden zusammen genannt. Der Grund dafür liegt in der Wahrnehmung, daß die Muslim ein bestimmtes „gesetzliches" Wiedergutmachungssystem befolgen. So können Ehebruch und Meineid durch eine hohe Sozialleistung kompensiert werden[264]. — Schließlich gehört zu den ethischen Forderungen des Islam die Verpflichtung zur Führung des Heiligen Krieges[265].

## 5. Der Kultus.

Während Melanchthon von Muhammed selbst behauptet, er habe seinem Volk nur eine geringe Zahl von kultischen Bräuchen gegeben, berichtet er, daß die muhammedanischen Gläubigen viele Zeremonien ausüben[266]. Ihr Feiertag ist der dies Veneris, der ausdrücklich, um Christi Passion zu schänden, an diesem Tag gefeiert wird[267]. Sie führen rituelle Waschungen durch, und eine bestimmte Speiseordnung schreibt den Muslim vor, das Fleisch welcher Tiere sie essen und nicht essen dürfen[268]. Diese Anweisungen sind allgemein; das Weinverbot hat nur für einen beschränkten Kreis Geltung[269]. Der Ritus, der Melanchthon am meisten beschäftigt, und auf den er aus den verschiedensten Anlässen immer wieder zukommt, ist die muslimische Beschneidung. Muhammed hatte sie angeordnet, um damit seinen Anspruch als legitimer Nach-

---

nach jhrem gesetz zu gleich zwelff weyber haben / vnd darüber beyschlefferin / so vil sie wöllen / (Das VII. Cap. Dan., e).

[264] Mahometisten und Türken sind gewißlich Gottes Feinde, denn ihre ... Lehre lehrte, wie man mag falsche Eid und Ehebruch mit Almosen vergelten... (CR 8, 7). — ... sicut nunc quoque docent Turcae, remitti periurium diviti, si decem pauperibus praebeat vestem... (CR 23, 665).

[265] Nam lex Mahometica praecipit Turcis, ut bella inferant aliis nationibus, etiamsi nulla causa sit, nisi propagandae sectae ipsorum (CR 16, 108).

[266] Multi praestantes viri sunt inter Mahometistas, qui habent suos cultus... (CR 24, 682). — Verum est: Habent... multum ceremoniarum; ... veniunt ad templa, ad ceremonias.. (CR 25, 502)

[267] Turci servant diem Veneris, et hoc haud dubie fecerunt ad contumeliam Christianorum, quia Christus illo die est passus (CR 25, 562).

[268] ... habent lotiones crebras... (CR 25, 502). — ... concedit vesci omnium Quadrupedum, volucrum et piscium carnibus, excepta suillae carne... (CR 12, 1076).

[269] ... et qui sunt religiosiores, non bibunt vinum... (CR 25, 502).

komme der Sarah zu bekräftigen[270]. Dieser bei vielen Völkern vorkommende Akt wird also auch von den Muhammedanern angewandt[271].

### 6. Die islamischen Philosophen.

Eine ziemlich deutliche Vorstellung hat Melanchthon von einigen Vertretern der islamischen Philosophie gehabt; denn die von Voßberg bei Luther vermerkten Namen arabischer Gelehrter[272] finden sich bis auf „Mesue" und „Albumasar" ebenso bei Melanchthon. In der „Oratio de studiis veteris philosophiae" wird eine Reihe islamischer Philosophen angeführt, die sich allerdings nur noch zum Teil identifizieren lassen[273], und deren Wirkungsfeld an die von Al Mansur in Cordoba und Sevilla (Hispalis) gegründeten Schulen verlegt wird: Ex his scholis prodierunt illi, quos recens aetas ante restitutam in his terris linguam Graecam autores ac praeceptores usurpavit ac celebravit, Arabum Philosophi, Rhasis (vielleicht = Mohammed Abu Bekr ibn Sakarija al Rasi, ein berühmter arabischer Philosoph und Mediziner; wahrscheinlicher aber ist noch, daß hier Melanchthon der Jude Rabbi Mosheh ben Maimon vorschwebte, der im Arabischen den Ehrentitel al Ra'is führte[274]), Hali (höchstwahrscheinlich auf Grund seines Lebenslaufes = Jehuda ben Samuel Ha Levi[275]), Serapion (vermutlich = Abraham ben Meir Ibn Esra, der u. a. auch in Cordoba tätig war[276]), Averroes (= Ibn Rushd[277]), Avicenna (= Ibn Sina[278]), Alfraganus (= Al Farghani[279]), Albategnius (= Al Battani[280]) et alii, quibus autoribus Philosophia literis Arabicis descripta ac conservata . . .[281]. Zu den alii gehört wohl auch der in der „Oratio de Alfragano et mathematicis disciplinis Ioannis Regiomontani" erwähnte Gebar Hispalensis, von dem erzählt wird, daß ihn Ger-

---

[270] Retinuit circumcisionem, ut confirmaret persuasionem de regno promisso posteritati Sarae (CR 12, 1076).

[271] ... multae gentes circumcisionem retinuerunt sine verbo Dei, ut Colchi, Aegyptii, et nunc Turcae et Iudaei retinent (CR 14, 194). — ... hernach die Araben, Egypter, vnd die jetzigen Jüden vnd Mahometisten die Beschneidung behalten haben... (CR 22, 450). S. a. 25, 504.

[272] A. a. O., S. 94.

[273] An Hand der Enzyklopädie des Islam habe ich versucht aufzuhellen, wer sich vermutlich hinter diesen — zum Teil heute noch gebräuchlichen — latinisierten Namen verbirgt.

[274] EI II, Sp. 425.     [275] Encyclopaedia Judaica 8, 963 ff.
[276] Ebda. 326 ff.      [277] EI II, Sp. 436 ff.
[278] Ebda. 445 ff.      [279] Ebda. 69 f.
[280] EI I, Sp. 709; s. a. CR 11, 536.    [281] CR 12, 257.

hard von Cremona übersetzt habe²⁸². Dem Klang nach könnte Gebar mit dem in Südspanien beheimateten Jehuda ibn Gabirol²⁸³ identisch sein. Die Tatsache der Übersetzung eines astronomischen Hauptwerkes durch Gerardus Cremonensis trifft aber auf Al Farghani zu²⁸⁴. Dieses Werk wurde außerdem von einem Johannes Hispalensis übertragen. Vielleicht klärt sich das Dunkel, wenn man einfach eine Verwechslung annimmt. — Nach alledem erstreckt sich nach Melanchthons Meinung die Tätigkeit der arabischen Philosophen, zu denen er mit Recht auch einige jüdische zählt, die durch den im damals arabischen Kulturkreis gelegenen Ort ihrer Wirksamkeit dem Islam zugerechnet werden, auf die Beschreibung und Erhaltung griechischer Philosophie. Eigene, selbständige Schöpfungen und Ideologien der islamischen Denker auf philosophischem Gebiet scheint er nicht zu kennen oder wenigstens nicht anzuerkennen²⁸⁵. So empfindet er auch die Rettung der griechischen Philosophie durch die arabischen Wissenschaftler nicht als Bereicherung und Verdienst, sondern ist froh, daß durch die Maßnahmen König Alfons' diese in die alten Länder zurückgeführt und so wiedergewonnen wurde²⁸⁶. Deshalb geht er auch nicht näher auf die Maximen, Reflexionen und Systeme der arabischen Philosophen ein. Nur bei Averroes kommt er einmal auf dessen Begriff der divinatio zu sprechen, die er, trotz ihrer Abweichung von Aristoteles, si dextre intelligitur, gelten läßt, da sie die Allwirksamkeit Gottes behaupte²⁸⁷. Averroes' sonstige Anschauungen werden abgelehnt. Betreffs einer bestimmten Theorie über die Bewegung der Sonne

---

²⁸² CR 11, 536.   ²⁸³ Encyclopaedia Judaica 7, 1 ff.

²⁸⁴ EI II, 69. — Vgl. hierzu M.s: Epistola nuncupatoria in „Rudimenta Astronomica Alfragani Alba Tegnis (?) astronomus peritissimus de motu stellarum ex observationibus tum propris, Ptolemaei etc." (CR 3, 400 ff.).

²⁸⁵ Auch Hartfelder erwähnt in seiner Würdigung der philosophischen Leistungen M.s (S. 211 ff.) weder etwas von einer Beeinflussung M.s durch die islamischen Philosophen, noch daß er deren Systeme behandelt hat.

²⁸⁶ Ita post longam barbariem non minima pars Philosophiae ex Arabum repetita est libris, et in has terras reducta... (CR 12, 258).

²⁸⁷ Etsi autem Averrois divinatio derideatur, et fortassis ab Aristotele aliena est, tamen si dextre intelligitur, non est absurda. Cum enim ait facientem intellectum esse ipsum Deum cientem excellentiores motus in hominibus, vere dicit, excellentes et salutares cogitationes a Deo ipso monstrari et regi, ut Salomon inquit, ut oculus videat, et auris audiat, deus facit utrumque (CR 13, 149).

spricht Melanchthon von einer perversitas et petulantia Averrois[288], wie überhaupt die Gesamtbeurteilung negativ ausfällt: Er charakterisiert ihn als einen heftigen, oberflächlichen Plagiator, der aus Oppositionslust von der Wahrheit abkam, aus Sensationslust gut fundierte medizinische Lehrsätze aufhob, sich mit fremden Federn schmückte[289]. Die Beiziehung der Medizin zur Kritik an Averroes weist bereits daraufhin, daß Melanchthon an den arabischen Philosophen hauptsächlich ihre medizinischen Arbeiten interessierten. Dieser Eindruck verstärkt sich beim Lesen der „Oratio de vita Avicennae", worin er dessen große Verdienste um die Heilkunde und seine hierin gemachten Entdeckungen preist: ... nemo ex omnibus Arabicis scriptoribus artem (sc. medicam) purius ipso Avicenna tradidit[290]. Seine Lehrer waren der Arzt Rasis in Alexandrien und Averroes in Cordoba[291]. Von Rasis wendet sich jedoch Avicenna, als er dessen wissenschaftliche Schwächen erkannt hatte, später wieder ab[292]. Als besondere Leistung Avicennas hebt nun Melanchthon — bezeichnend für den Humanisten — dessen Rückgang auf die Quellen, d. h. zu Galenus[293] und Hippokrates[294] hervor[295]. Außerdem werden noch er-

---

[288] CR 13, 232.

[289] Averrois enim nomen istis temporibus fuit celeberrimum. Fuit autem Averrois (nom.!) ingenio acri, pugnaci, ventoso, et reprehensione aliorum famam sibi quaerebat: qua in re saepe contradicendi studio a veritate abductus, artes recte constitutas, sophisticis praestigiis labefactavit, temperamentorum mixturas tollit, humores in epate negat gigni, circa nutritionem novam et absurdam opinionem comminiscitur. Sed quid opus est commemorare singula? hoc solum egit, ut sublata autoritate veterum autorum, se in ipsorum locum collocaret (CR 11, 829).

[290] CR 11, 827.

[291] Hier ist M. ein Fehler unterlaufen, da der im Jahre 1126 geborene Averroes unmöglich den bereits 980 geborenen Avicenna unterrichten konnte. Die Ursache dieses Irrtums ist darin zu suchen, daß M. das Geburtsjahr Averroes' auf 1145 verlegt (CR 11, 828).

[292] Postea vero cum et aetate et doctrina iudicium confirmasset, animadvertit in Rasi magis esse empiricam quam rationalem doctrinam. Cum enim divino afflatu incitatus ad haec studia raperetur, facile deprehendit Doctoris sui imbecillitatem, et quid in ipsius doctrina veri aut falsi contineretur. Cum enim Rasis procul a fontibus Hippocratis et Galeni recederet, necesse erat et ipsius medicationes erroribus non carere (CR 11, 829).

[293] Vgl. CR 11, 495 ff.; 3, 490 ff.    [294] Vgl. CR 11, 503 ff.

[295] Alexandriae coepit Hippocratem et Galenum sibi Doctores proponere, quorum doctrinam maxime veritati consentire iudicavit. — Avicenna itaque ad veros fontes se contulit: Cum enim videret quantum recens Medicina a veteri degenerasset, voluit eam iterum ad fontes re-

wähnt ein von ihm hergestelltes Exzerpt aus Galenus' Werken und seine mannigfachen Erfindungen und neuen Methoden auf den Gebieten der Diagnostik, Anatomie, Therapie und Heilmittelkunde[296], deren Darlegung nicht hierher gehört. Nur das zusammenfassende Urteil sei angeführt: Quod vero ad curationes morborum et remedia attinet, longe vincit omnes, qui ante ipsum scripserunt, atque hanc laudem citra controversiam ab omnibus sanis habet: tametsi quidam hodie qui nullo usu artis praecepta confirmarunt, vociferari adversus eum non desinunt. Ipsi tamen remedia de verbo ex ipsius libro describunt, ac perinde faciunt, ut ille in fabula de vino inquit: Vituperant, et tamen bibunt[297].

Den Schluß der „Oratio de Avicenna" bilden Worte, die sowohl für den, den wahren Wert der Wissenschaft erkennenden Humanisten charakteristisch sind, als auch für die Moderne mit ihrer übertriebenen Wertschätzung der körperlichen, insbesondere der kriegerischen Leistungen als Mahnung auf eine neue Besinnung Geltung haben. Sie seien ihrer Wichtigkeit wegen hier wiedergegeben: Quid si ii qui in bello civem servarunt, aut militem periclitantem clypeo texerunt, de publico ornantur, alii corona aurea, alii statua, atque ipsorum etiam liberis ex publico annona praebetur: quod praemium debetur isti, qui non unum aliquem civem, aut unam aliquam civitatem servavit, sed ingentem multitudinem omnis generis hominum et nationum, idque tot seculis, nullius quantumvis diserti oratio magnitudinem huius beneficii eloqui potest[298]?

Melanchthons Beschränkung in der Würdigung Avicennas auf dessen Tätigkeit als Mediziner unter Außerachtlassung seiner sonstigen mannigfaltigen geisteswissenschaftlichen Wirksamkeit ist bis zu einem gewissen Grade berechtigt, da er tatsächlich auf diesem Gebiet den größten Einfluß ausgeübt hat[299]. Auch scheint Melanchthon in Avicennas Äußerungen und Verhalten einen Anhaltspunkt hierfür gefunden zu haben, denn er sagt über den jungen Avicenna: Cum enim videret Philosophiam prorsus absque

vocare, et ea quae erant ignavia hominum situ et rubidine obducta, rursum detergere (CR 11, 830).

[296] CR 11, 831.   [297] Ebda.   [298] Ebda., 832.

[299] „Am meisten hat Ibn Sinna durch seine Medizin gewirkt, bis zum XVII. Jahrhundert im Abendland, heute noch im Orient. Er ist der arabische Galen. Wie weit er eigene Beobachtungen in diese Wissenschaft eingeführt hat, bedarf der Untersuchung" (EI II, Sp. 446)

medica arte imperfectam esse, animum ad Medicorum doctrinam adiecit, ut naturam integre evolutam, quantum omnino humana industria fieri potest, compleretur³⁰⁰.

Der Titel „Oratio de Alfragano et mathematicis disciplinis Ioannis Regiomontani" ist irreführend, wenn man in der folgenden Rede ein Eingehen auf die mathematischen und astronomischen Theorien Al Farghanis erwartet³⁰¹. Denn außer der Absicht: ... ad primordia Alfragani, qui nudam totius Astronomiae tradit historiam, foeliciter descendemus³⁰² und der weiteren Feststellung, die ebenso auf eine noch zu erwartende spätere nähere Darlegung hinweist: Alfragano deinceps nudam Astronomiae scribenti historiam ingentes habebimus gratias, si doctrinam eius senserimus³⁰³ und einem nochmaligen Dank am Schluß der Rede³⁰⁴, nimmt Melanchthon weiter keinen Bezug auf ihn. Das Ganze ist ein historischer Überblick über einzelne Mathematiker, Astronomen und Astrologen und ein Preislied auf ihre vielfältig fruchtbar sich auswirkenden Untersuchungen und Ergebnisse³⁰⁵.

Auf die Beziehungen zwischen islamischer Philosophie und Religion wird nur einmal kurz im VII. Cap. Danielis hingewiesen, und zwar waren die arabischen Philosophen bei ihrem Lob der islamischen Lehre durch deren Rationalismus bestimmt: Derhalb haben auch vil Philosophi / die in Sarracenischer sprache geschriben / die lere seer gelobet / Wie es dann allzeyt gehet / das alle ketzereyen / so wider die schrifft sind / menschlicher vernunfft wolgefallen /³⁰⁶.

---

[300] CR 11, 829.

[301] Hartfelder ist derselben Ansicht: „Die zweite Rede (sc. CR 11, 531 ff.) enthält eine kurze Geschichte der Mathematik im Altertum und verdient jedenfalls den Titel De Alfragano nicht, wenn nicht am Ende ein Abschnitt verloren gegangen sein sollte" (S. 309).

[302] CR 11, 532.   [303] Ebda, 536.   [304] CR 11, 544.

[305] Sobald Wirkungsweite und Grad der Beeinflussung von seiten der islamischen Philosophie auf die katholisch-mittelalterliche Theologie zu überblicken sein werden, dürfte eine Untersuchung über deren etwaige Fortwirkung im reformatorischen Denken möglich sein. Zur Zeit gestattet der Stand der Vorarbeiten dies noch nicht. Wie wichtig aber eine Klärung dieser Frage ist, zeigt K. Heims Untersuchung: Zur Geschichte des Satzes von der doppelten Wahrheit in „Studien zur systematischen Theologie". Tübingen 1918.

[306] Das VII. Cap. Dan., d.

## 7. Das kleine Horn.

Wie der Titel der Gemeinschaftsarbeit Jonas'-Melanchthons — Das sibend Capitel Danielis / von des Türcken Gottes lesterung — vermuten läßt, trachtet letzterer danach, eine Beziehung zwischen der muhammedanischen Religion und der Heiligen Schrift herzustellen. In der Tat finden wir denn auch bei ihm im Rahmen seiner Islam-Darstellung eine interessante eschatologischapokalyptische Deutung Daniels, wonach jener eine eingetroffene Weissagung dieses Propheten ist[307].

An dieser Stelle erscheint es notwendig, kurz auf Melanchthons Geschichtsbegriff einzugehen. Die Geschichte ist für ihn nicht eine kontinuierlich ansteigende oder Wellen-Linie, sondern eine Aufeinanderfolge von gewissen Perioden mit Niedergangserscheinungen nach jeweils 500 Jahren[308]. Der geschichtliche Ablauf der Welt erfolgt gemäß einem außerkanonischen Wort des Elias — meist dictum Eliae, aber auch Traditio domus Eliae genannt —, einer „Cabala[309]" in einem Zeitraum von 6000 Jahren, von denen 2000

---

[307] Da sehen wir / das sich der text gleich reymet auff das Türckisch reich / kain historien schreiber zu diser zeit / hette die geschicht vnd alles wesen des Türckischen reichs / so richtig dargeben / vnd fain rein abmalen mügen / als es der Prophet Daniel abgemalet hat / Gantzer zwey tausent jar zuuor / (Das VII. Cap. Dan., c.). S. a. Ebda., eij; Brenz, Aiij; CR 13, 951; 5, 12 ff.

[308] Animadverterunt homines docti fatales periodos esse regnorum post annum quingentesimum aut circiter. — Et Daniel numerum annorum tradidit annos 490 (CR 8, 334). — Und ist hie in gemein zu mercken, daß Daniel ein Zahl setztet, 490 Jahr, nach welcher Zahl ungefährlich in allen Reichen Häubtveränderunge fürfallen, wie auch die Gelehrten setzen, daß fünffhundert Jahr der Periodus sey, darnach Universal-Veränderungen gemeiniglichen folgen (CR 8, 814). S. a. 5, 94; 8, 156; 25, 296 f.

[309] Vetustas amavit dictum Heliae: Sex millia annorum stabit mundus, sed deerunt anni, qui deerunt. Duo millia inane, Duo millia lex, Duo millia dies Messiae. — Nominarunt hoc dictum Cabalam. Significat autem Cabala doctrinam per manus traditam, quasi dicas, receptionem. Non dubium est illos praestantissimos homines Eliam, Elisaeum, et alios multa dixisse, quae non sunt relata in libros Canonicos (CR 24, 31). — Utile est, semper in conspectu habere, quantum fieri potest, omnium temporum seriem, et praecipuas generis humani mutationes. Ad id maxime conducit nosse dictum, quod recitatur in Iudaeorum commentariis, hoc modo: Traditio Domus Eliae. Sex millia annorum mundus, et deinde conflagratio. Duo millia inane. Duo millia lex. Duo millia dies Messiae. Et propter peccata nostra, quae multa et magna sunt, deerunt anni, qui deerunt (CR 12, 717). S. a. 8, 79, 663; 9, 416; 11, 490; 12, 49; Chron. Car. 4 b, 79 b. — Tatsächlich stammt aber dieses Wort aus dem Talmud, wo es zweimal vorkommt: Sanhedrin 97 a und Aboda Sara 9 a; vgl.: Der babylonische Talmud, übers. von Goldschmidt, Bd. IX, 1934, S. 60 f., 66. — Vgl. ferner: Theol. Studien und Kritiken 1897 ff.; 1878, 125 ff.

als Öde, 2000 als Gesetz und 2000 als Tag des Messias bezeichnet werden. In der Vorrede des Herausgebers zu Luthers „Supputatio annorum mundi" wird bei diesem dieselbe Geschichtskonstruktion nachgewiesen[310]. Die 6000 Jahre werden weiterhin untergeteilt in die vier von Gott als Garanten des Rechts, der Sitte und Ordnung eingesetzten Monarchien Daniels. Es steht für alle Welt fest, daß nach dem Verfall der vierten, römischen, das Weltende und damit das jüngste Gericht kommen wird[311].

Melanchthons Bestreben geht nun darauf hinaus, den Nachweis zu führen, daß das neu aufgekommene islamische Reich unmöglich eine Monarchie im Sinne der vier voraufgegangenen ist. Während es die vordringliche Aufgabe der übrigen vier Monarchien war, politisch, soziologisch, ethisch sowohl konstituierend als auch konservierend zu wirken, sieht er im islamischen Reich grundsätzlich gegenteilige Bestrebungen. Gewiß machten auch die anderen Weltmonarchien, wie die persische und römische, der Kirche zu schaffen, aber doch nicht in der Weise wie das türkische Imperium[312]. Wegen dieser antichristlichen und unmoralischen Haltung ist es ausgeschlossen, das muhammedanische Reich unter die legitimen Monarchien zu rechnen[313]; vielmehr ist es identisch mit

[310] WA 53, 11 ff.

[311] Ac praedixit Deus seriem quatuor monarchiarum, ut significet Messiae adventum et finem mundi, videlicet humanae generationis, et temporis ultimi iudicii. Intelligas autem monarchiam non quidem complexam omnes regiones et gentes sed tantam, quae magnam partem orbis terrarum tenuit, et tantam habuit potentiam, ut caeteros reges compescere posset. Ideo enim voluit Deus monarchias constitui, ut homines legibus, iudiciis et disciplina regerentur (CR 12, 718). S. a. Chron. Car. 116 b; Das VII. Cap. Dan., ciij, d, diij; CR 12, 776. — Quot fuerunt Monarchiae? Quatuor fuerunt summa Imperia: scilicet, Chaldaeorum, Persarum, Graecorum, Romanorum. Deus ita distribuit tempora mundi, et vult notam esse illam seriem, quia ostendit in Prophetis venturum Messiam in quarta Monarchia, et illam futuram ultimam, et postea non futuram talem Monarchiam... (CR 25, 793). S. a. 24, 32. — Vgl. über den Ursprung und die Geschichte dieser eigenartigen Periodisierung: K. Heussi, Altertum, Mittelalter und Neuzeit in der Kirchengeschichte. Tübingen 1921. S. 3, 7, 11.

[312] Fuerunt et antea imperia in mundo, quae saepe concusserunt Ecclesiam. Sed tamen dissimilia Turcico, Persarum monarchia diu clementer fovit populum Dei. — In imperio Romano, etsi interdum saevitia exarsit, tamen saepe mitigata est... (CR 13, 1468). S. a. 8, 666.

[313] Als Mahomets reich ist fürnemlich dazu angefangen, den Namen vnsers Heilands Christi zu tilgen, Vnd ist nicht eine weltliche Regierung, wie die Monarchien gewesen sind, zu Frieden und Recht gemeint, Sondern fürnemlich zu Gotteslesterung, vnzucht vnd mord (CR 22, 623). — Quare differentia inter reliquas monarchias et regnum Mahometi observanda est (CR 21, 706).

dem „kleinen Horn" der Danielapokalypse (Dan. 7, 8), das aus dem Gesicht des vierten Tieres herauswächst und drei andere Hörner wegstößt[314]. Vier Punkte führt Melanchthon an, die die völlige Übereinstimmung Daniels mit der späteren religiösen und politischen Entwicklung des Islam dartun sollen: Nunc de vaticinio huius loci dicam breviter. Conveniunt ad Saracenicum regnum Tempus, Doctrina, Potentia et Locus[315].

I. ist es das zeitliche Zusammentreffen des Machtantritts der Franken in Gallien und der Langobarden in Italien mit Muhammeds Aufstand unter Heraklius[316];

II. sind es die durch das os loquens grandia et contumeliosa in Deum versinnbildlichten Lästerungen und Irrlehren Muhammeds[317];

III. ist die Ausbreitung des Islam der schlüssige Beweis dafür, daß das, was Daniel über den Machtzuwachs des mit dem kleinen Horn gleichgesetzten Regnums sagt, eingetroffen ist[318];

IV. beweisen es die durch den Islam hervorgerufenen territorialen Veränderungen — bei Daniel dargestellt in dem Bild der herausgerissenen drei Hörner, an deren Stelle das kleine Horn trat[319].

---

[314] Darauf weist bereits Haas hin: „Auch Melanchthon identifiziert Muhammed mit dem Gog und Magog der Apokalypse (20, 8) und mit dem kleinen Horn in Daniels Traumgesicht..." (S. 24).

[315] CR 13, 860. — In einem Brief an Vitus Theodorus (CR 3, 545 ff.) setzt sich M. nachdrücklich dafür ein — und zwar mit der gleichen Begründung —, daß Dan. 7 eindeutig das Mahometicum Regnum anzeigt.

[316] De tempore notae sunt historiae: Iam Galliam Franci tenebant, Italiam Langobardi, cum in oriente Mahometus Heraclii tempore seditionem movet circiter annum a natali Christi 623 (CR 13, 860).

[317] Doctrina describitur in textu cum ait, Cornu habere oculos hominis, et os loquens grandia, et contumeliosa in Deum. Constat Mahometum, horribili audacia abolere omnia Prophetarum et Apostolorum scripta (Ebda., f.).

[318] De potentia etiam notae sunt historiae. Tota Africa, magna pars Asiae, magna Europae tenetur ab iis, qui Mahometis sententiam defendunt (Ebda., 861).

[319] De loco observandum est, quod nominatim inquit Daniel, Evulsa esse priora vel anteriora cornua. Significat defecturas fuisse provincias Romanas in Oriente sitas et nominantur tria cornua. Primum enim statim coniunxerunt Saraceni has tres regiones, Aegyptum, Syriam et Ciliciae oram. Quod vero postea plures provinciae domitae sunt, id non pugnat cum textu, qui hoc loco initium regni describit (CR 13, 861). S. a. 3, 547: Ad haec utcunque convenit trium cornuum evulsio. Occupatae initio Aegyptus, Syria, pars Asiae postea latius prolati sunt fines. Quid si significata sunt tria Regna, Sultanicum, Persicum, Turcicum? Id mihi magis placet, etsi nihil assevero, et ignorantiam meam fateri non dubito.

Die Richtigkeit dieser Deutung der Danielschen Prophezeiung wird außerdem noch mit Hilfe einer Zahlensymbolik bezeugt[320]. Nicht nur mit dem „kleinen Horn" wird der Islam in Zusammenhang gebracht, sondern auch mit der anderen apokalyptischen Weissagung Dan. 2, 31 ff. Die in v. 33 gegebene Beschreibung der teils eisernen, teils lehmigen Schenkel wird auf das türkische Reich gedeutet[321]. Dieses imperium saevum ist nun aber nicht ein imperium wie alle anderen; seine besondere Bedeutung liegt, wie gesagt, darin, daß es ein regnum saevum ist und als solches der Vorläufer des jüngsten Gerichts, das nach seinem Niedergang abgehalten werden wird[322]. Auch die Dan. 7, 7 erwähnten „Füße" und deren zerstörende Tätigkeit werden als Hinweis auf das gleiche Tun des Islam gewertet. Jedoch steigen hier bei Melanchthon Zweifel über die Berechtigung dieser Identifizierung auf[323]. Ferner erblickt er in dem durch das „kleine Horn" symbolisch bezeichneten Antiochus IV. Epiphanes eine Verkörperung Muhammeds und seines Reiches[324]. Durch irgendwelche Einflüsse, die sich heute kaum mehr näher bestimmen lassen, ist jedoch Melanchthon später in der lateinischen Chronik, in dem Antiochus dem Großen gewidmeten Abschnitte, von der Gleichstellung Antiochus — regnum Mahometicum abgekommen. Für sicherer hält er nun eine Identi-

---

[320] CR 13, 978.

[321] Prima monarchia in statua Danielis pingitur aurea, secunda argentea, tertia aenea, quarta ferrea. Pedes partim ferrei partim lutei sunt, hoc est, postrema aetate quaedam erunt saeva imperia, ut Turcicum, quaedam infirma, plena ignaviae (CR 21, 989).

[322] Danieli Deus monstravit seriem monarchiarum et regnorum, quam certum est iam decurrere ad finem. Quatuor monarchiae praeterierunt: restat regnum saevum ortum in quarta monarchia, videlicet Turcicum. Quod non aequabit potentiam Romanae monarchiae. Cum igitur iam pene ad fastigium suum venerit, necesse est brevi ruiturum esse, ac tunc illucescet dies ille, quo mortui revocabuntur in vitam (CR 13, 977).

[323] Quarta bestia pedibus conculcat omnia: id est, postrema pars illius monarchiae conculcabit Ecclesiam horribiliter. Es bedeute nun den Turcken, oder nicht, quamquam Turcicum regnum etiam habet ibi suam descriptionem in Daniele (CR 25, 793).

[324] Nec potest humana mens iudicare, quantum hoc malum sit audacia fingendi et spargendi dogmata impia, contumeliosa contra Deum. Hanc audaciam tribuit hic Antiocho et Antichristo, hoc est Mahometo et defensoribus idolorum in Ecclesia. — Nec tantum hic audacia describitur, sed etiam praedicitur, late grassaturam esse hanc pestem, et magnos fore successus impiorum regnorum. Id potentia regni Mahometici et pontificii satis ostendit (CR 13, 965). — Vgl. Altes Testament übers. v. Kautzsch, 4. Aufl., II, S. 476: Vorbemerkung von Marti zu Dan. 7—12.

fizierung des Antichrist — Antiochus mit dem Papsttum[325]. Auch Dan. 12 wird von ihm herangezogen, indem er in der Gestalt des Antichrist sowohl die muhammedanische wie die römische Herrschaft umschrieben findet[326]. In Zusammenhang mit der römischen Kirche wird der Islam weiterhin gebracht in seinem „Commentarius in Prophetam Zachariam". Die in Sach. 5, 9 erwähnten zwei babylonischen Frauen sind der göttliche Hinweis auf eine häretische, christentumsfeindliche Erscheinung, deren zwei Seiten Papsttum und Islam darstellen[327]. Eine andere beliebte Parallele ist die zwischen Kedar (Ps. 120, 5) und dem muslimischen Reich[328]. Völlig richtig werden die biblischen Völker Meschek und Kedar jeweils im Norden, am Schwarzen Meer und im Süden, in Arabien, lokalisiert. Falsch ist nur die Beziehung Kedars auf den Muhammedanismus, da die Aussagen des Psalmisten vorislamische Verhältnisse vor Augen haben. Diese Unbekümmertheit um die geschichtliche Tatsächlichkeit ist die notwendige Folge der allegorischen Exegese, die die in diesem ersten der 15 Wallfahrtspsalmen geschilderten jerusalemischen Zustände auf die im eschatologischen Status befindliche Kirche überträgt.

Melanchthons allegorische Deutung von dem Judentum entnommenen und zugedachten Ereignissen, Bildern und Personen veranlaßt ihn also, das „kleine Horn" in Dan. 7, die teils eisernen, teils lehmigen Füße in Dan. 2, den Judenfeind Antiochus Epiphanes, den Antichrist Dan. 12, den arabischen Stamm Kedar und schließlich eine der zwei Frauen aus Sach. 5 als Gottes, durch den Mund der Propheten verkündigte Weissagung auf den Islam zu sehen.

---

[325] Consentaneum est autem, quod vetustas sensit, Antiochum esse typum Antichristi, et quidem regni pontificii. Alii accomodant ad regnum Mahometicum, de quo iam non disputo, sed relinquo istas accomodationes iudiciis eruditorum. Et signa cum pontificio regno congruunt... (CR 12, 851).

[326] Nomine Antichristi comprehenduntur ambo regna, Mahometicum et pontificatus Romanus, ut de utroque concionatur scriptura, et utrumque damnat (CR 13, 871). S. a. Chron. Car. 109 a.

[327] Duae mulieres alatae vehentes medimnum in terram Babylonicam, significant similes errores secuturos esse, etiam post huius populi politiam, et existimo significari Mahometicos furores, qui iam annis 900 regnant in Babylone, et papistica idola, quae regnant in altera Babylone in urbe Roma. Duae mulieres alatae duas sectas significant (CR 13, 994).

[328] CR 9, 751, 149, 835; 13, 1201.

### III. Turca
#### 1. Herkunft und Geschichte.

Dasjenige muhammedanische Volk, das mit dem Abendland am stärksten in Berührung trat und dessen Gefährlichkeit man, zumal nach der Eroberung Konstantinopels und großer Teile des Balkans am meisten fürchtete, waren die Türken. Das Leben der Reformatoren fiel in die Zeit, in der das osmanische Reich auf dem Höhepunkt seiner Macht angelangt war. Diese Periode rechnet man vom Regierungsantritt Mehmeds I. 1433 bis zum Tode Suleimanns II. 1566. Es ist nun ein müßiges Beginnen, Erwägungen darüber anzustellen, wie wohl das Urteil der Reformatoren über den Islam ausgefallen wäre, wenn sie den Niedergang des osmanischen Reiches, der sechs Jahre nach Melanchthons Tode eintrat, noch erlebt hätten. Sie kannten bloß den überall siegreich vordringenden Türken und sahen nur die scheinbar nicht zu überwindende Gefahr. Luthers Lied:

> Erhalt uns, Herr, bei deinem Wort,
> und steur des Papsts und Türken Mord!

ist aus dieser Stimmung heraus entstanden. Es läßt sich bei diesen Versen schwer entscheiden, ob Luther hier den Türken als Exponenten des Islam aufgefaßt hat oder ob er damit auf die Kriegszüge der Osmanen anspielt. — Für Melanchthon ist der Türke häufig, wie wir sahen, nur ein Synonymum zur Bezeichnung der Mahometica secta. Sonst weiß er aber durchaus um die geschichtliche Sonderexistenz der Türken und unterscheidet sie mehrfach von den anderen muhammedanischen Völkern, vor allem den Sarazenen: Derhalben ist zu wissen / das / das Mahometisch reich vor zeyten nicht den Türckischen namen gehabt / sondern hat allein das Saracenisch reich geheyssen[329]. Die aus Arabien und Ägypten stammenden Sarazenen bilden die Wurzel, und die aus der Tartarei gekommenen Türken sind gleichsam „eingesetzte propffreyser[330]". Bei der Erklärung ihres Namens waltet dieselbe diffamierende Absicht, wie wir sie schon andernorts beobachtet haben: Estque in

---

[329] Das VII. Cap. Dan., c.

[330] Also ist der Türckisch namen auch bekant worden / vnd heyssen nun die Türcken nicht Sarraceni / Wiewol die Sarracenen die wurtzel vnd der erst stam dises reichs / aber die Türcken wie eingesetzte propffreyser sind / die dann nicht aus Arabien oder Egypto / sonder aus der Tartarey jhr herkomen haben (Ebda. cij).

adpellatione omen, nam Turca vastatorem significat[331]. Der Mahometica pestis, colluvies und barbaries entsprechen die Schimpfworte lues Turcica[332] und Turci latrones[333]. Ausführlich verbreitet sich Melanchthon über die Berechtigung und Begründung der Bezeichnung „Rote Juden", wie man zu seiner Zeit die Türken allgemein genannt haben mag: Das sie aber die roten Juden genent werden / das reymet sich auch auff die Türcken / dann sie lassen sich beschneyden / vnd haben sonst vil Jüdischer weyse vnd Ceremonien angenommen / ... Vnd das sie nicht allain Juden / sondern rote Juden genennet werden / mag auff das kriegen vnd mörden gedeutet werden / das die Türcken treyben / dann es sind eytel bluthunde. Doch bedunckt mich das durch diß wort / Rote Juden / sey angezeygt / das sie Edom seyen / Edom heysset rot. / Nun sind Edom zum teyl Araben / dauon wir droben gesagt / das Mahomet ein Araber gewesen. Darumb zeyget das wort / Rote Juden / an / das die Türcken nicht geborn Juden sein sollen / sondern frembde / vnd haben Judische sitten vnd weyse mit Mahomet vnd den Araben vnd Edom angenommen[334].

Während man heute die Ansicht vertritt, daß die Türken vor ihrer Wanderung in Zentralasien beheimatet waren, legt Melanchthon, wohl als die Meinung seiner Zeit, den Ursprung der Türken in die Gegend des Kaspischen Meeres und Kaukasus[335]. Vom Kaukasus aus wandten sie sich nach Galatien und in die Gebiete am Schwarzen Meer[336]. Weiterhin brachen sie in Armenien und Kolchis ein, bei welcher Gelegenheit sie auch mit den Sarazenen in Berührung kamen[337]. Sie bekehrten sich allmählich zu deren Glau-

---

[331] CR 11, 568. — Nomen ipsum, Turca, significat vastatorem, vel vastationem (CR 25, 13). S. a. 12, 83, 159; 22, 625; 24, 29 f.; Das VII. Cap. Dan., e. — In Wirklichkeit ist er „abgeleitet von dem Nomen türk ‚Kraft', das ursprünglich wohl als Namen eines einzelnen Stammes oder Herrschergeschlechts gebraucht wurde" (H. H. Schäder in RGG, 2. Aufl., V, Sp. 1315).

[332] CR 8, 19.

[333] CR 14, 722.

[334] Das VII. Cap. Dan., ciij; s. a. Chron. Car. 110 a; CR 25, 504; 24, 864.

[335] Turci sunt Septentrionales: veniunt a mari Caspio, a rupibus Caucasi (CR 25, 504). S. a. 5, 172.

[336] Constat autem Turcos a Caucasi rupibus progressos, postea in Asia vagatos esse ac paulatim Galatiam et Ponti oram occupasse (CR 13, 861).

[337] Interea in Oriente ex Portis Caspiis effusi Turcae in Colchicam et Armeniam irruperunt, ubi et cum Saracenis praeliati sunt (CR 12, 1090).

ben und verschmolzen mit ihnen zu einem Volk³³⁸. Ihr Name taucht in Deutschland zum erstenmal zur Zeit Friedrich Barbarossas auf³³⁹.

Neben dem einen Anlaß für den Eintritt der Türken in die Geschichte, der Hilfeleistung für die Perser, wird noch ein anderer angegeben, der ins Reich des Mythus hinein- und auf Muhammeds Rolle als „Fuchs" anspielt. Nach dieser zweiten Version, die sich auf eine Vision des (Pseudo) Methodius beruft, sind die roten Juden von Alexander dem Großen hinter das Kaspische Meer in den Kaukasus eingeschlossen und gezwungen worden, so lange dort zu bleiben, bis sie ein Fuchs herausführen würde: Dieser fuchs ist Mahomet / denn durch das gesetz Mahomets / sind sie herausgelocket / vnd also mechtig worden³⁴⁰.

An zwei Stellen seiner lateinischen Chronik verweist Melanchthon auf spätere, ausführliche Darlegungen über die Türken. Gelegentlich der Übernahme der Regierung in Persien durch die Türken, sagt er: de Turcis eo loco plura dicemus³⁴¹ und ein andermal: Quando autem Turcae Saracenis eripuerint imperium Asiae, postea dicemus³⁴². Diese Chronik, an der er,bis ihm der Tod die Feder aus der Hand nahm, gearbeitet hat und dessen Ahnen ihm wohl die schönen Gebetsworte am vorzeitig erzwungenen Schluß eingab: Precor autem filium Dei, ut semper Ecclesiam in his regionibus colligat, et ipse eam gubernet et protegat, Amen³⁴³, reicht nur bis zur Kaiserin Irene (gest. 803). Da aber die Türken, wie Melanchthon wohl wußte, erst im 11. Jahrhundert in den abendländischen Gesichtskreis treten, fehlt, zumal dies auch an anderer Stelle nicht geschieht, eine zusammenhängende Darstellung der Geschichte des osmanischen Reiches. Es bleibt jedoch eine große Zahl von Ereignissen und Gestalten, die Melanchthon der Erwähnung für wert hielt. Zeit seines Lebens verfolgt er die türkischen Kriegszüge gegen das Abendland. Er kennt genau deren

---

[338] In Asiam aber sind sie als beschriben kriegs volck vnd geladene geste kommen / das sie den Persiern wider den Sarracener rettung vnd hilffe theten / ... Dozumal haben sie auch den Mahometischen glauben mit der zeyt gelernet vnd angenommen / vnd geriet endlich darzu / das aus Türcken vnd Sarrazenen in Asia ein volck vnd ein leyb ward / ... (Das VII. Cap. Dan., cij). S. a. Chron. Car. 109 b.
[339] CR 11, 315.
[340] Chron. Car. 110 a; CR 25, 504; sehr ausführlich: Das VII. Cap. Dan., ciij.
[341] CR 12, 1075.   [342] Ebda., 1090.   [343] Ebda., 1094.

einzelne Etappen und nimmt, wenn sie irgendwie von historischer Tragweite sind, ausführlich zu ihnen Stellung. Eingehend beobachtet er alle weiteren Vorstöße der Türken zu Wasser — gegen Venedig, Rhodus, Marseille, Genua und Korsika — und zu Lande — gegen Serbien, Ungarn und Österreich — und fürchtet anscheinend auch den Schaden, den sie dem europäischen Handel zufügen, indem sie sich als Zwischenhändler einschieben[344]. Die bereits erwähnten Briefe an seine Freunde und deren Antworten geben Aufschluß darüber, daß er sich stets auf dem laufenden hielt und die dem Abendland durch die Türken drohende Gefahr der Islamisierung nicht aus den Augen ließ. Aus den unendlich vielen, gelegentlich gemachten Angaben ließe sich nahezu eine Türkengeschichte rekonstruieren. Hier soll jedoch nur das wiedergegeben werden, was den Historiker und Theologen Melanchthon, seine Methodik und eigentümliche Betrachtungsweise am treffendsten zu charakterisieren scheint.

Das Ereignis, das von Melanchthon immer wieder als warnendes Menetekel angeführt und genau beschrieben wird, ist die Belagerung und Einnahme von Constantinopel. Ihr hat er eine eigene Declamatio[345] und in einer Postilla über Joh. 3 ein besonderes Kapitel[346] gewidmet. Ausführlich und bitter führt er Klage darüber, daß diese ehemals als Kunst- und Wissenschaftsmetropole berühmte Stadt jetzt völlig ihren alten Rang verloren habe. Die Kirchen und Bibliotheken wurden vernichtet, die Aristokratie ausgerottet; nun ist es eine Heimstätte geworden für Sittenlosigkeit schlimmster Art[347]. Den Namen Byzanz leitet er aus dem Phönizischen ab, wonach es soviel wie „Wirtshaus" bedeutet[348]. Wie zwischen den Ketzereien des Arius und der Entstehung des Islam

---

[344] Der Türk soll die Indische Waar wiederum per mare rubrum auf Alexandria bringen. Dadurch würd Antwerp wiederum geringer (CR 3, 722).

[345] CR 12, 153—161.     [346] CR 25, 12—15.

[347] Nunc deletis Ecclesiis, bibliothecis et studiis doctrinarum, sublatis ordinum gradibus, senatu et magistratibus, et extinctis nobilibus familiis, arx est blasphemiae Mahometicae, et stabulum Turcicorum latronum, qui doctrinas, honestam disciplinam, leges, coniugorum foedus, castitatis decus furenter contemnunt, et nulla civilia ornamenta magnificiunt (CR 12, 159). S. a. 25, 12; 11, 641; 5, 401.

[348] Ac mihi quidem videtur nominis origo esse ex lingua Phoenicum, conveniens novo Emporio in loco voluptatibus opportuno, Beth Zona, id est, domus cauponae, et congruere appellationem mores vetusti ostenderunt (CR 12, 156). S. a. 25, 13.

ein Kausalzusammenhang besteht, so wird auch Byzanz mit einem
Erlebnis des Arius in dieser Stadt in Beziehung gebracht[349]. Aus
dem Bericht über die von den Türken verübten Greuel sei hier nur
ein Satz wiedergegeben, da er Melanchthons ganzen Haß und Abscheu gegen die Türken widerspiegelt, sowie deren vermutliche
Ursache aufdeckt: In templis picturae Christi contumelia affici-
untur, et fiunt omnia scelera toto triennio, quae gens barbarica,
impia, libidinosa, avara et crudelis in capta urbe regia, opulenta
et ornatissima facere audet[350]. Die Tatsache, daß das vordem
christliche Byzanz nunmehr ein tabernaculum der Mahometica
tyrannis geworden ist, läßt ihn für die Kirche das Schlimmste be-
fürchten[351]. — Fast in demselben Maße wie die Eroberung Constantinopels bedauert er den für das abendländische Heer ungünstigen Ausgang der Schlacht bei Warna, das Schicksal des
unglücklichen Königs Vladislaus' von Polen und Huniades', auf
römisches Zureden hin begangenen Vertragsbruch. Klar hat er
erkannt, daß der hier errungene türkische Sieg die strategische
Voraussetzung zur Einnahme Constantinopels bildete[352]. Nicht
genug tun kann er sich in seinem Dank für Pannonien, das vesti-
bulum Germaniae[353], indem es als Wachtposten[354] und als murus
totius Europae[355] schützend vor das Abendland trat. Als Führer
bei der Durchführung dieser Aufgabe werden Huniades Scanderbeg
und der König Mathias von Ungarn genannt[356]. Ganz besonders
werden Huniades, des totius Europae murus, Erfolge, die er in
seinen Kämpfen gegen Mehmed I. und Murad II. — primum divina
ope, postea Huniadae ducis laboribus — erzielte, gerühmt[357]. Mit
Genugtuung erfüllten ihn die den Sultanen Selim I.[358] und Baiazid —

---

[349] Ut autem tunc in latrinam Byzantiam Arius stercora sua abiecit,
ita nunc plane ea urbs cloaca Arii est, quia Arii blasphemia semen fuit
Mahometicae impietatis (CR 12, 160).

[350] CR 12, 158 f.; s. a. Chron. Car. 162 b; Das VII. Cap. Dan., diij;
Brenz Aiij.

[351] In ultima mundi senecta Mahometica tyrannis figet tabernaculum
sui palatii inter duo maria, ut Bizantii regiam Turcicam esse constat,
inter Aegeum mare et Euxinum, quo in loco prius Ecclesia Dei fuit, ac
inde ex Aquilone progrediens latius vastabit Ecclesias (CR 13, 973).

[352] CR 5, 886, 526; 16, 489 f.; 19, 144 f.; 25, 555.

[353] CR 9, 148; 11, 477.   [354] CR 17, 620 f.

[355] Saeculis aliquot Pannonia fuit velut murus universae Europae,
ac magna virtute et felicitate suo sanguine defendit Italiam et Germaniam (CR 5, 750). S. a. 6, 229, 366.

[356] CR 20, 466.   [357] CR 11, 978, 908 f.; 20, 465.
[358] CR 20, 507.

der übrigens eine vorteilhafte Beurteilung erfährt[359] — durch Kaiser Maximilian beigebrachten Niederlagen[360]. Bekannt ist ihm auch die erste Belagerung Wiens durch die Türken und seine erfolgreiche Verteidigung[361].

Die immer wieder von neuem vorgetragenen Angriffe der Türken auf das Abendland bestimmen Melanchthon zu einer Klage über ihr anscheinend unaufhaltsames Vorrücken, die eine gewisse Ähnlichkeit mit der übertreibenden Feststellung aufweist, daß heute der größte Teil der Menschen muhammedanisch sei[362]. Diese Entwicklung betrachtet Melanchthon deshalb mit Sorge, weil er den Türken jeder erdenklichen Schandtat für fähig, gewissermaßen für den Abschaum der Menschheit hält: Die Türcken sind nichts / denn eytel bluthunde / verzweyffelte reuber vnd mörder /[363]. Bei der Konstituierung ihres Reiches sind antichristliche Motive wirksam und gottfeindliche Kräfte beteiligt[364]. Wohin die Türken kommen, bringen sie Aufhebung der Kirchen, politische Unordnung, wüstes Leben, Frauen- und Kinderraub mit, so daß das betreffende Land ein „stabulum latronum Turcicorum" wird[365]. Die von manchen vertretene Ansicht, der Türke sei tolerant, wird unter Hinweis auf den von ihm geübten Brauch, christlichen Eltern das dritte Kind zu nehmen und muhammedanisch zu erziehen[366] und

---

[359] Baiazetes ist ein trefflicher gloriosus rex gewesen, den man auch hat genent Fulgur, propter celeritatem (CR 25, 555).

[360] CR 11, 318, 322, 29.

[361] CR 3, 219.

[362] Turcica rabies grassatur indies et longius et saevius, et non modo intestinis nostris dissidiis invitatur, sed attrahitur etiam foedissimis foederibus et pactionibus (CR 12, 193).

[363] Das VII. Cap. Dan., dij.

[364] Die weyl aber des Türcken reich zu allerley / zu gottes lesterung ist auffgericht / so ist es gewiß des teuffels wercke / ... (Ebda.).

[365] Nunc Asia est stabulum latronum Turcicorum, neque ibi Ecclesiae, ut olim erant multae, neque sunt politiae honestae. Die Türcken leben wüst vnd vnfletig corporaliter et spiritualiter. Illi, qui in Ungaria sunt sub Turcis, bene sciunt. Turci rapiunt uxores et filios Ungarorum, et aliquas invitant pecunia (CR 25, 876 f.). S. a. 11, 677.

[366] Ob auch wol etliche vnerfaren leut sagen / er lasse yederman glauben / was er wil / so helt sichs doch nicht also / dann allen denihenigen / so er vnter sein gewalt bringt / da nymet er den eltern mit gewalt das dritte kindt / das müssen sie sehen vnd hören / das jhr eygen liebsten kinder in dem schandlichen Mahometischen irthum auffertzogen / vnd zu allen Türckischen sitten gewendet vnd vnterweyset werden (Das VII. Cap. Dan., dij).

die Aussetzung der Todesstrafe für Kritik am Koran[367], zurückgewiesen. Zugrunde liegen allen diesen Schilderungen wohl Aussagen von Augenzeugen, die diese ihre Erlebnisse auf der Durchreise in Wittenberg erzählt haben. Zwei nicht näher beschriebene Männer aus Griechenland und Kappadokien „berichten, daß ... der Türke nimmt jährlich jung Volk weg, Knaben und Meidlein seines Gefallens". Sie „sagen von der Türken Tyrannei" und der eine von ihnen „sammelt ... seine Kinder zu lösen"[368]. Eine Nachricht aus Wien wird einmal als Quelle für eine fürchterliche, an venezianischen Gesandten begangene Grausamkeit angegeben[369]. Es hat den Anschein, als ob auch die Kunde von Konversionen zum Islam nach Wittenberg gedrungen sei. Den Anlaß hierfür sieht Melanchthon in dem Eindruck, den die türkischen Erfolge auf Christen machen[370]. Anerkennung findet die konservative Haltung der Türken in bezug auf ihre Kleidung[371] und ihre militärische Tüchtigkeit und Tapferkeit[372].

Diesen sympathischen Zügen stehen aber schwerwiegende Nachteile gegenüber, so ihre Kulturlosigkeit und völlige sittliche Verwilderung[373], ihre Mordsucht[374] und Tempelschändungen durch Umwandlung von Kirchen in Ställe[375]. Christliche Gefangene werden von ihnen Hunde genannt[376]. Die Roheit erscheint Melanchthon so groß, daß er ausruft: Melius est mori in acie, quam venire in servitutem Turcicam et impiam[377]! Das, was man dieser durch und durch verderbten Sippe allenfalls zu gut halten kann, ist das Ein-

---

[367] Darüber / ob gleich Christen vnter den Türcken sein / so ist doch verboten / wider das gesetz Mahometi zureden / Wer auch dawider redet / muß sterben / ... (Ebda., diij).

[368] CR 8, 810 f.

[369] Scriptum est etiam mihi ex Vienna, mandato Conricii Venetos legatos in conspectu Turcici Imperatoris dissectos esse ... (CR 8, 769). S. a. 8, 771.

[370] ... so fallen vil von Christo ab / von wegen der gleyssenden wercke / die sie bey den Türcken sehen / vnd mainen dise leute müssen got wolgefallen / die weyl sie auch solche schöne werck thun (Das VII. Cap. Dan., diij).

[371] CR 11, 146.

[372] Errant enim, si qui putant Turcas ignavos aut imbelles esse. Tot victoriae indicant, eis nec scientiam rei militaris, nec fortitudinem deesse (CR 20, 468).

[373] ... nec domestica vita aliquid habet culturae. Multa millia cubant in plateis, et faciunt thoros ex stercore equino (CR 25, 12).

[374] Sed est usitatum in Turcia, ut si quis antecellat virtute, ne nimium crescat, interficiatur (CR 24, 770).

[375] CR 14, 917.     [376] CR 19, 637.     [377] CR 25, 491.

halten einer Verbrecherordnung: Derhalben ist das gantz Königreich nicht anders / dann ein großer hauffe mörder vnd bluthunde / ob sie wol in der Türckei vnter sich etwas erbar leben / stelen vnd mörden vnter sich verbiten / Dann es muß yhe auch vnter mördern vnd strassen räubern ein fride sein / sie wurden es sonst nicht lange treyben[378].

## 2. Gog und Magog.

Die im 16. Jahrhundert herrschende Weltuntergangsstimmung, die Entwicklung des osmanischen Reiches, sein Ursprung im Kaukasus und die besondere Rolle, die es auf dem südöstlichen europäischen Kontinent als ständige Bedrohung des christlichen Abendlandes spielt, bestimmen Melanchthon, die Gog- und Magog-Weissagungen des Alten und Neuen Testaments als speziell auf die Türken hinweisendes Orakel auszulegen. Als Bekenner des Islam fallen sie zwar bereits unter das vaticinium des Daniel und werden hier ausdrücklich mit einbezogen[379], aber verschiedene Momente, wie ihre Herkunft aus dem Norden, ihr Nomadenleben und das nahende Weltende zeigen deutlich die Übereinstimmung mit den auf zukünftige Ereignisse weisenden Angaben Ezechiels und der Apokalypse[380]. Noch eindeutiger sagt es Melanchthon ein andermal, daß sich Ezechiels Prophezeiung nur auf die Türken beziehe, während Daniels „kleines Horn" den gesamten Islam umfasse[381]. Es unterliegt für ihn keinem Zweifel, daß alle äußeren von Gog und Magog berichteten Merkmale auf den Türken zutreffen, sei es ihr ursprünglich im Norden liegender Wohnsitz oder

---

[378] Das VII. Cap. Dan., diij.

[379] Tota Africa, magna pars Asiae, magna Europae, tenetur ab iis, qui Mahometi sententiam defendunt. Et nunc Turci omnium latissime dominantur, quorum imperium hic non distinguitur a Saracenico (CR 13, 861).

[380] Sed Ezechiel et Apocalypsis nominatim de hac barbarie concionantur, quam scribit Ezechiel venturam ab Aquilone postrema mundi aetate, et tribuit eis appelationes Gog et Magog, quod Scythico more tecta circumferat, nec habeant certas sedes. — Hanc barbariem vaticinantur Ezechiel et Apocalypsis postremo imperaturam esse, et quidem late vastaturam esse Ecclesias Dei, et tandem in montibus Israel perituram esse, ut postea dicam (Ebda.).

[381] Sunt igitur peculiares descriptiones Turcicae tyrannidis. Ut apud Ezechielem prophetia de Gog et Magog proprie ad Turcas pertinet. Et cornu loquens blasphemias, et conterens Ecclesiam apud Danielem, de toto Mahometico regno concionatur (CR 12, 719).

ihr verderbenbringender Kampf postremis temporibus gegen die Kirche[382].

Das Wort Magog wird so erläutert: Magog id est, de Gog, quod significat tectum[383]. Möglicherweise spielt hier die Vorstellung von einem Gebirge als „Dach der Welt" herein. Heute versteht man allerdings darunter das Hochland von Pamir. Bei den beschränkten und schiefen geographischen Vorstellungen der Menschen des 16. Jahrhunderts läßt sich eine Verwechslung des Kaukasus mit dem zentralasiatischen Bergland leicht erklären. Daß sie hier vorliegt, läßt auch die Verlegung des Ausgangspunktes der türkischen Wanderung nach dem Kaukasus vermuten.

Der Türke ist zwar Gog und Magog mit all seinen furchtbaren Folgen, aber ein neues Imperium, die „fünfte Monarchie" wird er nicht beherrschen[384], obgleich nach Zerfall der vierten Monarchie vorübergehend die Herrschaft auf einen barbarischen Stamm, eben Gog und Magog, übergehen wird[385]. Das türkische Reich ist also ebensowenig eine geweissagte Weltmonarchie wie das sarazenische und mit keiner der vier voraufgegangenen legitimen Monarchien zu vergleichen, wohl aber ist es als Gog und Magog ein Zwischenreich, und zwar das letzte Reich, das nach Verwüstung von Asien und einem großen Teil Europas seinen Siegeszug nach Italien und Deutschland fortsetzen wird[386]. Nunmehr ist es

---

[382] Ait autem Ezechiel, et gentem Magog septentrionalem esse, et quidem postremis temporibus late vastaturum esse Israel, id est, Ecclesiam Dei. Quare Scythicam gentem esse, id est, Turcicam intelligimus, quae olim in plaustris circumferebat Tuguria, ut subinde alia loca facilius occuparet. Cumque Apocalypsis ostendat, postremo regnaturum esse Gog et Magog, et nunc Turci latissime dominantur, consentaneum est, Turcicam gentem significari appellatione Magog (CR 12, 732). S. a. Das VII. Cap. Dan., ciij.

[383] CR 12, 732.

[384] Und ist insonderheit ausgedruckt von Gog und Magog, das ist vom Türcken, daß sie aufs Letzt ein grausame Verwüstung machen werden. Doch soll nit die fünft Monarchie werden, und wird die Kirch dennoch ein Rettung haben, doch gering und schwächlich (CR 5, 20). S. a. 13, 973; Das VII. Cap. Dan., aiij.

[385] Interea maximam fore potentiam barbaricae cuiusdam gentis, quae in divinis vaticiniis nominatur Gog et Magog, quam esse Turcicam gentem nihil dubitemus, quae manifestis miraculis a Deo reiecta et damnata est (CR 8, 663).

[386] Nu siehet man, daß Gog und Magog, das ist das letzte Reich, nämlich die Türken, Asien und einen großen Theil in Europa ganz verwüstet haben, und fahren fort, daß sie ihren Lauf auch bald vollenden werden, wie Johannes Hilten vor achtzig Jahren geweissagt hat, daß anno 1600

so weit, daß die türkische Gefahr Deutschland unmittelbar bevorsteht: Videmus, impendere mutationem germanico Imperio, imo toti generi humano, ac post paucos annos Turcae invadent Germaniam[387].

Zu diesem Ergebnis kommt Melanchthon nicht auf Grund eigener politischer Überlegungen, sondern er ist hier abhängig von den Weissagungen des Franziskanermönchs Johannes Hilten[388]. Bei Melanchthons Neigung zur Parapsychologie — er glaubt an Astrologie[389], Spiritismus[390] und Traumdeutung[391] —, ist es nicht verwunderlich, wenn er auch für die Wahrsagerei seiner Zeit nicht unempfänglich war. Auf diese Weise hat Hilten mit seinen apokalyptischen Phantasien einen großen, bestimmenden Einfluß auf ihn ausgeübt. Schon früh — bei dem Marburger Gespräch — hört er von ihm und ist bemüht, über ihn und seine Danielexegese Näheres zu erfahren[392]. Ihm, dessen Lebenslauf Melanchthon gekannt zu haben scheint, billigt er den Spiritus Prophetiae zu. Da das, was er über die Reformation sagt, eingetroffen ist, glaubt er, ihm auch in seinen Türken-Prophezeiungen beipflichten zu müssen: Credo Ioannem Hilden habuisse Spiritum Prophetiae. Fuit in monasterio Magdeburgensi Franciscano, et Isenacensi, ubi reliquit praedictiones sua manus scriptas in Danielem, et inter cetera dicit: Anno 1516. incipiet nova reformatio Ecclesiae. Scimus autem, mox sequenti anno 1517. coepisse Lutherum scribere contra Papatum. Idem Ioannes Hilden etiam hoc scripsit: Anno 1600. Turci dominabuntur in Italia et Germania. Etiamsi non omnia tenent, tamen fieri potest, ut magnam partem occupent. Hoc modo Ioannes recte

---

werden die Türken in Deutschland und in Italia mächtige Herrn sein (CR 8, 663). S. a. 8, 121.

[387] CR 8, 69.

[388] Vgl. über H.: RGG, 2. Aufl., II, Sp. 1893; Lexikon für Theologie und Kirche, Sp. 44.

[389] CR 3, 119, 703; 11, 263, 282; 10, 601; vgl. über M.s Vorstellungen von Astrologie und Aberglauben Hartfelder, S. 190 ff.

[390] ... und ist wahr, daß Geister umherlaufen und sich oft sehen lassen, wir wissen viele Exempel, daß bekannte und glaubwürdige Leute Geister gesehen und gehöret haben. So habe ich selbst etliche gesehen und gehöret (CR 8, 716).

[391] CR 2, 630; 7, 653.

[392] Valde te rogo, ut historiam Monachi illius, de quo loquebamur Marpurgi, qui Danielem enarravit, credo nomen esse Hiltin totam et diligenter nobis perscribas (CR 2, 1108 f.; Brief an Myconius vom 17. Okt. 1529).

nominatur Propheta³⁹³. — Die bei Hilten vorhandene Verquickung von Weltende und Türkeninvasion und die Herleitung dieser Kombination aus, wenn auch falsch verstandenen Prophezeiungen des Alten Testaments, mag Melanchthon veranlaßt haben, sich diesem anzuschließen.

Johannes Hilten war mit seiner Auslegung nicht originell, sondern hat sich, wie L. Lemmens³⁹⁴ nachgewiesen hat, stark an Nikolaus von Lyra angelehnt³⁹⁵, dessen Postillae in vetus et Novum Testamentum der aus dem Judentum übergetretene, auch Melanchthon bekannte Paul von Burgos 1100 Additiones hinzufügte. Wenn man diese Reihe betrachtet, dann ist Melanchthon das letzte Glied einer Reihe apokalyptisch gerichteter Gelehrter, die von Nikolaus von Lyra, Paulus von Burgos, Johannes Hilten bis zu ihm hin führt. Dieser Gedanke, dem er oft Ausdruck gibt, scheint Melanchthon jedoch manchmal unerträglich gewesen zu sein. Das zeigt eine andere Aussagenreihe. Danach ist der Höhepunkt der türkischen Machtentfaltung bereits überschritten und die Wendung zum Niedergang — Melanchthon gebraucht hier bezeichnenderweise den den Umschwung im griechischen Drama bezeichnenden Ausdruck $\mu\varepsilon\tau\alpha\beta o\lambda\dot{\eta}$ — eingetreten³⁹⁶. Dieser Umschwung wird vor dem Weltende eintreten, bis dahin aber das türkische Reich bestehen bleiben³⁹⁷. Während die Türken wegen ihrer gewaltsamen und zerstörenden Politik nur mit Gog und Magog verglichen werden können, hat der Papst im Antichrist und Pseudopropheten seine Kennzeichnung gefunden. Beide zusammen, sowohl der auf die höchste Spitze gelangte Gog, als auch der bereits offenbar gewordene Antichrist und falsche Prophet sind signa ultimi temporis³⁹⁸, deren gemeinsame Aufgabe ist, Kirche und Wissenschaft

---

³⁹³ CR 24, 64; s. a. 25, 14; 12, 154; 14, 841; 9, 1026; 7, 653; 8, 121.
³⁹⁴ Römische Quartalsschrift 1929, 315/47.
³⁹⁵ KHL, Bd. II, Sp. 1144.
³⁹⁶ ... impendet enim $\mu\varepsilon\tau\alpha\beta o\lambda\dot{\eta}$ τῇ Τουρκικῇ τυραννίδι ne cum iis quidem male agitur qui nunc praesentibus aerumnis eripiuntur (CR 7, 683). — Existimo et Turcico imperio fatalem inclinationem impendere: et non procul esse illum laetissimum diem triumphi Filii Dei ... (CR 8, 734). S. a. 8, 512, 145.
³⁹⁷ Res ostendit iam annis ducentis reges Europae raro feliciter dimicasse cum Turcis. Quanquam autem mansurum est regnum Gog et Magog, id est Turcicum, usque ad mundi finem, ut Apocalypsis monet, tamen ante finem aliqua fiet inclinatio regni Turcici, ne Ecclesiam Dei prorsus obruat (CR 13, 973).
³⁹⁸ Et praedictum est nominatim de Gog et Magog, id est, de Turcis, quod sint vastaturi armis magnam partem Ecclesiae. Praedictum est et

zu vernichten³⁹⁹. Auch bei der Deutung von Gog und Magog auf die Türken bedient sich Melanchthon der Allegorie. Er sieht in den Bergen Israels (Ez. 38, 8 u. 39, 2) nur eine Umschreibung für die Kirche. Hierzu mag ihn vor allem die in Kap. 39, 4 ff. beschriebene völlige Vernichtung Gogs, die der Trost seines vor dem Weltende bangenden Gemüts war — in den Briefen an seine Freunde ist der Ausdruck: in hac deliria et senecta mundi eine stehende Redensart, und ein von ihm verfaßtes griechisches Distichon zeigt seine Sorge in bezug auf das Zusammentreffen von Weltuntergang und türkischer Gottlosigkeit: ἐστὶ δὲ φθίνοντος κόσμου σχετλιώτατον ἄχθος ἡ μιαρῶν Τούρκων αἰνὴ ἀτασθαλία⁴⁰⁰ — gereizt haben. Bei seiner allegorischen Schriftauslegung verwickelt er sich in Widersprüche. So wird einerseits die Ansicht, daß das türkische Reich identisch sei mit den eisernen Füßen der Danielschen Statue abgelehnt⁴⁰¹, andererseits existiert aber ein aus sieben Distichen bestehendes Melanchthonsches Epigramm, das gerade das Gegenteil behauptet⁴⁰². — Der Zusammenbruch der vierten Monarchie, die Hinweise Daniels, Ezechiels und des Eliasspruches bilden zusammen einen eschatologischen Komplex, der in seiner Gesamtheit, verbunden mit unleugbaren politischen Erfolgen der Türken, das nahe bevorstehende Weltende mit dem jüngsten Gericht unabweisbar macht⁴⁰³. Der Tag des jüngsten Gerichts wird zeitlich genau festgelegt. Er folgt unzweifelhaft auf eine bestimmte tür-

de Antichristo seu pseudopropheta, id est Papa, qui sedebit in templo Dei, id est, in ipsa Ecclesia, et grassabitur dolo et vi. — Gog et Magog vere pervenit in summum fastigium, et Antichristus iam revelatur. Haec sunt signa ultimi temporis, de quo praedictum est, fore, ut crescat tunc impietas (CR 14, 511). S. a. 12, 206; 13, 871.

³⁹⁹ Ecclesiam et doctrinam literarum et artium alibi Turci, alibi Pontifices delere conantur (CR 7, 724). S. a. 13, 954; Das VII. Cap. Dan., fiij. ⁴⁰⁰ CR 10, 579.

⁴⁰¹ Etsi alii ferreos pedes intelligunt regnum Turcicum, caeteros luteos pedes: tamen ego ixistimo, Turcicum regnum, quod manifestas blasphemias contra verbum Dei ... non annumerari monarchiis, quas Deus legum et disciplinae causa constituit. Sed ferreos pedes intelligo aliquot potentes imperatores Germanicos, ut Carolum primum, Ludovicum filium, Henricum Saxonem ... (CR 12, 719).

⁴⁰² Delevere urbes Turci, populosque potentes: Sunt igitur ferrum; caetera regna lutum (CR 25, 854). S. a. 10, 635 f.

⁴⁰³ Daniel testatur destructa quarta monarchia venturum iudicium. Ezechiel testatur paulo ante extremum, iudicium Gog et Magog (id est gentes Scythicas) pervastaturos esse Ecclesiam, quod iam manifeste faciunt Turci, et celeritas cursus eorum, ac magnitudo successuum significat accelerare novissimam diem. Et pene completum est tempus praedictum ab Elia: Sex millia mundus, et postea destructio (CR 14, 169).

kische Truppenbewegung[404]. Aber schließlich wird der Fürst Michael — Christus — für sein Volk sich einsetzen und es in seine Obhut nehmen[405].

3. Das Geschöpf und Werkzeug des Teufels.

Gott oder Teufel? Diese ewige Urheberfrage wird von Melanchthon bezüglich des Türken mit einem „Sowohl — Als-auch" beantwortet; denn für ihn ist der Türke ebenso Geschöpf und Werkzeug des Teufels wie Vollstrecker des göttlichen Willens. — Die Angriffe der Türken gegen das Christentum gehen nicht von Menschen, sondern vom Teufel selbst aus[406]. Mit dem Näherkommen des Weltendes und jüngsten Gerichts verstärkt der Teufel seine Bemühungen und alarmiert noch einmal alle seine Hilfskräfte, darunter auch die Türken, um mit deren Hilfe das Christentum zu vernichten[407]. Überall da, wo die Türken Verderben und Verwirrung anrichten, hat er seine Hand im Spiele, sei es, daß er sich den Kampf gegen das Evangelium, die Aufwiegelung der Christen gegeneinander oder die Ausrottung der wahren Kirche zum Ziel gesetzt hat[408]. Eine womöglich noch gegenständlichere Teufelsvorstellung, wobei nicht nur dessen Urheberschaft, sondern auch

---

[404] Venetos aiunt transitum Turcis concedere in Austriam per Forum Iulium. Haec fiunt Gallicis machinationibus, nec dubito, post irruptiones Turcicas brevi secuturum esse illum laetissimum diem, in quo Filius Dei resuscitatis mortuis ostendet triumphum suae Ecclesiae universo generi humano (CR 7, 909).

[405] Late vagabitur barbaries Gog et Magog, quos esse Turcos omnino consentaneum est, sed tamen ait Daniel, de postrema mundi aetate: Tempore illo stabit Michael dux magnus pro filiis populi tui. Ducem intelligit Filium Dei (CR 13, 1470). S. a. 14, 190 u. ö.

[406] Non humano impetu, sed furialibus stimulis aguntur Turci ad delendum nomen Christi, ad faciendam vastitatem orbis terrarum (CR 11, 568).

[407] Extrema mundi senectus est, qua diabolus sciens instare diem, quo palam condemnatus, et vinctus grassari desinet, rabiem suam adversus Ecclesiam atrocius exerit. Hinc oppugnat eam per pontifices, stabilientes Idola, istinc Turcicis armis totum nomen Christi delere conatur (CR 13, 1468). — Nam quo propius instat dies extremi iudicii, eo diabolus furiosius irascitur Christo... Itaque odio Christi incitat Turcas, Pontifices, impios Reges, denique omnia sua organa adversus Ecclesiam (CR 11, 493). S. a. Ebda. 568.

[408] Ideo enim diabolus impellit Turcas, ut in haec loca irrumpant, et extinguant lucem Evangelii, excitat etiam varia scandala inter nos ipsos, ut deformet Evangelium (CR 13, 1455). — Diabolus impellit Turcas, Papam, Anabaptistas, et varia genera sectarum ad nos omnes funditus exstirpandos, et vastandas has Ecclesiolas, in quibus pascuntur oviculae Christi... (CR 14, 753). S. a. 13, 905, 322 f.; 14, 237.

dessen tätige Beteiligung behauptet wird, findet sich an anderer Stelle[409]. Mit alledem tut aber der Teufel nichts anderes, als daß er seine zur Zeit der Apostel und Märtyrer geübten Versuchungen fortsetzt[410].

4. Der Vollstrecker des göttlichen Willens.

Das ist die eine Betrachtungsweise, die in dem Türken-Teufel das gottfeindliche Prinzip schlechthin sieht und Gott zu seiner Unschädlichmachung auffordert. Daneben gibt es aber auch die andere, die ausdrücklich die letzte Ursache für das türkische Wüten nicht im Teufel, sondern in Gott sucht, der jenen an seinem Vorhaben nicht hindert[411]. Dem Türken wird also eine bestimmte Aufgabe im Rahmen des göttlichen Heilsplanes für die Menschheit zugewiesen. Luther spricht in seiner „Heerpredigt wider den Türken" von diesem als einer „Rute Gottes". Dieselbe Auffassung findet sich bei Melanchthon, nur durch andere Bilder und Begriffe zum Ausdruck gebracht: Gott bedient sich zur Erreichung seiner Ziele der verschiedensten und widersprechendsten Mittel und Methoden[412]. Der Türke ist nun — als Zuchtmeister und flagellum — die den Christen auferlegte Strafe für ihre Sündhaftigkeit und Gottlosigkeit[413].

Von allen Strafen, die Gott zu allen Zeiten über die Menschen hat kommen lassen, ist die durch die Türken propagierte muhammedanische Religion die allerschlimmste. Hier spricht der „zornige" Gott: Wie solte doch solche vngehörte grewliche vndanck-

---

[409] ...Ecclesiae omnes orent Deum, ut reprimat grassantem diabolum in regno Turcico (CR 13, 1470).

[410] De prima tentatione historiae notae sunt, tempore Apostolorum et Martyrum corpora et facultates priorum semper erant in periculo ... et haec tentatio sub Turcica tyrannide recrudescit. Hic insultat diabolus multorum animis, Si filii Dei estis, si Deo servitis, scilicet victitandum vobis erit ex lapidibus. Est enim ironia obiicientis inopiam, famem, et alias miserias exprobantis (CR 14, 228).

[411] Singularis furor est ortus a diabolis in hac ultima senecta mundi, Deo permittente propter horribilium hominum peccata, tyrannis Mahometica, dissimilis omnium regnorum: quia ex professo conatur delere nomen Christi (CR 12, 719). — Darum erzeyget auch got diser letzten zeyt in vilen dingen seinen ernsten greulichen zorn / vnd sonderlich in dem schrecklichen exempel / das er dem Sathan nach gibet den Türcken zu erwecken (Das VII. Cap. Dan., aij).

[412] Deus est executor vel per magistratum, vel immediate, vel per diabolos, vel per sanctos angelos (CR 19, 73).

[413] Turca est magister, qui bene potest principes castigare (CR 19, 71). Et timeo Turcam esse flagellum praecipue ad nos abusus puniendos (CR 14, 522). — Flacius Illyricus vertritt dieselbe Ansicht: 9, 48.

barkeit / (sc. bez. der Nichachtung und Übertretung des angebotenen Evangeliums) on grosse schreckliche straffe vnd plage abgehen / ... Die straff ist leyder vor augen / die da verderben an leib vnd seele droewet / Nemlich der Türck. Dann es ist eygentlich ein grosser ernst vnd grymme Göttlichs zorns / das er mit solcher grewlicher straffe die welt angreifft. Wenn er vns mit pestilentz / hunger / oder der gleichen plagen straffet / so were es noch die vatter ruthe. Das er aber den Türcken so weyt kommen leßt vnd einbrechen / ... Wie ists da müglich mit irgend menschlichen reden oder worten zuerlangen oder außzureden / wie ein hoher / schrecklicher zorn gottis das sey[414]. In der Untersuchung „von Ursach der Sünden, vnd das der Mensch nicht zur Sünde gezwungen wird, vnd von der Contingentia" rechnet Melanchthon Muhammed und die Türken zu den von Gott „verhengten" Strafen[415]. Theologische Streitigkeiten „rächt" Gott durch den Islam; das bösartige, widerspenstige Verhalten der Donatisten waren eine Vorbereitung auf den Muhammedanismus, und die Glaubenskämpfe der Gegenwart finden ihre Vergeltung durch die Türken[416]. Eine originelle Wendung vollzieht Melanchthon darin, daß er den Landesfürsten, verärgert über deren Untätigkeit, das Strafgericht durch die Türken als Drohung vor Augen führt: Wegen Versagens der eigentlich dafür zuständigen Stellen wird nunmehr diesen die Aufgabe der Kirchenvisitation zugewiesen[417]. — Innerhalb der Spekulation über die Theodizee sieht er den Türken unter einem doppelten Aspekt. Er ist einmal eine mit dem peccatum originis a priori gegebene Strafe, die alle Menschen, auch die guten, erdulden müssen, und zum andern ein Ausfluß des göttlichen Grimms über die menschlichen Sünden[418]. Wie schon immer Notzeiten und

---

[414] Das VII. Cap. Dan., aiij.

[415] Dieses sind wort (sc. Ps. 40), wie da von geredt ist, vom verhengen, Denn die warhafftigen Gottesdienste machet Gott nicht selbs vnrein, sondern in der straffe verhenget er solches, wie er dem Mahomet, Türcken vnd Bapst verhenget, die rechten Heiligen zu ermorden (CR 22, 139).

[416] Donatistarum fuit etiam magna malitia et contumacia, praecipue in Africa. Et istae tam variae et atroces disputationes fuerunt praeparationes ad Mahometismum: sicut iam sunt multae disputationes, quas Deus ulciscitur per Turcas (CR 25, 418).

[417] Dieweil aber sie ihre Kirchen nit visitiren wollen, folgt die Straff, daß Königreich und Fürstenthum durch den Türcken visitirt werden... (CR 5, 41).

[418] Universale est: Atrocia delicta puniuntur atrocibus poenis. Alterum etiam saepe fit, quod boni puniuntur, ut Socrates, Camillus, item

Verfallserscheinungen im staatlichen Leben die göttliche Strafe für Vergehen irgendwelcher Art, vor allem Götzendienst, Justizmord und Unzucht waren, so ist der Türke Gottes besonderer Strafvollzug für Mißstände der römischen Kirche: Meßopfer, Heiligendienst, Mönchtum und allgemeine Sittenlosigkeit[419].

Gelegentlich folgt die Strafe einer kirchlichen Verirrung auf dem Fuße. Gott handelt hier gleichsam Zug um Zug. So ist die Entstehung des osmanischen Reiches und sein Kampf gegen das Abendland die göttliche Vergeltung für die von Innocenz III. auf dem Laterankonzil verkündete Transsubstantiationslehre[420]. — Die türkischen Schikanen sind keine zufällige Erscheinung[421], sondern ein mit dem Weltgreisenalter zwangsläufig eintretendes Schicksal[422], dessen Unabänderlichkeit weiterhin begründet wird mit dem der Kirche auferlegten Kreuz[423]. Nun ist es aber nicht so, daß die Christen schuldlos, ohne eigenes Zutun dies Strafgericht Gottes über sich ergehen lassen müssen, sondern sie haben durch ihre

multa millia innocentum infantum a Turca interfectorum etc. Respondeo: Totum genus humanum est mersum in peccatum originis, illi etiam habent peccatum, itat Ecclesia. Praeterea ira Dei irritatur peccatis generis humani, ideo venit Turca... (CR 19, 136).

[419] Ut autem semper publicae calamitates, regnorum ruinae, bella, vastationes, seditiones, furores principum, fames, pestilentiae, fuerant poenae horum scelerum, praecipue cultus idolorum, iniustarum caedium et libidinum; ita arbitror grassari arma Turcica, praecipue propter idola in Ecclesiam invecta, profanationes Missarum, invocationes mortuorum et propter vagas libidines (CR 21, 869 f.). S. a. 6, 49; 21, 852.

[420] Ac vide quomodo congruant tempora. Decretum de transsubstantiatione, ut vocant, quod confirmavit horribilem εἰδωλομανίαν, factum est anno a natali Christi 1215. Innocentio tertio Pontifice. Statim secuta sunt auspicia regni Othomanici, anno a natali Christi 1250. Mox igitur post confirmationem idolomanie regnum alibi exoriri cepit, et proferre arma versus Occidentem ad has Ecclesiae labes puniendas (CR 13, 864). — Was grosser Abgötterei aus dem päpstlichen Decret von der Transsubstantiation gefolget, werden alle Menschen nach der Auferstehung sehen, so Christus den greulichen Irthum aufdecken und strafen wird, Ich gedenk auch oft, daß der Türk vornemlich zu Straf dieses Punkten verhänget. Denn diese Othomanni haben eben die Zeit angefangen zu regieren, da zu Rom im Concilio Lateranensi der Artikel von der Transsubstantiation beschlossen... (CR 5, 42).

[421] An casu putatis subiici iam mundum barbaricae tyrannidi Turcarum. qualis alia nulla similis unquam fuit? Nequaquam hoc casu accidit (CR 11, 635). S. a. 7, 880.

[422] Turci magnam partem generis humani tristissima servitute oppresserunt. Agnoscamus fatum ultimae senectae mundi... (CR 11, 639 f.).

[423] Item Ecclesia subiecta est cruci, et iusti affliguntur, iniusti vero regnant, tenent imperia et opes, ut Turci et alii (CR 14, 151).

Sitten- und Zuchtlosigkeit, die Willkür der Herrschenden und die mangelnde Achtung vor dem Gesetz, sowie durch ihre Uneinigkeit selbst dazu beigetragen, daß der Türke ins Land kam[424]. Daß auch sonst innere Zwietracht den Feind ins Land gezogen hat, beweist das Beispiel Judäas, das die Römer, und Ungarns, das die Türken besetzten. Das gleiche Geschick droht nun Deutschland[425]. — Gog und Magog sind, so betrachtet, die Exekutive des göttlichen Zorns[426]. In den türkischen Siegen, dem zornigen Gott und der kirchlichen Notlage erblickt Melanchthon einen ursächlichen Zusammenhang, vor dem er erschauert: Contremisco toto corpore legens hoc vaticinum (sc. Danielis), et simul cogitans de successibus et victoriis Turcicis, de ira Dei, de Ecclesiarum excidiis[427].

---

[424] Quoties late vagari contemptus disciplinae coepit, toties secutae sunt Imperiorum ruinae. Semper prius leges urbium, quam muri delentur. Sed deletis legibus, non diu stare moenia, et manere imperia possunt. Haec igitur causa est, cur tantos successus habeat tyrannis Turcica, quia legum reverentia extincta est, potentes licentiam sibi nimis magnam sumunt, et gubernationem morum populi prorsus negligunt (CR 10, 939).

[425] Utrique libenter excussissent Romanos, et Pharisaei et Herodiani: quia Imperium Romanum non leviter premebat gentes domitas et vectigales. Verum ipsi iam dudum attraxerant sua culpa Romanos: sicut nos nunc peccatis nostris Turcam attrahimus... (CR 25, 784). — Idem accidet (sc. wie den Griechen) miserae et afflictae Germaniae. So ging es in Ungaria, die haben auch so lang unter sich tumultuirt, bis sie den grossen vogel, den Turcken herzuzogen (CR 25, 805 f.). S. a. 13, 960; 8, 480, 512; 22, 238.

[426] Et Ezechielis capite 38. de Gog et Magog ait, Ignem irae Dei esse saevitiam, quam exercebit Gog et Magog (CR 13, 1434).

[427] CR 13, 1468.

*Zweiter Teil*

## Melanchthons Kritik des Islam

### I. Vorwurf des Fiktionalismus, Polytheismus, Rationalismus und der Häresie

Die Vielheit der von Melanchthon gegen den Islam vorgebrachten Argumente läßt fürs erste keine Klarheit darüber aufkommen, welcher Melanchthon, ob der Humanist, der Historiker, der Philologe, der Staatsrechtstheoretiker, der Diplomat oder der Kulturpolitiker am stärksten an der Bestreitung des Islam beteiligt ist. Denn alle diese in dem großen Enzyklopädisten vereinigten Faktoren erheben gelegentlich der Auseinandersetzung mit dem Muhammedanismus ihre warnende oder verneinende Stimme. Und doch ist das, was sie im einzelnen auch Schwerwiegendes vorzubringen haben, sekundär gegenüber den Aussagen und Einwänden des christlichen Dogmatikers. Diese stehen im Mittelpunkt der Melanchthonschen Islamkritik. Aus allen Urteilen spricht — mehr oder weniger deutlich — bewußt der lutherische Theologe, dessen Struktur in der Forderung: Duae omnium hominum praecipue curae esse debent, prior, ut verum deum invocemus et omnia commenticia numina vitemus et execremur . . .[1] und in dem von Engelland seinem Melanchthonwerk[2] als Motto vorausgestellten Wort aus den Loci communes von 1521[3]: Quaestio omnium hominum semper communis fuit eritque: Quinam iustificari homo possit? offenbar wird. — Die durch Christi Sühnetod der Menschheit gebrachte Erlösung ist der immer und überall gültige Maßstab, an dem alles, auch das Phänomen einer anderen Religion gemessen wird. In einer aus dem Todesjahr Melanchthons stammenden Predigt sagt er dies auch einmal ausdrücklich: Semper sit in conspectu dictum: Iustificati sanguine ipsius. Non habeo aliam praesentiorum (wohl: praesentio r e m !) consolationem, quam oppono Mahometicis impietatibus et meis dubitationibus[4].

---

[1] CR 7, 877.
[2] —, Melanchthon. Glauben und Handeln. München 1931.
[3] —, in ihrer Urgestalt herausgegeben von Plitt-Kolde. 1925. 4. Aufl. S. 243.
[4] CR 24, 587.

Der Ausgangs- und gleichzeitig Zentralpunkt in seiner Beurteilung der muslimischen Religion ist für Melanchthon demnach der II. Artikel. Diese grundlegende, beherrschende christozentrische Einstellung macht sich in der gesamten melanchthonischen Kritik, soweit sie sich mit Glaubensfragen befaßt, geltend. Alle Vorwürfe, die gegen den Islam erhoben werden, von der Werkgerechtigkeit bis hin zum Atheismus, liegen darin begründet, daß „Christologie für Melanchthon im letzten Grunde Theologie ist[5]". Daher wird der Muhammedanismus meist auch nicht isoliert angeführt und behandelt, sondern zusammen mit anderen zur lutherischen Lehre irgendwie im Gegensatz stehenden Anschauungen. Dies geschieht in den bekannten Häretikerkatalogen, die eine wechselnde Zusammensetzung aufweisen und deren eines Glied die muhammedanische Sekte ist.

Melanchthons kritische Behandlung der Lehren des Islam ist recht eigentlich nur ein Anhang zu den symbolischen Büchern, im besonderen zur Confessio Augustana, worin die Richtigkeit der dort vertretenen theologischen Lehrmeinungen an Hand von Beispielen aus einer fremden Religion, die sich zu anderen Glaubenssätzen und Sittengesetzen bekennt, nachgewiesen wird. Der Boden, auf dem diese Auseinandersetzung erfolgt, ist die Theologie der Augustana, und der Prüfstein, an dem sich wahre und falsche Religion erweist, ist die richtig verstandene Bedeutung der Person und des Werkes Jesu Christi. Sie ist der Schlüssel zur Klärung und Erkenntnis aller übrigen Fragen, sei es, daß sie auf dogmatischem oder ethischem Gebiet liegen. Auf dieser Grundtatsache des alleinigen Heils in dem für die erlösungsbedürftige Menschheit gekreuzigten Mittler aufbauend, erhebt nun Melanchthon seine Vorwürfe und Einwände, die in der Feststellung gipfeln, daß die Mahometica secta nicht die vera Ecclesia ist und keine Heilsgewißheit hat.

1. Irrtum de essentia et voluntate Dei.

Wir haben gesehen, daß die Existenz einer Gottesvorstellung bei den Muhammedanern von Melanchthon bejaht wird. Sie kennen und anerkennen den Gott des I. Artikels, den Deus creator. Aber dieses Zugeständnis wird andererseits wesentlich abgeschwächt dadurch, daß diesem Gott seine Identität mit dem wirklichen Gott abgesprochen wird. Er ist nicht vere Deus — das ist

---

[5] Engelland, S. 308.

nur der durch Christus sich offenbarende —, sondern ein menschliches Gebilde, ein anthropomorpher Gott⁶. Der von ihnen sine fiducia mediatoris angerufene Gott ist eine ganz ungewisse Größe, ja er ist recht betrachtet überhaupt kein Gott, was Melanchthon an einem Wort der Hekuba aus Euripides demonstriert: Wie die Hecuba in Euripide sagt: Quicquid es, sive hoc coelum, sive mens in coelo. Est invocatio idololatrica, non alloquitur Deum verum. Talis est invocatio Mahometica, fingit se alloqui Deum, qui non est Deus⁷. Die häufige Verwendung des Verbums fingere in diesem Zusammenhang zeigt, daß Melanchthon dieser Art von Gottesvorstellung nur den Wert einer Fiktion beimißt. Wo immer er auf den muhammedanischen Gott in Verbindung mit dem Wort fingere zu sprechen kommt, gewinnt man den Eindruck, daß er ihn nicht als Realität, sondern lediglich als Illusion gelten läßt⁸. Im Grunde genommen sind es Phantasien, zu denen man sich bekennt⁹. Zu dieser Lösung werden die Muhammedaner durch ihre Beziehungslosigkeit zur Heiligen Schrift, durch die allein die richtige Gotteserkenntnis möglich ist, notwendig gedrängt¹⁰. Der Abfall vom Wort bringt einen Verstoß gegen das I. Gebot mit sich, der

---

⁶ Der vierde Grad (sc. der „Sünde wider das erste Gebot") ist, Jüdische, Mahometische, Ketzerische, Philosophische jrthumb, vnd alle die jnen eine eigen Gott tichten nach jren Gedancken, vnd wollen diesen Gott nicht erkennen vnd annemen, der sich durch seinen Son geoffenbart hat ... (CR 22, 209).

⁷ CR 25, 860.

⁸ Turci non invocant verum Deum, quia invocant aliquid, quod dicunt non esse patrem Domini nostri Iesu Christi. Fingunt ergo aliquid, quod non est Deus (CR 25, 982). — Fingunt (sc. Turci) aliquid esse Deum, quod non est Deus. Dicunt Deum esse conditorem et conservatorem generis humani, et naturae universae: Gloriantur se colere illud numen omnipotens: sed tribuunt illa quae sunt propria veri Dei, suae imaginationi (CR 24, 460 f.). — ... sie (sc. Heiden, Türcken, Jüden) sprechen nicht den warhaftigen Gott an, sondern tichten etwas, das nicht Gott ist ... (CR 23, XLIV). — ... sed fingunt sibi opiniones de Deo et cultus sua audacia, ut Ethnici fecerunt, et nunc Judaei Mahometistae et defensores idolorum faciunt ... (CR 13, 1042). S. a. 5, 136; 10, 894; 22, 429.

⁹ Also sind die Ketzer und Mahometh, auch durch die Teufel getrieben, vnd von Gottes wort gewichen, vnd haben andere Götter vnd anderen Gottes dienst gemacht. Vnd mit dieser weise schleicht allezeit die Abgötterey in die Welt, so man von Gottes Wort weicht, vnd folget eignen fantaseien (CR 23, XC).

¹⁰ Omnes gentes et coetus, ut Mahometistae et aliae invocantes Deum sine verbo tradito per Prophetas et Apostolos, invocant quod nesciunt (CR 15, 103). — ... Mahometistae, Enthusiastae, Anabaptistae, discedunt a verbo Dei et fingunt sibi opiniones peculiares extra verbum Dei, et aut iactant, aut expectant singulares illuminationes (CR 15, 300). S. a. 14, 465.

Melanchthon so stark erscheint, daß er sogar von statt dessen gebildeten „Göttern" spricht, also den sonst anerkannten muhammedanischen Monotheismus durch eine auf Polytheismus hinweisende Wendung ersetzt, möglicherweise in Anlehnung an das Lutherwort: Wer Gott nicht zum Herrn hat, hat viele Herren: Quae sunt peccata contra primum praeceptum? Tertius (sc. gradus) est Iudaeorum, Mahometistarum et omnium haereticorum, qui non apprehendunt Deum iuxta verbum Dei propositum, sed fingunt sibi suos Deos, contra verbum Dei[11]. Damit stehen sie aber auf einer Stufe mit den Philosophen[12]. Für Melanchthons durch die Heilige Schrift normiertes Denken ist jedoch ein solcher Gott überhaupt kein Gott; er ist ein Idol[13], eine Ersatzgottheit, ein commenticium numen[14], eine commenticia fabula[15], ein numen quoddam[16], von dem man sich abgrenzen muß.

In dem falschen muhammedanischen Gottesbegriff sieht Melanchthon einen doppelten Irrtum: de essentia et de voluntate Dei walten: Ethnici, Iudaei recentes, Mahometistae, dupliciter peccant in invocatione.

Primum, quia errant de essentia Dei.

Secundo, quia perpetuo ignorant voluntatem, an et cur exaudiat Deus.

De essentia errant Ethnici, Iudaei et Mahometistae. Cum enim non invocent Deum, qui se patefecit, et sicut se patefecit: fingunt sibi alii turbam Deorum, alii unum Deum, sed negant hunc vere Deum esse, qui se verbo suo et revelato filio, et Spiritu sancto patefecit, aberrant ergo a vero Deo.

---

[11] CR 23, 119 f.

[12] Quartus (sc. gradus peccatorum gegen das 1. Gebot) est Iudaeorum, Philosophorum, Haereticorum et Mahometistarum, qui omnes sibi fingunt suos Deos, nec volunt agnoscere hunc esse Deum, qui se in hoc verbo suo per filium Christum patefecit, cum sic tantum velit agnosci et invocari (CR 21, 695).

[13] Itaque idolum commenticium invocant, non verum Deum (CR 13, 720).

[14] Seiungito tuam invocationem ab Ethnica, Iudaica, Mahometica, ut verum Deum, non commenticia numina alloquaris, et vere statuas, cur et invocari et flecti velit (CR 11, 664).

[15] Si Evangelium iudicamus non esse commenticiam fabulam, ut Numae aut Mahometi religiones excogitatae sunt, ut essent frenum vulgi... (CR 11, 696).

[16] Turci constituerunt numen quoddam, cui addiderunt suos cultus, et id postea nominarunt Deum, haec est idololatria (CR 25, 982).

De voluntate errant, quia negant filium esse mediatorem, et ignorant promissiones[17]. Diese Tatsache erscheint ihm so gefährlich und eine Klarstellung so dringend nötig, daß er immer wieder darauf hinweist[18]. Daß Gott das πρῶτον αἴτιον bei der Passion Christi darstellt, will den Muhammedanern nicht eingehen[19]. Das, was sie allein gelten lassen, ist der Schöpfergott, aber nicht der gleichzeitig durch seine beiden anderen Erscheinungsweisen, Gott Sohn und heiliger Geist in trinitarischer Vollkommenheit auftretende Gott-Vater[20]. Der Grundfehler im muhammedanischen Gottesbegriff liegt demnach im Nichtwissen der Identität des Weltschöpfers mit dem Vater des Gekreuzigten und Auferstandenen[21]. Mit dieser Kritik glaubt sich Melanchthon in Übereinstimmung mit Christus, da durch dessen Worte: „Qui me odit, et patrem meum odit" und „Qui non honorat filium, non honorat patrem" die Muhammedaner verworfen worden seien: Hae duae sententiae diligentissime observandae sunt. Monstrant enim discrimen verae religionis et falsae. Iudaei et Mahometistae gloriantur se unum et verum Deum invocare ... Imo et Platonis et similium virorum mentes unum aliquem Deum conditorem universae naturae cogitabant. Sed haec dicta Christi reiiciunt illam Iudaicam, Mahometicam et Ethnicam cogitationem, qui negant hunc vere esse Deum conditorem, qui misit filium suum Iesum Christum, Illi non agnoscunt non invocant verum Deum, sed sculpunt sibi novum simulacrum Dei, et a vero Deo aberrant[22]. Damit aber, daß sie den I. Artikel nur allein, ohne Rücksicht auf den II. gelten lassen wollen, gesellen sie sich zu den Gottesfeinden und Häretikern[23].

[17] CR 12, 529.

[18] CR 5, 165; 7, 583 f.; 11, 662 f.; 12, 560 f.; 13, 901; 14, 258, 279; 15, 104, 304, 343, 368, 1235; 21, 609, 955; 22, 99; 23, 210 ff., 381, 525; 24, 251 f., 826 f.

[19] Deus est πρῶτον αἴτιον. Tota divinitas auctor est huius totius consilii: Mahometistae, item Epicuraei habent pro fabulis (CR 24, 675).

[20] Mahometistae etiamsi cogitant unum esse Deum creatorem, tamen non volunt hunc esse Deum, qui est pater Domini nostri Iesu Christi, nec agnoscunt Patrem, Filium et Spiritum sanctum (CR 23, 525).

[21] Etsi enim Ethnici, Mahometistae auf Iudaei fatentur unum aliquem esse Deum, conditorem coeli et terrae, et aliarum rerum creaturarum, tamen non credunt Deum, ut se patefecit, nec assentiuntur hunc esse vere Deum conditorem, qui misit filium dominum nostrum Iesum Christum, crucifixum pro nobis et resuscitatum (CR 15, 304). S. a. 14, 380 f.

[22] CR 15, 343.

[23] Epicurei, Mahometistae, et multi alii tanquam coelo bellum in-

Ihr Verhalten offenbart eine ungeheure Hybris[24]; ja, sie spielen sich sogar als Gottes Wächter auf[25].

2. Leugnung von persona und officium Christi.

Daß Melanchthon seine Kritik des Islam vom Boden des Augsburger Bekenntnisses aus vornimmt, ergibt sich weiterhin aus der Ablehnung der muhammedanischen Christologie. Wie er den muslimischen Gott wegen seiner Beziehungslosigkeit zum Gottessohn Jesus Christus als nicht realen, vielmehr fiktiven und illusionistischen, anthropomorphen und phantastischen verwirft, so tut er das gleiche mit der gesamten muhammedanischen Religion als einer christusfeindlichen. In welcher Beziehung ihm die muhammedanische Anschauung von Christus am anstößigsten erscheint, zeigt die bekannte Feststellung einer kausalen Abhängigkeit vom Arianismus. Mit Luther ist er sich darin einig, daß der Islam auf christologischen Ketzereien basiert[26]. Im einzelnen werden die Leugnung der Zweinaturenlehre[27], der ewigen Gottebenbildlichkeit[28] und Göttlichkeit des Gottessohnes und seiner Heilsbedeutung für die Menschen[29] angeführt. Außer acht gelassen wird Christi Mittlertum[30]. Den wahren Wert Christi können die Muhammedaner gar

ferentes, non solum ingrata Deo faciunt, sed etiam audacissime falsas et tetras opiniones de Deo defendunt (CR 15, 6).

[24] Postea in hostibus Ecclesiae, Papistis et Turcis, quantum est gigantei contemptus Dei, quasi velint destruere coelum, et cum Deo ipso bellum gerere (CR 25, 202).

[25] Turca facit se custodem Dei, et nescio quid non. Tribuit sibi titulos, non cadentes in hominem, ut videri possit fabulosum esse aliquid ignorantibus, sed verum est nimis (CR 24, 550).

[26] Hic cum rursus interrogaret Ascanius de discrimine Personarum, cur filius λόγος nominetur, tertia persona spiritus, graviter ingemescens Lutherus deplorare calamitates coepit, veteres controversias repetivit, et execratus est diabolicos furores Samosateni, Arii et similium, ex quibus orta est deinde blasphemia Mahometica (CR 8, 253; 12, 75 eine Dublette).

[27] His perspicuis et firmis testimoniis muniti execremur Mahometum, qui primum negat in Christo esse duas naturas, negat haec dicta: Mundus per ipsum factus est: Antequam Abraham natus est, ego sum (CR 12, 1078).

[28] Negant (sc. Iudaei et Mahometistae) filium Dei εἰκόνα ἀΐδιον ἀΐδιου πατρὸς esse Deum (CR 11, 663).

[29] Der Mahometischen Abgötterei und Lästerung ist offenbar; denn sie bekennen ausdrücklich, daß sie den Sohn Gottes nicht als Gottes Sohn und nicht als den Erlöser erkennen und annehmen... (CR 9, 625 f.).

[30] Haec de Mediatore diligenter consideranda sunt, ut adversus Mahometi πιθανολογίας animi confirmentur, et execrentur omnes religiones, quae ignorant placationem, quae facta est per Filium Dei (CR 13, 953). —

nicht begreifen, da Muhammed in ihm nur einen Menschen erblickte[31]. Hierbei wird die jüdische Messiasauffassung zur muhammedanischen in Parallele gesetzt und die daran geknüpfte weltliche Erwartung als „muhammedanischer Traum" gebrandmarkt[32]. In immer neuen, nur wenig voneinander abweichenden Formulierungen wendet sich Melanchthon gegen die muhammedanische Herabwürdigung Christi, deren völlige Abwegigkeit er dadurch noch zu unterstreichen sucht, daß er sie als eine von solchen christlichen Theologen alter und neuer Zeit, die von der Kirche offiziell als Irrlehrer erklärt wurden, vertretene Blasphemie hinstellt: Statim etiam tempore Apostolorum, Ebion Cerinthus et deinde Paulus Samosatenus, Photinus et multi alii contenderunt, In Domino nostro Iesu Christo nato ex virgine tantum esse humanam naturam. Haec blasphemia fons est Mahometicae impietatis, et nunc recens Servetus Hispanus* et Conitza Lithuanus et Thammerus defendere illam blasphemiam coeperunt, et astute eludunt dicta Iohannis I. et alia dicta congruentia[33]. In einem Kommentar zu Luc. 2 befaßt sich Melanchthon mit den Haereticorum furores contra Deitatem filii und bezeichnet schließlich, indem er den obigen Häretikerkatalog noch erweitert, die Vermenschlichung Christi als die Grundlage, auf der sich das muhammedanische Reich erhebt: Intueamur etiam furores mundi belligerantis cum Christo. Inter Iudaeos Pharisaei, postea Cerinthus, Ebion, Samosatenus, Arrius, Nestorius, Eutyches, impugna-

---

Cum autem invocatio fieri debeat fiducia filii, semper cogitandum est inter precandum, quis sit ille Mediator, qui in se derivat iram Dei, et propter quem sumus recepti, et qui semper adfuit et aderit Ecclesiae. Haec omnia omittunt in sua invocatione omnes ignorantes Evangelium, Ethnici, Iudaei, Mahometistae, et alii impii (CR 15, 256).

[31] Usitatum est enim haereticis, partem retinere doctrinae de Christo, sicut Samosatenus retinebat hanc partem, Christum esse hominem, retinuit et Mahometus eandem... (CR 14, 247).

[32] Removere Iudaicas expositiones, qui fingunt Messiam eis lecturum esse capitula Moisi, et quando illa lecta sunt, coget eos obedire, quia erit magnus Dominus. Habent Mahometisticum somnium (CR 24, 682).

* Es ist nicht uninteressant zu wissen, daß nach M.s Ansicht Servet seine samosatenischen Irrlehren in muhammedanischen Schulen erworben hat: Servetus Hispanus, qui diu fuit in academiis Mahometicis in Numidia, Samosatenicam illam meretriculam in theatrum reduxit (CR 12, 955). — Soweit ich sehe, ist bisher von denen, die das Verhältnis M.s zu Servet untersucht haben, noch nicht auf diesen Zusammenhang verwiesen worden, obwohl er doch das Verhalten Mel.s gegen den Antitrinitarier teilweise erklärt.

[33] CR 23, 529.

runt articulum de persona Christi. Et hi furores a multis nunc renovantur. Totum regnum Mahometicum nititur istis blasphemiis[34]. Diese Leugner der Zweinaturenlehre hat Christus ebenso verurteilt wie die Verkünder eines falschen Gottesbegriffes[35]. Nicht genug damit, daß die Muhammedaner eine christologische Irrlehre verbreiten, schmähen sie Christus auch[36]. In gleicher Weise, wie Muhammedaner und Papisten als die eschatologischen Feinde des Christentums dargestellt werden, bezichtigt er sie auch hinsichtlich des Versöhnungstodes Jesu Christi zusammen der Häresie[37].

Dem doppelten Irrtum der Muhammedaner de essentia et voluntate Dei entspricht ihre negative Einstellung zur persona und zum officium Christi, worin Melanchthon den Kernpunkt des gesamten Islam erblickt:

Quid est totum regnum Mahometicum, nisi blasphemia in Filium? Hic est enim nervus illius regni, quod Christus non sit Deus, et non sit redemptor generis humani: Tollit personam et officium: id est, tollit ea quae sunt propria personae et officii. Tollit illa verba: Qui est imago, character, ἀπαύγασμα Patris, sustentans omnia. Item illa verba: Et verbum caro factum est. Tollit verba: Iustificati fide, pacem habemus per ipsius sanguinem. Hoc ipsum igitur est regnum Mahometicum. Sublato hoc articulo, nullum est discrimen, inter Christianam et Mahometicam doctrinam[38].

Noch in der letzten Vorlesung vor seinem Tode über Jes. 53 kommt Melanchthon auf das muhammedanische Unverständnis gegenüber dem Sühnetod Christi zu sprechen[39]. Er ist so sehr im

---

[34] CR 24, 117.

[35] Ipse (sc. Christus) Iudaeorum et Mahometi furores refutari vult, qui impie reclamant testimoniis Dei et voci Christi, ac negant factam esse hanc divinae et humanae naturae societatem (CR 11, 1031).

[36] Econtra vero Ethnicas et Mahometicas invocationes execremur, quae Filium Dei vel non norunt vel contumelia efficiunt (CR 13, 901). — Non invocas ut Turci et Iudaei contumelia afficientes filium, et nescientes mediatorem... (CR 15, 258). ...caetera multitudo, longe numerosior, et opibus, imperiis, exercitibus, armis terribilior est Turcorum et Tartarorum, qui palam derident et contumeliis insectantur filium Dei Dominum nostrum Iesum Christum (CR 14, 755). S. a. 1092; 11, 700; 14, 275 f.

[37] Tam Mahometistae, quam Papistae errant de hoc dicto: Sanguis Christi purificat nos ab omni peccato (CR 24, 676). S. a. 12, 376 f.

[38] CR 24, 583; s. a. 9, 1092; 14, 410.   [39] CR 24, 679.

lutherischen Denken befangen, daß er unwillkürlich die im eigenen
Lande auftretende Opposition gegen das sola fide auch in andere
Religionen hineinprojiziert[40]. Der articulus stantis et cadentis
Ecclesiae ist die Wegscheide für alle wahre und falsche Religion,
zu der auch der Islam zählt[41]. Melanchthon setzt gleichsam die
Apologie des Apostels Paulus fort, wenn er zu den Juden und
Heiden, für die das Kreuz ein Ärgernis bedeutet, als neueste
Gruppe dieser Kategorie die Muhammedaner fügt. In der Konsequenz dieser Kategorisierung sind für ihn Muhammedaner und
Pharisäer ein und dasselbe[42].

### 3. Der heilige Geist nur ein motus.

Schließlich vertreten die Muhammedaner eine Irrlehre bezüglich des III. Artikels, indem sie dem heiligen Geist nicht seine
eigentliche, sondern eine durch philosophische Spekulationen abgeschwächte Bedeutung beilegen, abgesehen davon, daß sie auch
ihn arg lästern[43]. Die Namen der daneben mit angeführten Häretiker weisen auf den dynamistischen Monarchianismus[44]. Dieser hob
die Einpersönlichkeit Gottes hervor, faßte die Person Jesu wesentlich als menschliche, lehnte seine Bezeichnung als $\vartheta \epsilon \acute{o} \varsigma$ ausdrücklich ab und wollte, besonders nach der Lehre des Photinus, von
einer Hypostase des Geistes nichts wissen. Diese dogmengeschichtliche Tatsache ist Melanchthon wohlbekannt, und er kennzeichnet
die von diesen Theologen und den Muhammedanern so genannte
Dynamis als motus creati in hominum cordibus und darum als

---

[40] Dargegen spottet er (sc. Muhammed) der Christen / das sie lereten /
man wurde durch glauben an Christum / Gott gefellig vnd gerecht / oder
das man gnade durch Christum / on verdienst / erlangen möcht (Das VII.
Cap. Dan., cij).

[41] Hic locus (sc. de Gratia et Iustificatione) continet summam Evangelii. Monstrat enim proprium Christi beneficium, proponit firmam consolationem piis mentibus, docet, qui sint veri cultus Dei, quae sit vera invocatio, praecipue discernit Ecclesiam Dei a ceteris Gentibus, Iudaeis,
Mahometistis et Pelagianis, hoc est omnibus, qui imaginantur hominem
iustus esse lege seu disciplina, et iubent dubitare de remissione peccatorum (CR 21, 739).

[42] Alii erant Pharisaei, qui corumpebant doctrinam de Messia, et nihil
norant de iustitia fidei. Erant tales, quales nunc sunt Mahometistae
(CR 14, 960).

[43] Rabiose etiam maledicunt (sc. Iudaei et Mahometistae) Spiritui
sancto (CR 11, 663).

[44] Vgl. Adolf Harnack in: R E, 3. Aufl., Bd. 13, S. 303—336 s. v. Monarchianismus; ebda., Bd. 12, 41 s. v. Macedonius; ebda., Bd. 15, S. 372 f.
s. v. Photin; R G G, 2. Aufl., Bd. IV, Sp. 1239.

motus evanescentes"⁵. Im gleichen Sinn erwähnt auch die Rejektorie zum I. Artikel der Confessio Augustana die Muhammedaner⁴⁶.

Auch in der Beurteilung der muhammedanischen Auffassung des heiligen Geistes findet sich, wie gegenüber dem islamischen Gottesbegriff, eine doppelte Betrachtungsweise: Denn neben dem Vorwurf der Umdeutung der Hypostase Gottes in einen bloßen motus, steht die lapidare Verneinung: ...negant (sc. sapientes Ethnici et Turci) esse Spiritum sanctum⁴⁷.

### 4. Nicht die vera Ecclesia.

Melanchthon wirft einmal die rhetorische Frage auf: Estne possibile Mahometicam sectam esse Ecclesiam Dei? Und seine ausführlich begründete Antwort, die sich bewußt der kirchlichen Argumentation bedienen will, lautet: Non. proba evidenter, id est tali argumento quod in Ecclesia valeat. Impossibile est illam sectam esse Ecclesiam Dei, quae palam profitetur se non habere libros Apostolicos et Propheticos: Mahometistae non amplectuntur libros Propheticos et Apostolicos, etiamsi aliqua ex Genesi ex Moyse, tamen neque propheticos neque Apostolicos libros recipiunt: Ergo impossibile est esse eos esse Ecclesiam Dei⁴⁸. Es ist also die Verletzung der Totalität des Formalprinzips, wie sie auch bei den Epikureern und Sadduzäern vorkommt⁴⁹, die ihn zu dieser Exklusion führt, daneben aber auch die Existenz gegensätzlicher Bestimmungen zum Dekalog⁵⁰. Die Zugehörigkeit zur Kirche, die keine Idea Platonica ist⁵¹, „da niemand wisse, wo sie zu finden sey⁵²", hat zur Voraussetzung die Anerkennung der ganzen Heiligen Schrift. Wo das, wie bei den Muhammedanern, nicht der Fall

---

⁴⁵ ...multi omnibus aetatibus contenderunt tantum unicam esse personam divinam, ut Samosatenus, Photinus, Macedonius, Mahometistae, Dicta vero de Filio, et de Spiritu sancto corrupuerunt, et negarunt appelatione Spiritus sancti significari personam seu ὑπόστασιν, sed tantum motus creatos in hominum cordibus (CR 23, 230). — Sic Spiritus sanctus non est motus evanescens; sicut dixerunt Macedoniani, et Mahometistae (CR 24, 871).
⁴⁶ I, T. Müller, Die symbolischen Bücher der ev.-luth. Kirche, S. 38.
⁴⁷ CR 12, 560.
⁴⁸ CR 25, 502. — Diese Beweisführung ist M. so geläufig, daß er sie als Paradigma für die logischen Schlußformen Baroco und Camestres verwendet: CR 13, 608 f.
⁴⁹ CR 8, 862.
⁵⁰ Cum enim Ethnici, Mahometistae et Papistae leges aliquas habeant contrarias Decalogo, impossibile est eos esse Ecclesiam Dei (CR 12, 614).
⁵¹ CR 24, 365.     ⁵² CR 23, LXXV.

ist, ja sie sogar verworfen wird, ist auch nicht Kirche Gottes: Impossibile est esse Ecclesiam Dei coetum ex professo reiicientem scripta prophetica et apostolica. Mahometistae ex professo reiiciunt scripta prophetica et apostolica. Non igitur sunt Ecclesia Dei[53]. — Der zweite die Muhammedaner von der Kirche ausschließende Grund liegt darin, daß „bey jnen die erkenntnis des Erlösers gantz erloschen gewesen" ist. Darüber täuschen auch nicht „Mahometische versammlungen", die „Gesetzeslere haben", hinweg. Aus 1. Cor. 3, 11; Joh. 14; Joh. 5 „sol man schließen vnd festiglich halten, das allein diese versammlung, darinne das heilige Euangelium vom Herrn Christo recht geprediget wird, Gottes Kirchen sind, das ist, das allein in diesen versammlungen, Erben sind, der ewigen seligkeit, vnd nicht bey den Heiden oder Mahometisten, oder andern Verfolgern des Herrn Christi . . .[54]." Die offen gegen das Christentum seitens der Muhammedaner zur Schau getragene Feindschaft bestärkt Melanchthon noch in seiner Meinung, „denn verfolger des Euangelij sind nicht die Kirche, sie heißen Heiden, Jüden, Türcken, Tyrannen, Bapst oder Bischove, Sondern dis wort Christi mus bleiben, Meine schaff hören meine stimme[55]". — Drittens spricht gegen die Identität des muhammedanischen Reiches mit der Kirche auch seine gewaltsame Entstehung[56].

## 5. Keine Heilsgewißheit.

Der unklare und falsche Gottesbegriff der Muhammedaner, ihre Ablehnung der heiligen Schriften Alten und Neuen Testaments und des Heilswerkes Christi zieht aber noch eine andere für ihr Glaubensleben verderbliche Konsequenz nach sich. Sie besitzen keine Heilsgewißheit und leben, wie sie selbst bekennen, in einer steten Unsicherheit, die keine Aussagen zu machen vermag über das gnädige Verhalten Gottes gegenüber den Menschen, seine Teilnahme am menschlichen Unglück und die Erhörung der menschlichen Gebete: Discernenda est tua invocatio ab Ethnicorum, Iudaeorum, Mahometistarum clamore, qui interrogati, omnes faterentur se invocare surdum Deum, ac dubitare quae res sit Deus, et quae sit eius voluntas, et an audiat hominum vota, an afficiatur nostris miseriis,

---

[53] CR 12, 1077; s. a. 7, 700; 9, 223, 626, 1027; 10, 866; 12, 646; 13, 952; 21, 801; 24, 904; 14, 380; 15, 242.

[54] CR 22, 306.   [55] CR 22, 532; s. a. 11, 892; 12, 635.

[56] Mahometicum seu Turcicum (sc. regnum) armis partum est, nec tenet titulum Ecclesiae Christi... (CR 13, 871).

faterentur item, se nulla habere certa testimonia suae doctrinae, nec unde aut quomodo propagata sit, nec scire an promiserit Deus se exauditurum esse, aut quomodo velit esse placatus[57]. In ihrer Ungewißheit stehen die Muhammedaner nicht allein, sondern dieses auf Unkenntnis des Evangeliums sich gründende Schicksal trifft gleichermaßen Heiden, Juden und einen großen Teil der Papisten. Sie alle haben keine Garantie, ob sie Gott wohlgefällig sind und von ihm erhört werden[58]. Die Gruppe unter den Papisten, bei der der Zweifel an den göttlichen Verheißungen am deutlichsten in Erscheinung tritt, und die deshalb mit den Muhammedanern in einem Zuge genannt werden, sind die Mönche[59]. Der auf einem Irrtum über den Willen Gottes und der Unwissenheit über den Mittler fußende Zweifel läßt alle diese Gottesfeinde in kritischen Lagen unsicher werden, so daß sie entweder dem Epikureismus verfallen oder sich gar gegen Gott auflehnen[60]. Die Substanzlosigkeit ihres Glaubens mit seiner dauernden Ungewißheit ist aber nicht etwa ein von Melanchthon den Muhammedanern untergeschobenes, sondern deren eigenes Bekenntnis: Item fatentur (sc. Turci) se invocare sine verbo, sine promissionib., sine mediatore, cum perpetua dubitatione[61]. Unter diesen Umständen hält er sowohl ihre Anrufung wie ihre kultischen Übungen für zwecklos[62]. Hinsichtlich des Fehlens der Heilsgewißheit vermag Melanch-

[57] CR 15, 104; s. a. 14, 416.
[58] Ethnici, Iudaei, Mahometistae, et multi ex Papistis, qui non intelligunt Evangelium, non possunt statuere se placere Deo, et exaudiri (CR 24, 252).
[59] Monachi breviter respondent, semper de omnibus his quaestionibus dubitandem esse, an satis sit sic invocare Deum, alloquentes hunc Deum, qui se per Evangelium patefecit, an vero nos exaudiat, an acquiescendum sit in promissionibus. Ad haec omnia ethnico more respondent, Monachi et Mahometistae, dubitandum esse (CR 15, 432 f.).
[60] Postea errant Ethnici, Iudaei, Mahometistae, et alii hostes Evangelii etiam de voluntate Dei, quia ignorant Mediatorem et promissiones, ac dubitant, an recipiantur et exaudiantur a Deo, et quamquam in rebus secundis otiosi cogitant se Deo curae esse, tamen postea in iudicio aut doloribus, suam dubitationem confitentur, vel Epicurei fiunt, vel irascuntur Deo, ac fremunt adversus iudicium eius (CR 23, 357). — Nemo igitur Epicureorum, nemo Mahometistarum, nemo Iudaeorum, nemo adversariorum Evangelii poterit canere hunc versum: Deus meus es tu (CR 13, 1466).
[61] CR 14, 381.
[62] Deinde differunt Ethnici, Mahometistae et Papistae a vera Ecclesia, quia non norunt, An et quare exaudiat Deus. Talis invocatio in dubitatione inanis est... (CR 23, 525). — Et hi cultus (sc. Mahomets und der Heiden) omnes conficti humano consilio sunt inanes. Quia manet dubitatio ... an Deus exaudiat (CR 14, 465).

thon keinen Unterschied zwischen den gottgläubigen Muhammedanern und den „gottlosen" Heiden, als deren Exponenten er Plato und Xenophon nennt, zu sehen[63].

## 6. Werkgerechtigkeit.

Die häufig anzutreffende Gruppierung: Juden, Papisten, Muhammedaner weist schon auf das diesen dreien nach Melanchthons Ansicht Gemeinsame und sie von den Evangelischen in ihrer Frömmigkeit Scheidende, nämlich den Werkglauben, hin. In der Tat wird auch von den Muslim behauptet, daß ihr, der Justifikation Gottes durch Christus entbehrender Glaube nichts anderes denn reine Gesetzesfrömmigkeit sei. In der zweiten Ausgabe der Apologie, im Abschnitt „Von der Kirchen", spricht Melanchthon nach Erwähnung der Widersacher, die „den hohen, grösten Artickel" verwerfen, davon, „wie auch die Jüden, Heiden und Türcken mit eigen wercken furhaben selig zu werden, Item, sie leren die Sacrament machen from, ex opere operato, one glauben, Wer nu den glauben nicht nöttig achtet, der hat Christum bereit verloren, Item, sie richten heiligen dienst an, ruffen sie an, an stat Christi, als mitteler etc.[64]". Das Satisfaktionsprinzip ist jedoch schon aus dem Grunde nicht genügend, weil es nur teilweise durchgeführt wird. Das sagt Melanchthon im „Ordinanden Examen", wo er die Frage: Was ist vnterscheid der Christlichen Lere vnd anderer Secten, Heidnischen, Mahometischen, etc.? folgendermaßen beantwortet: Alle andere Secten, Heidnische, Mahometische etc. sind grausame verdampte Abgötterey, vnd haben daneben nur ein stücklin vom gesetz, von eusserlichen Sitten. Aber vom Euangelio, von vergebung der Sünde durch den Son Gottes Jhesum Christum wissen sie nichts[65]. Die Gleichheit zwischen den Hauptgegnern der Reformation, den Papisten und Muhammedanern, wird in diesem besonderen Punkte von neuem nachgewiesen; beide sind in dieser ihrer Haltung einfach gottlos, weil sie in ihren Liebeswerken nicht aus einer von Gott hergeleiteten Ethik heraus handeln, sondern aus äußerlichen, persönlichen, ruhm- und ichsüchtigen Motiven[66]. Beide

---

[63] Sed nequaquam norunt Plato, Xenophon, Mahomet promissionem gratuitam reconciliationis et Mediatorem filium; sed perpetua est in mentibus dubitatio, an exaudiatur a Deo (CR 7, 584). S. a. 5, 260.
[64] CR 28, 148.   [65] CR 23, XL.
[66] Impii, id est, Ethnici et hypocritae non benefaciunt aliis propter Deum, seu, ut Deo obediant, sed vel ostentatione quadam et aucupio gloriae popularis, vel quia fingunt se sua beneficentia mereri remissionem

vollziehen — infolge Fehlens einer sicheren Verheißung — die Flucht in Äußerlichkeiten. So ist letzten Endes die von den Römischen bis in die Einzelheiten der Kleidung vorgenommene Regelung des Lebens muslimisch[67]. Mit ihrer Werkgerechtigkeit, die doch nur Selbstgerechtigkeit ist, stehen die Muhammedaner nicht nur in einer Reihe mit den Mönchen, sondern auch mit den Wiedertäufern[68]. Die Opfer der Pharisäer, die Messe der Mönche und die türkischen Zeremonien sind die aus der irrigen Anschauung heraus geborenen Handlungen, daß ... Deum colendum esse ceremoniis et operibus moralibus: sed si sint lapsus aliqui, ceremoniis compensari: et has, si sint sufficientes, mereri remissionem peccatorum[69].

In der Anrufung der Muhammedaner und der mit ihnen verwandten Religionsgruppen der Juden und Papisten kommt es auch nicht auf die Motive und Intentionen des einzelnen an, sondern ihr Vertrauen beruht allein auf dem ex opere operato wirksam gedachten cultus[70]. Die „Werke" der Muhammedaner bringen ihnen keinen Nutzen; denn da die Voraussetzung des guten Handelns ein richtiger Glaube ist, ist es für sie, die ohne Christus dahinleben, ausgeschlossen, ullos salutares fructus zu bringen[71].

### 7. Philosophische Religion.

Derselben Wurzel, der der Vorwurf der Gesetzesfrömmigkeit entspringt, entstammt auch der andere, daß die muhammedanische Religion keinen Unterschied aufweise gegenüber der Philosophie.

---

peccatorum, et iustos esse coram Deo, sicut Mahomet et Papistae docent de satisfactionibus et compensatione delictorum (CR 14, 679).

[67] Es ist erbermlich, das jnn der Christlichen kirchen, solche Pharisaische, ja Türckische vnd Mahometische lere vberhand genomen haben das sie leren, die Euangelische volkomenheit vnd das reich Christi, durch welchs sich hie die ewigen güter vnd das ewige leben anheben sollen, stehen jnn kappen, jnn kleidern, jnn speise, vnd dergleichen kinderwerck (CR 28, 303).

[68] ... Iudaei, Mahometistae, Anabaptistae, Monachi, et omnes hypocritae fascinati admiratione suorum exercitiorum, pertinacissime propugnant hanc opinionem, quod sint iusti propter sua exercitia ... (CR 15, 355).

[69] CR 13, 1107.

[70] Talis est Iudaeorum, Mahometistarum et Papistarum invocatio, qui fingunt suos cultus valere ex opere operato, sine bono motu facientis, id est, etiamsi non cogites Dei voluntatem, vel irascentem peccato, vel recipientem confugientes ad eum (CR 15, 107).

[71] Ethnici, Mahometistae, Haeretici non gignunt ullos salutares fructus, quia sunt praecisi ab hac vite Christo, sed sunt reiecti, et sicut sarmenta in ignem coniicientur (CR 15, 326).

Der Muhammedanismus ist wie die Philosophie und das Judentum ein Zweig der auf dem Dekalog aufgebauten Gesetzesreligion, eine Erscheinung der religio naturalis, da die Gesetzeskenntnis ein allen Menschen gemeinsam Gegebenes ist[72]. Aber über diese aus der revelatio generalis abgeleiteten, auch der ratio faßbaren Aussagen kommen die Muslim trotz ihrer antipolytheistischen und götzenfeindlichen Beteuerungen und ihres Ein-Gott-Glaubens nicht hinaus[73]. Muhammeds Bestreben geht, wie das älterer und neuerer Häretiker, von denen Paulus von Samosata und Servet genannt werden, im Zuge einer confusio philosophiae et Evangelii dahin, auch den Logos philosophisch umzudeuten[74]. Gegen diese Machenschaften fordert Melanchthon seine Zeitgenossen zur Wachsamkeit und zum Festhalten an der wahren Lehre auf[75]. Ferner wird unter Hintansetzung der einfachen biblischen Lehre eine Vermischung von philosophischer und christlicher iustitia vorgenommen[76]. Diese Art des Denkens, die keinen Unterschied macht zwischen Platons und Abrahams Gotteserkenntnis, ist eine „Vorbereitung auf die türkische Gottlosigkeit[77]".

---

[72] Ex hac legis doctrina orta est philosophia, et natae sunt civiles et Mahometicae et Iudaicae opiniones et ut numerorum noticia omnibus hominibus communis est, quia nobiscum nascitur, ita communis est illa legum noticia omnibus hominibus (CR 14, 258). — Norunt utcunque Plato, Xenophon, Mahomet, voluntatem, quam lex, cuius notitia nobiscum nascitur, ostendit (CR 7, 584).

[73] Quamquam igitur Mahometici valde se efferunt, et iactitant religionem suam, quod retineant articulum de unitate Dei, quod non adorent idola, nec fingant multos deos: tamen haec eorum sapientia nihil est nisi communis quaedam philosophia humanae rationis, in qua nondum lucet doctrina de placatione Dei (CR 13, 953).

[74] Samosatenus, Mahometus, Servetus, Thammerus quaerunt philosophicam concinnitatem, disputant λόγον esse tantum vocem evanescentem (CR 15, 1247).

[75] Multo maiores et graviores quaestiones sunt de re, quid sit λόγος, an sit ὑφιστάμενον ὁμοούσιον τῷ πατρί. Hic simus vigilantes, et veram invocationem retineamus contra Samosatenum, Arium, Mahometum, Servetum et similes praestigiatores (CR 8, 857 f.).

[76] ... sequuntur (sc. Gentes, Iudaei, Mahometi, Pelagiani) humana iudicia, neglecta simplici doctrina Prophetarum, Christi et Apostolorum; Imo hanc transformant in Philosophiam, extenuant peccatum in natura, cogitant lege Dei tantum requiri disciplinam; Deinde imaginantur, nihil interesse inter Philosophicam et Christianam iustitiam (CR 21, 739). S. a. Das VII. Cap. Dan., d.

[77] Et Lovaniensis Latomus execrandus est, qui scripsit, Non aliam fuisse noticiam de Deo in Abraham, quam qualis fuit in Platone et Xenophonte ... nec dubium est Diabolum has blasphemias serere, ut sint in

Mit Melanchthons Worten sei noch einmal eine sechs Punkte umfassende Zusammenfassung seiner Kritik an den Glaubensaussagen der Muhammedaner gegeben: Mahometici etsi valde se offerunt, quod unum esse Deum sentiunt, tamen

(1.) negant hunc esse Deum conditorem rerum, qui est pater Liberatoris nostri Iesu Christi,

(2.) nec agnoscunt hunc vere Deum esse, qui se per hoc verbum patefecit, quod tradidit Prophetis et Apostolis,

(3.) nec retinent Evangelium,

(4.) nec fiducia Mediatoris Christi ad Deum accedunt,

(5.) denique ipsum Filium manifeste contumelia afficiunt:

(6.) ergo reiiciunt verum Deum, et sibi aliud numen fingunt[78].

## II. Vorwurf des Utilitarismus, Eudämonismus und Hedonismus

Die zweite Reihe von Argumenten, die Melanchthon gegen den Islam ins Feld führt, beziehen sich auf dessen christlichen Normen entgegengesetztes H a n d e l n. Zum Teil entnimmt er das Material hierfür irgendwelchen Anweisungen des Koran, die entweder tatsächlich zu christlichen Geboten im Widerspruch stehen oder die auf Grund seiner mangelhaften Islamkenntnis in diesem Sinne ausgelegt werden. Zum anderen, weit größeren Teil sind es die ihm berichteten Grausamkeiten und sonstige auf ihren Kriegszügen von den Türken geübten, Recht und Sitte zuwiderlaufenden Handlungen, aber auch jeder tatsächlichen Grundlage entbehrenden „Greuelmärchen", die ihn zu einem negativen Urteil bezüglich der moralischen Qualitäten der Muhammedaner kommen lassen. Von einigen wenigen, auch das Positive der islamischen Lebensweise in Betracht ziehenden Bemerkungen abgesehen, zeigt Melanchthon nur die Nachteile und Schattenseiten auf, die sich nach seiner Meinung notwendig aus ihrem falschen, auf Selbsterlösung vertrauenden Glauben, ihrer Staats- und Kriegerreligion ergeben. Vor allem mögen es die bei der Einnahme Constantinopels vorgekommenen Schändungen, Verwüstungen und Metzeleien gewesen sein, die ihn in besonders starkem Maße einer gerechten Würdigung der doch auch in dem muhammedanischen Sittengesetz ruhenden Werte abgeneigt machen. Denn nur so läßt sich der Widerspruch erklären, daß Melanchthon einerseits be-

hac extrema senecta mundi semina et παρασκευή Turcicae impietatis (CR 12, 590).    [78] CR 13, 966.

hauptet, der Islam sei eine auf dem Dekalog basierende Religion, die quaedam legalia habe, andererseits aber ihm jegliche Anlage zu gutem, richtigem Handeln und anständiger Lebensweise abspricht.

Die absichtlich plausibel gestaltete Lehre Muhammeds, die Verfälschung der reinen Lehre im Gefolge hat und in Häresie, Rationalismus und Blasphemie mit ihren Unterformen und Nebenerscheinungen ausartet, ist nach dem Urteil Melanchthons von politisch-praktischen Gesichtspunkten bestimmt. Noch deutlicher tritt dieser Zweckcharakter in der islamischen Ethik hervor. Das gesamte muhammedanische Handeln und die es regierende Legislative ist, weil ohne Bindung an die allein dazu befugte gesetzgebende Macht, den wahren, durch Christus offenbarten Gott, utilitaristisch. Und da ihr Ziel die Herbeiführung eines durch keine Normen irgendwie eingeschränkten individuellen und sozialen Wohlbefindens ist, und Richtlinien und Gesetze nur insoweit erlassen werden, als sie dieser Tendenz nicht zuwiderlaufen, ist es auch eudämonistisch und artet endlich, wie es sich bei einem falschen Ansatz ergibt, in schrankenlosen Hedonismus aus. Die Folge dieser Maximen ist, daß die Anhänger des Islam in kultur- und staatsfeindlicher Weise sich betätigen. Nicht nur, daß Melanchthon dem muhammedanischen Weltreich die Qualifikation einer Monarchie und damit die Fähigkeit, ein auf Sitte und Ordnung gegründetes Regiment zu führen, nicht zugesteht, legt er ihm außerdem eine gegenüber christlichen Staaten politisch und kulturell zerstörende Haltung zur Last. Hier führt der Staatsmann und Patriot die Feder, weniger der Theologe. Aber in der kritischen Behandlung und abfälligen Beurteilung der muhammedanischen Eheauffassung führt dieser wiederum das Wort.

### 1. Staats- und Kriegsethik.

Das Gesamturteil über Muhammeds „militante" Gesetzgebung lautet: Fuit grata lex multitudini. — Ist ein ding für den pöfel. — Item, fuit lex accomodata ad militare genus hominum[79]. Mit diesen und den oben angeführten Bemerkungen will Melanchthon den Beweis erbringen, daß es Muhammed nicht um ein unbedingt verbindliches Gesetz, sondern nur um eine ad hoc geschaffene Lebensordnung zu tun ist. Das Zugeständnis, daß die Muhammedaner

---

[79] CR 25, 499.

quaedam legalia haben, wird wesentlich eingeschränkt: quae sunt grata vulgo, et ad constitutionem imperii, et societatem accomodata[80]. Der kriegerische Charakter von Muhammeds Gesetz tritt unverkennbar zutage: Es fordert offene Feindschaft gegen Christus, Tötung der Christgläubigen und die gewaltsame Ausbreitung der eigenen Irrlehren. Dieser Maximen wegen unterzieht es Melanchthon einer vernichtenden Kritik: Lex ipsa Mahometi est manifesta contumelia adversus Christum; deinde est mandatum de latrocinio, quia iubet interfici eos, qui credunt Christum esse filium Dei; praecipit item propagari suos errores gladio[81]. Kein Wort ist Melanchthon zu scharf, um die Brutalität des muhammedanischen Gesetzes und seinen radikalen Gegensatz zum christlichen Gesetz herauszustellen. Was er darin allein zu finden vermag, ist Krieg und Mord: Denn das Mahometisch Gesetz, darauff das Saracenisch und Türckisch Reich gegründet ist, gebeut nicht frieden zu halten, sondern die Friedlichen anzugreiffen und zu ermorden[82].

2. Allgemeine sittliche Normenlosigkeit.

Mit seinem eudämonistischen Gewährenlassen stellt sich der Islam in Widerspruch zu dem für Christen gültigen Gesetz, dem Dekalog, und liefert damit einen neuen Grund für seine Verwerfung[83]. Namentlich werden das erste, dritte und sechste Gebot angeführt[84]. Die Unvereinbarkeit des islamischen Gottesbegriffes mit christlichen Vorstellungen von Gott und damit auch mit dem ersten Gebot braucht nicht näher erläutert zu werden, da dies bereits andernorts geschehen ist. Bezüglich des sechsten Gebotes wird Genaueres in der Kritik an der muhammedanischen Eheauffassung und -gesetzgebung gesagt werden. Eine Verletzung des dritten Gebotes erblickt Melanchthon in der Tatsache, daß die Muhammedaner den wahren, d. h. den biblischen, Kultus verfälscht haben[85]. Nicht einmal völkerrechtliche — Melanchthon sagt:

---

[80] CR 25, 503.   [81] CR 21, 706.   [82] CR 22, 623.

[83] Quia impossibile est, aliquem coetum manifeste docentem aliquid contra Decalogum, esse Ecclesiam Dei, ut Ethnici multas vagas libidines, et confusiones coniugiorum approbaverunt. Idem nunc Mahometistae faciunt, et Papa (CR 23, 424).

[84] Ethnici autem universaliter docuerunt contraria primo et sexto Praecepto: Finxerunt turbam Deorum, et concesserunt teterrimas confusiones libidinum. Sicut et hodie Mahometistae faciunt... (CR 23, 430).

[85] De tertio Praecepto. Etsi autem Ethnici quoque ritus tanquam a Patribus acceptos retinuerunt, tamen hoc praeceptum deleverunt amissa

naturrechtliche — Normen erachten sie für bindend: Aber bey den Türcken ist jhres reichs ordnung vnrecht / dann sie gebeut / das man krieg wider alle natürlich recht vnd billigkeit anfahen muß / vnd die vberfallen / so jhnen kain layd gethan. ... Also gehen des Türcken krieg wider aller anderer Königreich brauch / kriegs recht vnd weyse /[86]. Außer diesen völkerrechtswidrigen Handlungen werden den Türken auch — wie wir heute sagen würden — Verstöße gegen die Genfer Konvention zur Last gelegt: Wie er nun alle seine kriege anfahet wider natürlich recht / also helt er auch kein kriegs brauch noch ordnung / sondern wütet auffs grausamst / als der laydig teuffel selbs / Dann in allen andern kriegen ist der brauch / das die ihenigen / so obligen vnd den sig behalten / weerlosen leuten / weybern / kindern / krancker vnd alter Leute schonen / Aber der Türck erwürget alles on alle barmhertzigkeit /. Das wird im folgenden an dem nach Wien vor den Türken flüchtenden Landvolke, welches wahllos samt Frauen und Kindern niedergemetzelt wurde, nachgewiesen[87]. An den Weltkrieg mit seinen Greuelberichten erinnert es, wenn man folgendes liest: Der Türck aber tödtet nicht allain weyber / kinder / arme alte krancke leut / sonder zuhacket sie mit säbeln / wie die metzler das vihe zurhawen. Wenn er stede einnympt / erwürget er on vnterscheid alles was er findet /[88].

### 3. Staats- und Kulturfeindschaft.

Außer der negativen Feststellung, daß das türkische Reich keine Monarchie ist, wird die weitergehende gemacht: Imperium Turcicum est magna tyrannis, in hac ultima senecta mundi[89]; ihre Staatsform — im Gegensatz zu dem $\beta\alpha\sigma\iota\lambda\iota\varkappa\grave{o}\nu$ sive $\pi o\lambda\iota\tau\iota\varkappa\grave{o}\nu$ imperium, aus dem die legitima imperia hervorgehen — das $\delta\epsilon\sigma\pi o\tau\iota\varkappa\grave{o}\nu$ imperium, also die Tyrannei. Diese Regierungsweise war bei den Barbaren üblich ... et nunc ferunt talem esse formam imperii apud Turcas, ubi princeps pro arbitrio facit omnia et subditi tanquam pecudes coguntur parere, quicquid imperat tyrannus[90]. Die türkischen Kriegszüge erfolgen nicht aus ideellen, ja nicht einmal aus imperialistischen oder Prestigegründen, wie es

---

vera doctrina, quia et Legem mutilaverunt, et promissionum prorsus obliti sunt. Sic nunc impii Iudaei, Mahometistae, Ethnici, Papistae, et omnes qui veram doctrinam corrumpunt, violant hoc praeceptum (CR 23, 416 f.).

[86] Das VII. Cap. Dan., diij.   [87] Das VII. Cap. Dan., diij.
[88] Ebda.   [89] CR 24, 303.   [90] CR 16, 425.

bei andern großen Heerführern der Fall ist, sondern allein, um Verwüstung anzurichten und — wie schon gesagt — Christi Namen zu tilgen[91]. In ihrer blindwütigen, anarchischen Vernichtungssucht machen sie vor keiner, die Ordnung und ein geregeltes Leben der Staatsbürger garantierenden Institution halt und mißachten damit ebenso die Rechte der Einzelpersönlichkeit wie des Staates. Melanchthon erblickt in ihnen gewissermaßen mit moral insanity behaftete Individuen, vor denen man sich mit allen erlaubten Mitteln schützen muß: Darümb man schüldig ist, den Türcken zu weren, die nicht allein die Lender begern zuverderben, weib vnd kinder schenden vnd ermorden, Sondern auch Landrecht, Gottesdienst, vnd alle gute ordnung wegnehmen ...[92]. Kulturell stehen sie auf niederer Stufe. Ihr Leben weist schwere Mißstände auf: Inzest, Frauenraub und -kauf, Faustrecht, Leibeigenschaft und Sklaverei[93].

4. Die islamische Ehegesetzgebung.

Die Rechtlosigkeit der Frau zeigt sich besonders kraß in der islamischen Ehegesetzgebung. Sie räumt dem Mann eine so weitgehende Verfügungsmacht über die Ehefrau ein, daß man überhaupt nicht mehr von einer Ehe im Muhammedanismus sprechen kann. Hierin, d. h. in der Ersetzung eines auch den Ehemann verpflichtenden Eherechtes durch bloße Willkür und Eigenmächtigkeit, sieht Melanchthon die bedenklichste Erscheinung der muhammedanischen Sittenlehre. Hier tut sich ihm der schärfste Gegen-

---

[91] Quo irrumpunt Turci, non dimicant de gloria, ut Cyrus, Pyrrhus, nec de imperio ut Alexander, cuius legibus provinciae fiebant cultiores et humaniores, ne quidem ut iracundiae morem gerant, quae in heroicis naturis accensa interdum ingentia bella ciet, ut Hannibal iratus bellum Italiae intuli. Non humano impetu, sed furialibus stimulis aguntur Turci ad delendum nomen Christi, ad faciendam vastitatem orbis terrarum (CR 11, 568).

[92] CR 26, 82.

[93] Türcken vnd andere Mahometisten stoßen die Weiber von sich, wenn sie wollen, vnd sind schandliche vermischungen zwischen vater vnd tochter... (CR 28, 541 f.) — ... patres dormiunt cum filiabus... (CR 25, 600). — Turci rapiunt uxores et filias Ungarorum, et aliquas invitant pecunia (CR 25, 877). — Denn die Türcken gar keine erbarkeit wissen noch achten, Die gewaltigen nemen den andern gut, weib vnd kind, nach yhrem mutwillen. Der gemeine man achtet auch keiner ehepflicht, Nemen weiber vnd stoßens aus, wie sie wollen, verkauffen die kinder. Solche sitten, was sind es anders, denn eitel mord? Denn die Türcken treiben die leute zu marckt, keuffen vnd verkeuffens, brauchens auch wie das vihe, es sey man odder weib, jung odder alt, iungfraw odder ehelich, das gar ein schendlich wesen ist vmb das türckisch wesen (CR 26, 82 f.).

satz zwischen christlicher und muhammedanischer Ethik auf, da
sie nach Christi eigener Lehre im Widerspruch zur Schöpfungsordnung steht und als Schändung des weiblichen Geschlechts aufgefaßt werden muß: ... constat lege Mahometi concedi, ut ducat
quisque quot vult, et abiiciat seu vendat, cum vult, sine ulla causa
et sine cognitione. Hanc esse contumeliam et miseriam insignem
sexus muliebris omnes sani intelligunt. Et pugnat haec lex cum
doctrina Christi, qui vult coniugium esse inseparabilem coniunctionem mariti et uxoris. Et sic initio institutum esse coniugium
affirmat, ut maritus et uxor sint una caro, id est, inseparabiliter
iuncti[94]. Das Ärgernis der muhammedanischen Sexualethik erblickt
Melanchthon nicht so sehr in der darin den Muslim gestatteten
Vielweiberei, obwohl ihm die natürlich auch anstößig erscheint,
als in ihrer mangelnden Achtung vor der Heiligkeit und Unauflöslichkeit eines einmal geschlossenen Bundes und der dadurch
erleichterten Scheidung.

Das hängt mit seiner biblizistisch modifizierten Einstellung
zur Polygamie zusammen. Diese ist durchaus nicht einheitlich. So übt er z. B. an dem Verhalten des Grafen von Gleichen,
der sich anläßlich eines Kreuzzuges angeblich aus dem Orient
eine türkische Prinzessin mitgebracht hatte und nun mit dieser
und seiner ersten Frau in offener Bigamie lebte, keine Kritik[95].
Hingewiesen sei ferner auf den dem Landgrafen von Hessen
vor Eingehung seiner Doppelehe erteilten „Beichtrat[96]". Melanchthons Standpunkt hinsichtlich der Vielehe kann man am
besten umschreiben mit den von H. Driesch in seiner Ethik[97] verwendeten Begriffen: „Es soll nicht sein" aber „Es kann sein". Das
Paradigma hierfür sind die Erzväter und die durch die mosaische
Gesetzgebung gestattete Vielweiberei und der Grund, warum unter
gewissen Umständen von einer sittlichen Regel abgewichen werden
kann, die menschliche Schwäche, Fehlerhaftigkeit, Gewohnheit
und Unzulänglichkeit, die zusammen dahin wirken, daß man sich
statt einer radikalen Abschaffung mit einer Mäßigung begnügen
muß: Nec enim leges mederi omnibus vitiis possunt, quare leviora
quaedam dissimulant ac tolerant. Ita cum non omnino possent
veteres legumlatores usuras prohibere, moderari eas studuerunt,

---

[94] CR 13, 966.    [95] CR 20, 591.
[96] Vgl. G. Ellinger, Philipp Melanchthon. Berlin 1902. S. 372.
[97] Vgl. —, Die sittliche Tat. Leipzig 1929.

et moderatas tolerari, etsi essent contra naturam. Sic polygamiam etsi vere est contra naturam . . . tamen Deus in populo Israelitico toleravit. Sed in his rebus prudenter iudicandum est . . . nec ulla exempla sine divino testimonio approbanda sunt. Nam cum solus Deus conditor sit naturae, in ipsius unius potestate etiam ius est naturae[98].

Das letztere, die göttliche Zulassung und Billigung, rechtfertigt allein eine Ausnahme und eine Lockerung des für alle geltenden absoluten Gebotes. Wo diese nicht vorliegen, gilt generell das Verbot aller Ehescheidungen: Unitas (sc. coniugii) enim significat Vinculum perpetuae coniunctionis, et prohibet divortia, qualia nunc sunt Turcica, et fuerunt olim omnium fere gentium, imo et Iudaeorum. Sed tamen et Moyses aliquantulum laxavit hanc particulam, tolerante Deo, propter ingentem infirmitatem hominum post lapsum[99]. Und wogegen er sich im Islam besonders wendet, das ist die grundlose, allein ins Belieben des Ehemannes gestellte, ohne Richterspruch erfolgende Lösung der Ehe. Wie Muhammed mit dieser von ihm festgelegten Ehegesetzgebung die Ehe zerstört, die damit keine mehr ist, sondern eine vulgaris scortatio[100], so bezichtigt er seine Gläubigen einer von Christus verworfenen mißbräuchlichen Anwendung und Auslegung der gesetzlichen Ehescheidungsgründe: Et hic considerandum est, quanta sit malitia hominum. Omnes Ethnici et Iudaei turpiter abusi sunt divortiis. Sicut nunc Turci faciunt. Quandocunque voluit aliquis, sive causa esset, sive non esset causa, eiecit uxorem[101].

---

[98] CR 16, 73.
[99] CR 15, 1078.
[100] Semper confusiones libidinum sunt signa impietatis. Mahometus reipsa delet coniugium, concedens divortia pro cuiusque arbitrio, etiamsi nullae probabiles causae sint. Nam ducere et abiicere cum libet, reipsa est vulgaris scortatio (CR 12, 1078). S. a. 13, 1469; 15, 1083; 16, 606.
[101] CR 14, 922.

*Dritter Teil*

# Melanchthons Standort innerhalb der Religionswissenschaft

## I. Apologetisch-polemische Grundeinstellung

### 1. Die Verabsolutierung des Christentums.

Die von der Religionsphilosophie aufgeworfene Frage nach der wahren Religion ist schon zur Reformationszeit gestellt worden. Auch Melanchthon kennt sie. Die Partner dieses Ringens — es sind dieselben, die im Nathan auftreten — sind ihm bekannt und, was hier wichtiger ist, er weiß bereits um das in der Ringfabel in Angriff genommene Problem, denn er schreibt in seiner Enarratio zu Röm. 9: Cum autem Ecclesiae nomine moveantur homines, necesse est, quaerere quae sit vera Dei Ecclesia, quia semper etiam diversi et dissentientes populi hunc gloriosum titulum usurpant, ut nunc de hoc titulo pugnant inter se Christiani, Iudaei et Mahometistae[1]. Diese zuletzt genannten Mahometistae zwangen aber spätestens seit den Zügen Abu Bekrs und Omars durch die ihnen eigene Totalitätshaltung und die darin liegenden Konsequenzen die Völker, auf die sie stießen oder in deren Nähe sie kamen, zur Auseinandersetzung mit ihrer Religion. Nachdem die vorreformatorischen Zweige des Christentums zu diesem Unterfangen auf den Plan gerufen worden waren[2], konnte sich auch Wittenberg dem nicht entziehen. Hier geschah dies neben Luther in der Hauptsache durch seinen ersten Mitarbeiter Melanchthon. Melanchthon, der, worauf Ellinger mehrfach hinweist, sich der aufgetragenen historischen Verantwortung und der Wirkungsweite seiner Entscheidungen durchaus bewußt war, gibt nun auch eine Antwort auf die obige Frage und nimmt gleichzeitig eine Klärung und Scheidung vor, die an Deutlichkeit nichts zu wünschen übrig läßt und die für die Folgezeit ebenso maßgebend wird wie seinerzeit die des Thomas von Aquino für die römisch-katholische Kirche.

[1] CR 15, 974.
[2] Vgl. die im I. Teil genannte Literatur und die bei Bibliander in Buch II und IV gesammelten Konfutationsschriften.

Melanchthon war, wenn es sich um die Entscheidung wesentlicher, den Bestand oder die Lehre der christlichen Kirche betreffender Fragen handelte, nichts weniger als nachgiebig oder zu relativierender Betrachtung geneigt. Das erhellt besonders eindringlich aus seiner radikalen Verwerfung des Islam und der damit einhergehenden Verabsolutierung des christlichen Glaubens, eine Feststellung, die sich als Summe aller bisher vernommenen Einzelkritik ergibt. Obwohl er so etwas wie eine Internationale der „guten Menschen", die richtig fühlen und wahrhaft Gott anrufen, kennt[3], sieht er doch überall da, wo Gott nicht durch Christus spricht, Ersatzreligion oder, wie er es auch ausdrückt, Philosophie[4]. Eine die Muhammedaner als Objekt der himmlischen Vorsehung einbeziehende universale Gottesoffenbarung kann bei diesen nicht akut werden, da sie der Lehre und Person Jesu ihre uneingeschränkte Anerkennung versagen. Allein die biblische Form der Offenbarung verbürgt Melanchthon die absolute religiöse Wahrheit. Der Islam hat schon deshalb das Recht, ernst genommen zu werden, verwirkt, weil er seinerseits nicht auf eine gleichwertige Offenbarung zu verweisen vermag. Weiterhin haben die Muhammedaner nichts, was sie der kirchlichen Kontinuität des Christentums, um deren Erhaltung es Melanchthon stark zu tun ist[5], an die Seite stellen könnten. Melanchthon ist nicht bestrebt, Übertreibungen zu meiden, Zuspitzungen zu umgehen, Irrtümer richtigzustellen, Einsicht walten zu lassen, kurz, sich in die fremde Religion einzufühlen, sondern er hat nur das eine Anliegen, eine klare Scheidung herbeizuführen. So sagt er einmal: Debetis scire, quae sint principales differentiae inter veram Ecclesiam Dei, et alias gentes. Semel ad me dicebat quidam, qui volebat habere aliquam opinionem doctrinae, et fuerat aliquoties Constantinopoli: Non video magnam differentiam inter eos et nos[6]. Jedoch die in diesen Worten zum Ausdruck kommende, erfahrungsgemäß ge-

---

[3] Neque tamen loco Ecclesiam uno circumscribo aut inclusum esse sentio; sed ubique terrarum multos bonos et prudentes esse, qui et recte sentiunt et vere Deum invocant (CR 5, 91). — ... sed sunt multi boni apud omnes gentes (CR 2, 669).

[4] Engelland, S. 299.

[5] Nequaquam gignimus novum doctrinae genus, sed unam illam perpetuam catholicae Ecclesiae Dei vocem, quam sonabant primi Patres, Prophetae et Apostoli, et quae in Symbolis expressa est, propagare ad posteros studemus (CR 7, 576).

[6] CR 25, 502.

wonnene — freilich unbeholfen und ungenau formulierte — Erkenntnis eines Islam und Christentum verbindenden, gemeinsamen Grundzuges macht sich Melanchthon nicht zu eigen, sondern widerlegt sie im folgenden damit, daß er auf das allein wahre und falsche Religion trennende Kriterium der Messianität, Mittler- und Gottessohnschaft Jesu Christi verweist. Daß auch er bei seiner Antwort keine objektiv gültigen Aussagen zu machen vermag, empfindet er einfach nicht. Sein Selbstbewußtsein ist so stark[7] und sein biblisches Fundament erscheint ihm so unerschütterlich, daß ihm der logische Fehler, der darin liegt, daß er seine subjektive Interpretation der Worte Christi als dessen Meinung ausgibt, gar nicht aufgeht: Iam sequitur quaestio: Quis est iudex, quando oriuntur controversiae de religione? Pontificii dicunt se esse iudices. Non volunt a nobis iudicari. Christus hic inquit: Ex fructibus agnoscetis eos: id est, ex toto corpore doctrinae, secundum verbum Dei[8]. (Dabei wird diese völlig eindeutig auf das menschliche Handeln — also die Werke — abzielende Bibelstelle, zumal unter Berücksichtigung des folgenden Verses Matth. 7, 17!, von ihm in seinem Sinn zurechtgebogen.)

Melanchthons Absolutheitsbegriff ist der der „dogmatischen Methode"[9], unproblematisch und in keiner Weise durch Einreden und Bedenken beschwert. Der vom Koran erhobene Anspruch, die Vollendung der Religion zu sein (Su. 2, 132, 258 f.; 106; 4, 124; 5, 18), wird nicht auf seine mögliche Rechtmäßigkeit geprüft, sondern rundweg negiert. Eine mögliche Überbietung des Christentums in einer von Gott bisher der Menschheit vorenthaltenen höheren und vollkommeneren Stufe wird nicht erörtert. Mit dem Evangelium ist die unüberbietbare letzte Gestalt der Religion erreicht: Caeterum nullam creaturam posse nova dogmata de Deo gignere, aut novos cultus instituere, sed opportere nos intra metus doctrinae a Deo nobis commendatae manere, iuxta illud (Gal. 1, 8): Si quis aliud Evangelium docet, anathema sit[10]. Unter die nova dogmata und

---
[7] Saepe mecum confero omnium aetatum iudicia et testimonia, nec invenio simplicius doctrinae genus hoc nostro, quod amplectimur, idque non dubito perpetuum esse consensum piorum et eruditorum in Ecclesia Dei (CR 6, 147).

[8] CR 25, 225.

[9] Vgl. hierzu E. Troeltsch, Über historische und dogmatische Methode in der Theologie in: Ges. Schriften, Bd. II, S. 729 ff.; Christentum und Religionsgeschichte, ebda, S. 328—363.

[10] CR 16, 247.

novos cultus fällt nun der Islam, dem von diesem Satz aus seine Daseinsberechtigung entzogen wird.

Mit der Melanchthonschen Fassung des christlichen Ausschließlichkeitsanspruches fällt notwendig das Verständnis für das landschafts-, geschichts- und traditionsbedingte Sosein einer Religion dahin. „Undogmatisches Christentum", das in der Hauptsache mit seiner Aufgeschlossenheit und Weite zur Erschließung und Durchdringung fremder, nichtchristlicher Glaubensformen beigetragen und den christlichen Absolutheitsanspruch auf ein neues, tragfähigeres Fundament gestellt hat, war ihm eine „schreckliche Gotteslästerung[11]". Um den Fehler des Synkretismus, den er radikal ablehnt[12], zu vermeiden, auch nicht den Schein eines solchen aufkommen zu lassen, verfällt er ins andere Extrem: Er wird religiös intransigent. Man muß es geradezu als eine glückliche Fügung preisen, daß Melanchthons Kenntnis außerchristlicher Religionen unvollständig geblieben ist. Denn einmal wäre er auch durch sie nicht zur Überprüfung seiner autoritären dogmatischen Methode und seiner religionskritischen Maßstäbe bestimmt worden, und zum anderen wäre es betrüblich, wenn etwa Gautama Buddha keinem rechten Verständnis begegnen, vielleicht gar geschmäht würde[13]. Man muß sich darüber klar sein, daß ebensowenig wie Muhammed die leuchtenden Vorbilder des Fernen Ostens, ein Lao-tse, ein Kung-fu-tse und andere trotz einwandfreien Lebenswandels, des hohen Idealismus und der ihren Stammes- und Volks-

---

[11] Iustus fide sua vivet, impiissime corrumpebant, sicut nunc corrumpunt Iudaei sceleratissime. Iustus fide sua vivet, sic interpretantur, unusquilibet honeste vivens in sua religione, sive Iudaeus, sive Ethnicus, sive Mahometista vivet. Tales horrendas blasphemias fingunt impii homines, quando amittunt lucem Evangelii (CR 14, 587).

[12] Ante omnia vero eximendus est error animis omnium maxime perniciosus nobis, et in Deum contumeliosus, qui miscet in unum chaos omnes religiones confundit, ac fingit similem esse omnium gentium invocationem (CR 11, 662). — Si pariter possent esse haeredes vitae aeternae ignorantes Christum, et agnoscentes, frustra datum esse Evangelium, nec retineri opus esset, et omnium gentium religiones pariter essent probandae (CR 10, 762). S. a. 15, 299.

[13] H. Voßberg scheint der „Versuch nicht undenkbar, den Buddhismus unter denselben kritischen Maßstab zu stellen, den Luther an die Schwärmer angelegt hat" (S. 123). Damit ist aber noch nicht alles gesagt, sondern: „Luthers auf bestimmte individuelle Religionen gerichtete Kritik besitzt auch für nicht ausdrücklich genannte Religionen Geltung" (S. 122). — Auf die nach diesen Grundsätzen erzielten Ergebnisse darf man gespannt sein!

genossen gebrachten Hilfe gebührende Anerkennung gefunden hätten.

Hier drängt sich unwillkürlich die Frage auf: Inwieweit hat Melanchthon überhaupt von außerchristlichen Religionen Kenntnis gehabt? Soviel ich feststellen konnte, waren — an unserem heutigen Wissen gemessen — Melanchthon nur eine beschränkte Zahl von ihnen bekannt. Eine eingehendere Betrachtung erfährt natürlich der antike Polytheismus[14]. Flüchtig erwähnt wird gelegentlich der Parsismus[15], der Marcionsche Dualismus[16], das Neujudentum[17] und der ägyptische Fetischismus[18]. Vedismus, Jainismus, die verschiedenen Arten des Buddhismus, Taoismus, Konfuzianismus, Shintoismus, die Maya-Religion, der altgermanische Glaube, das Glaubensleben der Primitiven[19], die interreligiöse Mystik[20], sowie deren Schöpfer, Gestalter und Wegbereiter — bleiben unbeachtet.

[14] Der Umfang und die Art der Kenntnis dieser Religionsgruppe bei M. bedarf noch einer Untersuchung. Material ist in seinen, das klassische Altertum behandelnden Schriften überreichlich vorhanden.

[15] Hic impius ritus in historia nominatur Ur Chaldaeorum. Et hinc persarum Orimasda, quasi lumen sanctum, Or Mehesed (CR 7, 879). S. a. 9, 99, 536; 11, 596; 12, 737 f. — Interessant ist die Parallelisierung des Fronleichnamsfestes mit einem ähnlichen persischen Umzug: Papam in magnis pompis praecedit equus gestans panem consecratum, sicut Persicum regem, praecedebat equus, gestans ignem, qui apud Persas colebatur, et nominabatur Orimasda id est, lumen sanctum (CR 13, 1009 f.). — Quid autem similius est illi Persicae pompae, quam adoratio in circumgestatione panis, Synodi decreto confirmata (CR 8, 642).

[16] Marcion et ante eum Basilides posuerunt duo principia contraria, coaeterna, Bonum et Malum, $\varphi\tilde{\omega}\varsigma$ καὶ σκότος: et finxerunt stoicam necessitatem in bonis et malis actionibus, et multa portentosa deliramenta addiderunt (CR 12, 923). S. a. 11, 564.

[17] CR 11, 868.

[18] Erwähnt werden: Dii in Aegypto conversi in varias animalium figuras (CR 19, 551), die Anbetung von Kuh, Widder, Ibis (Ebda.), und der Ammonkult: Celebratissimum est nomen Hammonis, quem Arabes et Aegyptii errore coluerunt (CR 11, 580). S. a. 11, 867; 13, 1381; 15, 1066.

[19] Möglicherweise hat M. aber auch davon eine entfernte Vorstellung gehabt, worauf folgende Stelle schließen läßt: Multi alii sunt ignari omnis religionis, neque ullas res honestas curant, sed vivunt ut bestiae, ut in Africa et aliis locis (CR 24, 27).

[20] Einige Mystiker werden zwar von M. als in Übereinstimmung mit der eigenen Lehre befindlich anerkannt: Quare et in veterum scriptis sparsa sunt multa non satis proprie dicta, et tamen perpetuam sententiam Ambrosii, Augustini, Bernardi, Tauleri, Wesseli, et multorum aliorum congruere nobiscum certum est (CR 12, 676), aber das Phänomen der Mystik ist ihm unbekannt.

Mit Recht mißachtet Melanchthon äußere Erfolge als religionsphilosophisches Kriterium für die Güte und Gültigkeit einer Religion. So wird man auch seiner häufig geäußerten Ansicht beipflichten müssen, daß das rasche und außerordentliche Wachstum des Islam weder etwas f ü r den Islam noch g e g e n die Lehre Christi besage. Nur übersieht er in seinem Eifer, den Islam als die Nationalreligion der Araber oder Sarazenen abzustempeln, daß dieser in Wirklichkeit eine Weltreligion mit den für eine solche charakteristischen Eigentümlichkeiten darstellt. In ihm finden wir wie im Christentum, ein Durchbrechen des nationalen Momentes, ein Hinausgehen über die völkischen und staatlichen Grenzen, internationale Ausbreitung und Anpassung. Damit nicht genug, wird er sogar für das völlig entartete orientalische Christentum, wie Harnack meint, „ein wirklicher Retter"[21].

Wahrscheinlich empfand Melanchthon zusammen mit seinen Zeitgenossen eine tiefgewurzelte Scheu vor dem damals akuten Panislamismus — der auch heute wieder drohend sein Haupt erhebt und ein nicht realisiertes Ziel der deutschen Kriegsdiplomatie war —, die seinen das Christentum verabsolutierenden Neigungen entgegenkam. Die Schärfe der von Melanchthon gegenüber dem Islam eingenommenen Haltung erklärt sich weiterhin wohl auch mit daraus, daß er die in der religionsgeschichtlichen Methode liegende Gefahr der Relativierung gefühlt haben mag. Diese liegt bei der gemeinsamen theistischen Grundlage beider Religionen nahe, doch scheidet eine synkretistische Kompromißlösung als mutmaßliche Annahme schon dadurch aus, daß sowohl der Islam als auch die Reformation sich jeweils als die absolute Religion betrachteten und beide mit dem exklusiven Anspruch auftraten, allein richtig, vollkommen und heilsnotwendig zu sein.

Mit alledem legt sich aber Melanchthon auf ein antithetisches Denken fest, das eine „Stufenfolge der Religionen" und deren Korrelate, Fortschritt und Entwicklung nicht kennt. Zwar wird die Tatsache verschiedenartiger religiöser Typen gesehen, aber diese werden nicht nach ihrer mehr oder weniger großen Ähnlichkeit und Verwandtschaft mit dem christlich-reformatorischen

---

[21] An derselben Stelle: Lehrbuch der Dogmengeschichte, Bd. III, 4. Aufl., S. 439, fährt H. dann fort: „denn trotz seiner Dürftigkeit und Öde war er eine geistigere Macht als die christliche Religion, die im Orient nahezu Religion des Amuletts, des Fetischs und der Zauberer geworden ist."

Typus abgestuft, sondern in corpore zu diesem in Gegensatz gebracht, indem sie lediglich als verschiedenartige Ausprägungen ein und derselben überall zugrunde liegenden Werkreligion gewürdigt werden.

Die religionsgeschichtliche Gesamtlage hat demnach in den Augen Melanchthons folgendes Aussehen: Durch einen Abgrund getrennt, über den keine Brücke führt, steht auf der einen, Gott zugekehrten Seite, die sich auf das Evangelium gründende vera Ecclesia Wittenbergs, während auf der anderen alle bis dahin bekannt gewordenen Religionen, die religiones et cultus humani sine verbo[22], versammelt sind[23]. Und zu dieser letzteren Gruppe gehört vorzüglich — zusammen mit Judentum und römischer Kirche — der Islam[24]. Es leuchtet ein, daß eine derartige, den ungeheuren, auch heute noch nicht ganz zu überblickenden religiösen Komplex in zwei Teile aufspaltende Betrachtungsweise sich Schranken setzt, deren Berechtigung wir nicht mehr anerkennen können; jedenfalls führt diese mit einem unzulänglichen Absolutheitsbegriff operierende Art der vergleichenden Religionsbetrachtung zu keiner gerechten, sachgemäßen Wertung. Die von Engelland aufgeworfenen rhetorischen Fragen[25] nach der Verbindlichkeit der von Melanchthon geformten reformatorischen Tat für unsere Zeit sind daher nur in eingeschränktem Maße und nicht bedingungslos, wie es jener tut[26], mit Ja zu beantworten[27].

---

[22] CR 13, 1382.

[23] Non ludo praestigiis interpretationem, nec misceo religiones in unum chaos, sed in hac sola Ecclesia Domini nostri Iesu Christi adfirmo donari hominibus remissionem peccatorum, iusticiam, et salutem aeternam: et sententiam in singulis doctrinae membris fideliter retineo, qua in catholica Ecclesia Dei intelliguntur, et damno omnes furores damnatos iudiciis catholicae Ecclesiae Dei, videlicet, Ethnicos, Epicureos, Stoicos, Academicos et similes, item Iudaicos, Mahometicos, Ebioneos, Manichaeos, Arianos, πνευματομαχικούς, Pelagianos, Novatianos, Donatisticos, et magiam, et cultus idolorum, Ethnicos, et recentes Papae et Monachorum (CR 12, 400).

[24] Vgl. die von Luther vollzogene ähnliche Gruppenbildung, Voßberg, S. 114 f.

[25] A. a. O., S. 468.

[26] Engelland hat sein Melanchthon-Buch in der Blütezeit der „dialektischen Theologie" Karl Barths geschrieben. Nachdem diese Theologie wiederum im Abflauen begriffen ist und immer deutlicher ihre Irrwege zutage treten, zeigt sich denn auch, daß eine konfessionellen Partikularismus ausdrückende Geisteshaltung sich für die weltanschauliche und religionsgeschichtliche Diskussion dieser Tage als ungeeignet erwiesen hat. Diese Feststellung gründet sich auf die von meinem hoch-

Einen fruchtbaren Ansatz zur Religionsvergleichung zeigt Theodor Bibliander[28] im Anhang zu seinem sprachvergleichenden Werk: De Ratione communi omnium linguarum et literarum commentarius ... cui adnexa est compendiaria explicatio doctrinae recte beateque vivendi, et religionis omnium gentium atque populorum, quam argumentum hoc postulare videbatur. Tiguri 1548[29]. Besonders interessant ist das Kapitel: Qua conveniant inter omnes populos, et qui status controversiae religionis[30]. Darin kündet Bibliander an, eine ihm sehr wichtig erscheinende, wahrheitsgemäße Untersuchung anstellen zu wollen über die Grundfragen der Religion und Philosophie, in denen die verschiedentlich getrennten Menschen übereinstimmen oder auseinandergehen[31]. Dieser außerordentlich schweren Prüfung will er sich unterziehen, da er fürchtet, daß in dem allgemeinen Bestreben, die eigene Religion zu verteidigen und Anhänger für sie zu gewinnen, die fremde jedoch nicht aufkommen zu lassen, nur wenige sich Gedanken über

---

verehrten, leider viel zu früh verschiedenen Lehrer Hans Haas in der Praxis, auf dem Missionsfelde in Japan, gemachten Erfahrungen. Vor allem in seinen letzten Lebensjahren war er stetig darum bemüht, seine Schüler vor den Folgen einer von verschiedenen Seiten versuchten Abkapselung des Christentums zu warnen und für das richtige Verständnis von Hebr. 1, 1 empfänglich zu machen. Sein Leben war der geführte Beweis, daß der christliche Ausschließlichkeitsanspruch eine gerechte Schätzung der Fremdreligionen nicht ausschließen muß, sondern von daher im Gegenteil reiche Förderung erfahren kann. Freilich daraus hat er nie ein Hehl gemacht, daß sich die in Vergangenheit und Gegenwart unternommenen Verabsolutierungsversuche für Glaube und Wissenschaft zum Schaden ausgewirkt haben.

[27] An Stelle einer Begründung, die den Rahmen dieser Arbeit sprengen würde, verweise ich auf das, was W. Dilthey (Gesammelte Schriften, 2. Bd., S. 517), E. Troeltsch (Ges. Schr., 2. Bd., S. 641 ff.; 447; 4. Bd., S. 240 ff.) und P. Tillich (Religiöse Verwirklichung, Berlin 1930, S. 30) zu diesem Problem gesagt haben. — Einen ähnlichen Standpunkt nimmt J. Witte in seiner Schrift: Die evangelische Weltmission, Gießen 1928, in: Aus der Welt der Religion, Heft 4, ein. Seinen „neugewonnenen Standpunkt" (vgl. Die Christusbotschaft und die Religionen, Göttingen 1936) kann ich nicht teilen; hier schließe ich mich dem Urteil und den Einwänden H. Weinels an: vgl. „Mission von oben" in: Die Christliche Welt, 50. Jg., Nr. 13, Sp. 614 f.

[28] Über ihn vgl.: E. Egli, Analecta reformatoria II. Zürich 1901.

[29] Vorhanden in der Landesbibliothek zu Dresden unter dem Signum: Lu. lib. Ling. var. 54.   [30] S. 204 ff.

[31] Sed interpellat me quaestio dignissima consideratione et in primis conveniens argumento, de communi ratione linguarum et literarum, ut ostendatur, quibus in capitibus doctrinae et philosophiae, in qua religio non postremum locum obtinet (!!), congruant homines tot linguis et sectis religionum divisi, aut in quo posita sit praecipue controversia (S. 204).

das Gemeinsame und Trennende gemacht haben³². Die gemeinsamen religiösen Grundgedanken faßt er in zehn Punkte³³ zusammen³⁴ (1. Leib und Seele. 2. Leben nach dem Tode usw.), von denen der vierte hier herausgegriffen sei, da er die grundverschiedenen Betrachtungsweisen Melanchthons und Biblianders am deutlichsten widerspiegelt: Quarto credunt (sc. Christen, Juden, Muhammedaner) et confitentur unum esse deum verum, aeternum, sapientissimum, optimum, omnipotentem. Qui creavit coelum et terram, et mare, et omnia quae illis mundi partibus continentur: eumque curare et regere mundum numine suo, et providere maxime hominibus³⁵. Wichtiger noch als diese Entdeckung eines zehnfachen interreligiösen Consensus ist die im vorweggenommenen Ergebnis niedergelegte Beobachtung, daß, soweit er feststellen konnte, alle Völker und Nationen bezüglich der Lehre und des Kultus sich zu gewissen Hauptgrundsätzen bekennen, in Einzelheiten aber voneinander abweichen³⁶. Trotz mancher Vorbehalte, die man natürlich zu den Biblianderschen Deduktionen machen kann und muß, darf man in ihnen meines Erachtens doch eine skizzenartige Antizipation der van der Leeuw'schen Religionsphänomenologie³⁷ erblicken. — Bibliander wird im Jahre 1560 pensioniert, weil er „die Gotteserkenntnis auch der Heiden kraft des Naturgesetztes verficht"³⁸!

Inwieweit guter, die religionsgeschichtliche Arbeit fördernder Aufklärungsgeist im Zeitalter der Reformation schon zu Hause

---

³² Atque in contentione ardentissima, qua suam religionem quisque tueri et amplificare studet, caeteras vero cunctas professiones opprimere, metuo paucos novisse, multos etiam nunquam cogitasse, quid inter partes dissentientes conveniat, et quid sit controversum, et quatenus. In qua gravissima quaestione simpliciter iudicium meum aperiam (Ebda.).

³³ Vgl. S. 205 f.

³⁴ Atque haec decem capita religionis et doctrinae, sive quis velit appelare articulos fidei, sive principia philosophiae, et fundamenta sapientiae, ita sunt cognita, recepta, probata, confessa omnibus sectis Christiani nominis, et Iudaeis, et Machumetanis, et Indis (!) atque Scythis (S. 206).

³⁵ A. a. O., S. 205.

³⁶ Etenim quantum hactenus potui cognoscere formam doctrinae et cultus divini receptam et approbatam a populis et nationibus per totum orbem, video quaedam principia pariter esse omnibus persuasa in genere, in specie autem dissidium aliquod versari (S. 204).

³⁷ Vgl. § 1 Methode und § 2 Das Wesen der Phänomene in: v. d. L.s: Einführung in die Phänomenologie der Religion. München 1925.

³⁸ RGG, 2. Aufl., I, Sp. 1086.

war, das zeigt auch das ungefähr ein Menschenalter nach Melanchthons Tode entstandene Colloquium Heptaplomeres des Jean Bodin (1520—1596)[39]. Konfessionelle Engherzigkeit ist für ihn ein überwundener Standpunkt. Als völlig gleichberechtigte Partner läßt er sieben Vertreter der Weltreligionen und christlichen Denominationen zu einem Religionsgespräch sich zusammentun und in vorbildlicher, von Apologetik und Polemik, von Haß und Kleinlichkeit ungetrübter Weise über das Wesen der wahren Religion diskutieren[40]. Wenn auch die Bodinsche Lösung, die mit dem Nathan ein Zurückdrängen des Christentums zugunsten des Judentums gemein hat, nicht befriedigt, so darf man doch die Bresche, die er der Religionswissenschaft gelegt hat, nicht leicht unterschätzen: „Die Eintracht und Toleranz, welche in dem Gespräch verkündet wird, ist tief gegründet auf das Gefühl der Verwandtschaft aller Religionen. Sie sind allesamt Töchter derselben Mutter, der natürlichen Religion. Monotheistischer Gottesglaube, ein sittliches Bewußtsein, als dessen nachträgliche Form der Dekalog betrachtet werden kann, Bewußtsein der Freiheit, der Unsterblichkeit und der jenseitigen Vergeltung: das ist der Inhalt dieser natürlichen Religion[41]." Weit davon entfernt, den Islam als Demonstrationsobjekt einer Satanologie zu benutzen oder nach Beweisen gegen ihn zu suchen oder ihn als Häresie und Blasphemie abzutun, wird er bei Bodin, der bereits „die geschichtliche und geographische Bedingtheit der Religionen" gekannt hat[42], wohl zum ersten Male als Religion völlig ernst genommen. An keiner Stelle des Siebenmännergesprächs wird eine illoyale Haltung der übrigen gegen den muhammedanischen Delegierten Octavius bemerkbar. Allerdings verrät Bodin in seiner Zeichnung des Octavius[43] — und hierin liegt mit der Grund für seine von der zeit-

---

[39] Vgl. hierzu: W. Dilthey, Weltanschauung und Analyse des Menschen seit Renaissance und Reformation in: W. D.s Ges. Schriften II. Band: Der religiös-universale Theismus. Bodins Vergleichung der Religionen (S. 145—153). — E. Benz, Der Toleranzgedanke in der Religionswissenschaft (Über den Heptaplomeres des Jean Bodin) in: Deutsche Vierteljahrsschrift für Literaturwissenschaft und Geistesgeschichte, 12. Jahrg. 1934, Heft 4, S. 540—571. — RGG, 2. Aufl., I, Sp. 1166 f.
Das Heptaplomeres wurde nach Benz etwa 1587 geschrieben; über die Geschichte seines Druckes vgl. ebda. S. 544 A 1.

[40] Man lese bei Dilthey (S. 150) den wundervollen irenisch-harmonischen Schluß des Gespräches.

[41] Dilthey, S. 150.    [42] Ebda., S. 146.

[43] Vgl. seine Charakteristik bei Benz, S. 554 f.

genössischen abweichende Darstellung — eine erstaunlich gediegene Kenntnis des Muhammedanismus". Aus den dem Octavius gemachten Vorhalten und seinen Erwiderungen gewinnt man den Eindruck, daß es Bodin nicht nur gelungen ist, sich einen gründlichen Einblick in die muhammedanische Religion zu verschaffen, sondern in das Wesen des Islam einzudringen.

Bei weitem nicht mit der Bodinschen Großzügigkeit und Überlegenheit, wohl aber durchdrungen vom Geist des christlichen Universalismus hat der Orientalist Guillaume Postel (1510 bis 1581)[45] neben jenem wichtige Vorarbeit für die vergleichende Religionskunde geleistet[46]. Auch er, der jahrelang in muhammedanischen Ländern gelebt hat[47], kannte den Islam sehr gut[48]. Sein Verdienst ist einmal ein philologisches, indem er sprachvergleichende Studien — unter Einbeziehung des Arabischen — veröffentlichte[49]. Dann aber auch, daß er in seinen Libri quatuor de orbis terrarum concordia[50] von einem Consensus aller Religionen ausgehend, auch der Religion Muhammeds gerecht zu werden versucht. Anders als bei Melanchthon wirkten seine apokalyptisch-chiliastischen Neigungen nicht hindernd, sondern trieben ihn in verstärktem Maße zur Religionsvergleichung an, die bei ihm frei-

---

[44] Wie überhaupt aller Religionen: „Diese umfassende Bildung des einzelnen ist die erste Stufe: der einzelne kann bereits die verschiedenen positiven Religionen aneinander messen, weil er sie kennt, weil er ihre Quellen und ihre Hauptschriftsteller gelesen hat. Das setzt aber bereits eine bestimmte Grundhaltung voraus, die für die Zeit der Ermattung der dogmatischen Gegensätze nach einem halben Jahrhundert der europäischen Religionskriege bezeichnend ist: jede Religion läßt die andere gelten, findet sich nicht nur mit ihrer geschichtlichen Existenz ab, sondern anerkennt auch ihren geschichtlichen Wahrheitsanspruch." (Benz, S. 550 f.)

[45] Vgl. über ihn: J. Kvačala, Wilhelm Postell, Seine Geistesart und seine Reformgedanken in: Archiv für Reformationsgeschichte, IX. Jahrg. 1911/12, S. 285—330; XI. Jahrg. 1914, S. 200—227; XV. Jahrg. 1918, S. 157—203.

[46] „Er erstrebte die Einheit der Menschen in Zeiten der ausgedehntesten und erbittertsten Kämpfe dadurch, daß er das Christentum als gedankliche Grundlage der Eintracht darzulegen unternahm" (Kvačala, a. a. O., IX. Jahrg., S. 303). S. a. ebda., S. 306 und XV. Jahrg., S. 194.

[47] Vgl. Kvačala, a. a. O., IX. Jahrg., S. 295; XI. Jahrg., S. 204 ff.

[48] „Das zweite Buch (sc. De orbis terrarum concordia) befaßt sich mit Mohammed und dem Alkoran. Da sich der Verfasser die Daten zu diesem Zwecke aus der Autopsie gesammelt, so ist begreiflich, daß er hier seinen Lesern viel Neues mitteilen konnte, auch für uns ist dieser Teil von zeitgeschichtlichem Wert" (Kvačala, a. a. O., IX. Jahrg., S. 305).

[49] Vgl. Kvačala a. a. O., IX. Jahrg., S. 299; XI. Jahrg., S. 205.

[50] Über dieses Werk vgl. Kvačala, a. a. O., IX. Jahrg., S. 302 ff.

lich in erster Linie aus apologetischem Interesse erfolgte. Immerhin tat doch auch er einen gewaltigen Schritt nach vorwärts, indem er Muhammed als Prophet gelten läßt[51] und in seiner „Panthenosia"[52] zum Schluß auffordert: „Seien wir alle Jesuaner, wir wünschen und nennen als Genossen die Juden und die Ismaeliten . . . die ganze menschliche Natur[53]." — Melanchthon hätte von Postel, wenn er nicht animos gegen ihn eingestellt gewesen wäre, viel lernen können[54].

Überblicken wir rückschauend die Bestrebungen dieser drei Humanisten, dann gewinnt man die Überzeugung, daß moderne Gedanken dem 16. Jahrhundert gar nicht so fremd waren!

2. Eschatologisch-pessimistische Stimmungen.

Fromme, vornehmlich religiös eingestellte Menschen sind zuinnerst eschatologisch gestimmt. Ein ihnen allen gemeinsames Merkmal ist, daß ihnen die Zeit nicht unendlich und unmeßbar, sondern begrenzt erscheint. Ihr Heilsverlangen drängt darauf, nun endlich der in Aussicht gestellten Verheißungen teilhaft zu werden. Auch Melanchthon ist ein solcher Mensch. Soweit er eine Entwicklung anerkennt, geschieht sie in einem zeitlich und räumlich begrenzten Bezirk. Vorher und nachher ist die Nichtexistenz. Und dieser Zustand steht der Welt, d. h. den bekannten Teilen Europas, Asiens und Afrikas wiederum nahe bevor. Daß diese Weltschau einen lähmenden Pessimismus zur Folge haben muß, nimmt nicht wunder[55]; nur ist zu bedauern, daß Melanchthon den Islam im Blickwinkel dieser eschatologisch-pessimi-

---

[51] „Besonders auffallend ist die hohe Wertschätzung des Mohammed, den er als einen Propheten im Sinne des Paulus bezeichnet, wie solche etwa bei den Christen Methodius, Merlin, Joachim, Birgitte, Catharina waren" (Kvačala, a. a. O., IX. Jahrg., S. 321).

[52] Vgl. die Inhaltsangabe dieser „Panthenosia" bei Kvačala, a. a. O., IX. Jahrg., S. 319 ff.

[53] Kvačala, a. a. O., IX. Jahrg., S. 322; s. a. ebda. S. 327 und XV. Jahrg., S. 174.

[54] Hingewiesen sei darauf, daß P., obwohl er in seiner: Alcorani et Evangelistarum concordia die Verwandtschaft zwischen Lutheranern und Muhammedanern in 28 Punkten nachzuweisen sucht, Melanchthon einen sehr irenischen Brief geschrieben hat (vgl. Kvačala, a. a. O., XV. Jahrg., S. 163 ff.), nachdem er ihm vorher eine Apologie Servets (!!) mitgewidmet hatte.

[55] Sane Africam et Asiam horribiliter vastavit Turca. Et restat una particula Europae, Gott weis, wie lange (CR 25, 291).

stischen Depression sieht. Das Ende ist nahe[56]; die Parusie Christi steht kurz bevor[57]; die unruhigen politischen Zeitläufte jetzt am Ende der Welt sind dieselben wie zur Zeit von Mariae Tod[58]. Und da die muhammedanische Sekte erwiesenermaßen sich für die Verbreitung von durch den Mund eines moralisch minderwertigen Menschen verkündeten Irrlehren eingesetzt hat und sich weiterhin in der Zerstörung christlicher Kultur und der Zerrüttung christlicher Ordnung betätigte, kann sie nur eine Figur der Apokalyptik sein. In einem unerhörten Ansturm werden sich noch einmal alle christusfeindlichen Mächte, voran die fanatisierten Kriegerscharen Muhammeds und der Türken erheben, um dem Christentum den Garaus zu machen. Zum Glück enthalten die Schriften der Propheten und neutestamentlichen Apokalyptiker nicht nur Hinweise d a r a u f, sondern auch den Trost einer schließlichen und endgültigen Überwindung der diabolischen Mächte der Finsternis. Unzählige Male richtet Melanchthon sich und andere an den — angeblich — dahingehenden biblischen Verheißungen auf[59].

Nun, die Geschichte hat gezeigt, daß ein Rückgreifen auf sie, abgesehen davon, daß sie willkürlich allegorisch in die Heilige Schrift hineingedeutet wurden, überflüssig war. Denn kurz nach Melanchthons Tode kam mit dem Zerfall des osmanischen Reiches das Ende der islamischen Macht- und Ausdehnungspolitik. Das von dem Wittenberger Astrologen Deutschland und Europa gestellte Horoskop war falsch. Das Abendland und seine Kirchen wurden nicht die Beute des Halbmondes[60]. Nicht das Ende kam, sondern mit der Aufklärung, dem deutschen Idealismus und der Romantik zog — allerdings nach schweren Krisen und Rückschlägen — eine Blütezeit herauf, die den Kulturvölkern herrliche

---

[56] Vgl. J. Köstlin, Ein Beitrag zur Eschatologie der Reformatoren in: Th. St. u. Kr., 55. Jahrg. 1878, 1. Heft, S. 125; O. Albrecht, Eine handschriftliche Notiz Melanchthons aus dem Jahre 1559 in: Ebda. 1897, S. 797.

[57] Brevi veniet Filius Dei, Dominus noster Iesus Christus, vindex tantarum contumeliarum, quibus Deus adficitur (CR 5, 539).

[58] Externa haec aetas est mundi, non quietior quam erat politia iudaica circa Mariae mortem (CR 8, 433). — Ut Iudaei tunc fuerunt in servitute Romana: sic ista mundi senecta erit in servitute Turcarum (CR 25, 283).

[59] Gedankengängen dieser Art gibt M. so oft Raum, daß sich eine Angabe von Belegstellen erübrigt.

[60] Vgl. Karl Heussi und Hermann Mulert, Atlas zur Kirchengeschichte, 2. Aufl., Tübingen 1919, Karte XII, A: Verbreitung der Religionen um 1900.

Früchte in Religion, Musik, Malerei, Dichtung, Wissenschaft und später in Handel, Architektur, Industrie und Technik bescherte. Auch der Franziskanerpater Johannes Hilten setzte sich mit seiner Prophezeiung einer Türkenherrschaft in Deuschland um das Jahr 1600[61], zu der sich Melanchthon gläubig bekannte[62], ins Unrecht. Es ist für die Entwicklung sowohl der evangelischen Kirche als auch der freien wissenschaftlichen Forschung von Nachteil gewesen, daß sich Melanchthon aus den mittelalterlichen eschatologischen Zeitanschauungen nicht zu lösen vermochte. Ein Bibliander, Bodin, Postel wiesen die Bahn, die er hätte einschlagen müssen, um vor dem Urteil der Nachwelt als Vorkämpfer einer neuen und nicht als Konservator einer absterbenden Epoche dazustehen. Für die kirchenpolitische Stellung der Reformation wäre viel gewonnen gewesen, wenn von seiten einer theologischen Autorität — und das war Melanchthon für einen großen Teil der deutschen Fürsten — die apokalyptisch-antichristliche Diffamierung des Islam beseitigt, er also als bündnisfähig und -würdig anerkannt worden wäre. So aber kommt er über das das ganze Mittelalter durchhallende: Iam finis saeculi instat[63] nicht hinaus, und die bei ihm immer[64], vor allem aber in späteren Jahren zu beobachtende Lebensmüdigkeit und Schwarzseherei läßt die muhammedanische Gefahr als ein Drohgespenst[65] erscheinen, das eine objektive Einstellung zu dieser Religion ausschließt[66]. Jedoch, wie es nicht angängig ist, die muhammedanische Lehre lediglich unter

---

[61] Nach Wadstein, Die eschatologische Ideengruppe: Antichrist — Weltsabbat — Weltende und Weltgericht in den Hauptmomenten ihrer christlich-mittelalterlichen Gesamtentwicklung in: Zeitschrift für wissenschaftliche Theologie, 38. Jahrg. 1895, S. 571, setzte Hilten den Weltuntergang auf das Jahr 1651 fest.

[62] Sicherlich ist Melanchthon in diesen Neigungen noch bestärkt worden, wenn ihm Äußerungen wie die Veit Dieterichs an Brenz: „Du weißt, in unserem Daniel ist eine weissagende Natur" zu Ohren gekommen sind (S. Hartmann-Jäger, Johann Brenz, Hamburg 1842, II. Bd., S. 153 f.).

[63] Zitiert nach Wadstein, S. 544.

[64] Schon am 27. September 1528 schreibt er an Camerarius: Sed nihil malim, quam statim e vita excedere, nisi me cura de liberis teneret, quos, si quid acciderit, volo tibi esse commendatos (CR 1, 1000).

[65] Turcicum imperium crescit, regna ruunt, Ecclesia distrahitur, et horribiliter distrahitur (CR 24, 563).

[66] Gerade die türkischen Erfolge machen ihn und andere so verzweifeln, daß er an Gott fast irre wird: In tanta dissipatione, in tantis aerumnis pii videntur deserti a Deo. Successus Turcicae tyrannidis sunt tanti, ut videatur Deus oblitus suae Ecclesiae (CR 13, 976).

die christologischen Ketzereien zu subsumieren, so wenig wird man ihr mit einer nach apokalyptisch-eschatologischen Gesichtspunkten getroffenen Klassifizierung gerecht. Als Erklärung muß auf alle Fälle gelten, daß die vom Mittelalter in die Reformationszeit herübergreifenden Ideen vom Antichrist, Gog und Magog, vom Weltende und der nahe bevorstehenden Parusie eine so mächtige Realität bedeuteten[67], daß sich ihnen keiner entziehen konnte. Aber das würde auch nur beweisen, daß Melanchthon in diesem Punkte zwar i n , aber nicht über seiner Zeit stand. E. Bernheim[68] und H. Preuß[69] zeigen in ihren Büchern, wie weitgehend die mittelalterliche und reformatorische Öffentlichkeit, ihre Theologen und Künstler in dieser Richtung präjudiziert waren. Einen wesentlichen Unterschied zwischen den von Preuß im Anhang gezeigten Abbildungen, in denen Muhammed als Glied einer abstoßend häßlichen Karikatur erscheint, und Melanchthons Darstellung der „Mahometica colluvies" wird man schwerlich finden können.

### 3. Biblizistische Geschichtsphilosophie.

„Es konnte natürlich nicht anders sein, als daß in Melanchthons Geist neben den Ergebnissen des gewaltigen, zum Teil durch ihn mit herbeigeführten Umschwunges noch zahlreiche Reste der überwundenen Weltanschauung lebendig blieben[70]." Zu diesen Restbeständen einer „überwundenen Weltanschauung" gehört auch die von Melanchthon geübte Geschichts- und Lebensdeutung, die solcher Art ist, daß er sich leider die Möglichkeit verbaut, ernshaft in das Wesen des Islam und seiner Gläubigen einzudringen. Da

---

[67] Dilthey geht nach meinem Dafürhalten mit seiner gegenteiligen Behauptung: „Der Zentralpunkt dieses (sc. urchristlichen) Lebens, die Erwartung der Wiederkunft Christi, hat in dem religiösen Leben der Reformatoren keine Realität" fehl.

[68] —, Mittelalterliche Zeitanschauungen in ihrem Einfluß auf Politik und Geschichtsschreibung. Teil I. Tübingen 1918. — Trotz der Preuß'schen Untersuchungen (s. f. A) fehlt leider noch eine eingehende Darstellung über die Fortwirkung mittelalterlicher eschatologischer Vorstellungen bei den Reformatoren. Ihre Stärke zeigt sich u. a. darin, daß eine Anzahl dieser aus der Werkstatt mittelalterlicher Phantasten stammender Begriffe und Bilder — „Menschheitsfeind" und „Füchslein" (Bernheim, S. 77), die im Anschluß an Pseudo-Methodius durchgeführte Gog und Magog-Exegese (S. 82), die Sara-Hagar-Kombinationen (S. 40, 43) — bei Melanchthon wiederkehrt, nunmehr allerdings auf den Islam übertragen.

[69] —, Die Vorstellungen vom Antichrist im späteren Mittelalter, bei Luther und in der konfessionellen Polemik. Leipzig 1906.

[70] Ellinger, S. 589.

er auf dem Boden der Verbalinspiration steht, sind naturgemäß Maßstab und Wertmesser, die er an das gesamte innere und äußere Geschehen der Menschen legt, der Bibel entnommen. Die Heilige Schrift ist frei von Irrtum und die alleinige Quelle aller Wahrheit[71]; hier holt er sich für alle Lebenslagen Rat und Anweisung zur Behandlung auch der abseits liegenden Probleme, seien sie nun politischer, soziologischer oder religiöser Art. Aber wie überall, wo ein untauglicher Versuch mit untauglichen Mitteln unternommen wird — deshalb, weil die Bibel nicht in ihrer Schlichtheit und selbstgesetzten Beschränkung erkannt wird —, so rächt sich auch hier der mit ihr getriebene Mißbrauch, der in dem gewaltsamen „Hineinlesen" späterer Ereignisse besteht. Der Fehler liegt darin, daß Melanchthon in der Bibel nicht allein Gottes Wort, den Menschen als Mahnung, Trost und Zuspruch in seelischen Nöten geschenkt, erblickt, sondern gleichzeitig eine unanfechtbare, historische Tatsachen enthaltende Urkunde, die Aufschluß zu geben vermag über Anfänge, Fortentwicklung und Niedergang der Völker und Religionen[72]. Nicht die lateinischen und griechischen Schriftsteller zeigen uns den Ursprung der Religionen auf, sondern Moses[73].

Diejenige Schrift, auf die Melanchthon sich mit Vorliebe beruft, ist das Buch Daniel[74], dem er auch in seinen Angaben über den Islam besonderen Wert beimißt: Si nulla exempla exstarent, in quibus Turcicae gentis furor cerni posset, tamen haec una prophetia Danielis commonere nos debebat, non leve periculum gentibus

---

[71] Vgl.: E. Troeltsch, Vernunft und Offenbarung bei Johann Gerhard und Melanchthon. Untersuchung zur Geschichte der altprotestantischen Theologie. Göttingen 1891. S. 26, 61.

[72] „... und ist eine besondere große Ehre und große Weisheit der Kirche Gottes, daß sie allein eine gewisse Historie hat vom Anfang der Welt, an einander hangend und für und für, daß wir den Ursprung und die Ausbreitung unserer Religion eigentlich wissen mögen, und ist unsere Religion nicht wie die heidnischen, die blind eingeschlichen, daß man nicht weiß, woher sie kommen" (CR 5, 127).

[73] Unum autem extat scriptum Moisi, quod primum temporis vetustas nobis commendat, deinde doctrinae series. Nullum est enim scriptum antiquius. Deinde, nullum exordia mundi et tempora certo distincta numero annorum, origines gentium, et migrationes, initia religionum et depravationes certa series describit ut haec Moisi historia (CR 11, 579). S. a. 9, 80.

[74] Sed illustrior est Danielis praedictio, quae pene historia est multorum regnorum. Nec ulla gens alia habuit similia vaticinia, quae totam mundi historiam, quam praevidere daemones non poterant, complecterentur (CR 11, 584). S. a. 12, 851.

omnibus, quae religionem Christianam profitentur a Turcis impendere[75]. Wenn gesagt worden ist, Melanchthon habe die „Weltgeschichte lediglich als Kommentar zur Bibel" benutzt[76], so kann man diese Feststellung getrost auf die Religionsgeschichte ausdehnen; denn innerhalb der Indienststellung der ganzen Wissenschaft für die Theologie[77] war jene eben auch nur eine ancilla theologiae neben anderen. Eine weitere Zuspitzung erfährt diese Lage vom lutherischen Materialprinzip her. Nun ist aber ohne weiteres klar, daß man bei Festhalten des paulinischen Substrates: Quaestio omnium hominum semper communis fuit eritque: Quinam homo iustificari possit? niemals in der Lage ist, eine Religion zu erfassen und richtig zu verstehen, die diese Frage nicht gestellt hat und der es im Gott-Mensch-Verhältnis hauptsächlich auf den „guten Menschen", nicht so sehr auf den „gnädigen Gott" ankommt. — Melanchthon hat sich gesträubt, das biblische Weltbild preiszugeben. Bekannt ist sein Kampf gegen die Kopernikanische Entdeckung[78]. Und so, wie er sich in diesem Falle weigerte, eine Tatsache anzuerkennen, weil sie zur Heiligen Schrift in Widerspruch steht, so lehnt er es innerlich ab, Verständnis für eine Religion aufzubringen, die sich weder auf die Schriften der Propheten, noch der Apostel berufen kann, ja sie angeblich verwirft. Unerwogen bleibt der Gedanke, daß es Gott, dem Herrn aller Zeiten, Länder und Völker gefallen haben könnte, vor und nach seiner Offenbarung in Jesus Christus anderen Völkern in anderen Ländern die ihrer Art gemäßen Führer zu Glauben und Sittlichkeit zu senden. Werden nun gar noch Ansichten laut, die auf eine Lücke, einen Irrtum oder ein Überholtsein der von Gott den Propheten und Aposteln eingegebenen Schriften schließen lassen, dann sind sie falsch, außerdem aber noch eine Ketzerei. Auf diese Weise entsteht ein streng geschlossener, exklusiver Vorstellungkreis, der sowohl für eine entsprechende innere Ordnung Sorge zu tragen, als auch alles,

---

[75] CR 1, 876.
[76] Münch, S. 120; s. auch: E. C. Scherer, Geschichte und Kirchengeschichte an den deutschen Universitäten. Ihre Anfänge im Zeitalter des Humanismus und ihre Ausbildung zu selbständigen Disziplinen. Freiburg 1927. S. 27; — R. Fester, Sleidan, Sabinus, Melanchthon in: Historische Zeitschrift, Neue Folge, 53. Bd., S. 11 f.; — H. Bretschneider, Melanchthon als Historiker. Insterburg 1880. S. 5, 15, 22.
[77] Vgl. Troeltsch, Vern. u. Offbg., S. 68.
[78] CR 13, 216 f.

was von außen an ihn herangetragen wird, darauf zu prüfen hat, inwieweit es den von hier aus aufzustellenden Normen genügt und standhält.

Von vornherein als ausgemacht gilt, daß biblische Vorgänge und Institutionen gut, weil von Gott sanktioniert sind, diese selben jedoch schändlich und verderblich werden, sobald ihnen dies fehlt. Ein eigenartiges Beispiel hierfür ist Melanchthons Stellung zur Sklaverei. Trotz grundsätzlicher Anerkennung dieser Institution als von Gott gebilligter Einrichtung, wie die Beispiele Joseph und Onesimus zeigen, wird die von den Türken ausgeübte verworfen, weil sie dem göttlichen Gesetz zuwider und mit gewaltsamer Mission verbunden ist[79]. Diese doppelte 1. „menschlich" ethische, 2. religiöse Begründung ist nicht zwingend, da sie das tertium comparationis, die schlechthinnige Sittenwidrigkeit der Sklaverei, umgeht.

Um darzutun, daß wir in der Heiligen Schrift eine für den gesamten Geschichtsablauf gültige und maßgebliche Programmschrift besitzen, scheut Melanchthon auch nicht vor Umdeutungen und Konstruktionen zurück. Das Verfahren, mit dessen Hilfe er nun den Islam in sein starres biblizistisches System einzuspannen versucht, ist das der „Accomodatio", deren Anwendung er auch in den Büchern anderer Autoren verfolgt: Hodie tuum munus, $\tau\dot\eta\nu$ $\dot\alpha\pi o\kappa\dot\alpha\lambda\upsilon\psi\iota\nu$ accepi in urbe Vangionum, et subito dedi literas viro optimo, domino Oporino. Tantum inspexi locum de Gog et Magog, postea consideraturus, quomodo seriem totius libri accomodes ad tempora et Ecclesiae diversa certamina, quae certe in eo opere praedicuntur[80]. Das Unnatürliche dieses Unterfangens, von dem er aber trotzalledem nicht läßt[81], mag ihm wenigstens ahnungsweise aufgegangen sein bei der Exegese von Dan. 8, das

---

[79] Servitus civilis, quam Deus approbat, ut servus fuit Ioseph seu Onesimus, est privatio legitima facultatis possidendi res proprias et eligendi operas proprio arbitrio et transferendi corpus aut res proprio arbitrio. Habet autem et haec servitus ex Lege divina seu naturali suam mitigationem aut moderationem, ne domini cogant servos facere contra leges divinas, Ut cum Turci auferunt subditis filios et filias et abstrahunt eos ad suam Idolomaniam, quia Deus est superior Dominus et nulla creatura petere aut iubere aliquid debet contra mandata divina (CR 21, 1096).

[80] CR 9, 283.

[81] Nunc accomoda ad Antichristum. Mahometus commentitium numen, reiecto verbo Dei, cqlit, et vi ac armis sua mendacia et propagare et defendere solet (CR 13, 970).

er auf das inter duo maria gelegene tabernaculum der Mahometica tyrannis = Byzanz ausdeutet; denn er schreibt: Difficilis est autem accomodatio huius postremae partis in vaticinio, quare breviter quaedam communia dicemus[82].

Spätestens von 1543 ab, dem Erscheinungsjahr der von ihm bevorworteten Biblianderschen Koranausgabe, war Melanchthon in der glücklichen Lage, sein Wissen über den Islam der Quelle, der in lateinischer Übersetzung vorliegenden Schrift des Propheten zu entnehmen. Aber er macht davon keinen Gebrauch, sondern zieht es vor, die Bibel nach Orakeln über Muhammed und den Koran und beider Anhänger zu befragen. Zu welchen Vergewaltigungen dieses biblizistische Prinzip bei konkreter Nutzanwendung, in unserem Falle auf den Islam, führt, haben wir gesehen. Aus einer Religion, die durchaus ein näheres Eingehen verdiente, nicht zuletzt in Anbetracht ihrer erstaunlichen missionarischen und politischen Erfolge, sowie ihrer kulturellen Leistungen, wurde eine Ketzersekte. Wenn sich Melanchthon auch nur im geringsten der Mühe unterzogen hätte, den Koran einmal selbst zu lesen, statt doktrinär nach „Schriftbeweisen" gegen den Islam zu forschen, dann wäre er in vielen Fällen vor falschen, die Tatsachen geradezu auf den Kopf stellenden Behauptungen bewahrt geblieben, wie wenn er sagt, der Koran schmähe Christus und propagiere ein zügelloses Leben. Er hat keinen anderen Beweis dafür als die angeblichen Hinweise der Propheten[83]; aber die genügen ihm anscheinend. Auch der gegen Muhammeds Lehre und Reich geleistete Widerstand geschieht nur im Verfolg einer ausdrücklichen Weisung des heiligen Geistes[84].

Bis in die Confessio Augustana hinein macht sich diese von falschen Voraussetzungen ausgehende Accomodatio bemerkbar. Sie wirkt sich auch hier nicht zugunsten einer gerechten Islambeurteilung aus; denn im 21. Artikel „Vom Dienst der Heiligen" wird nichts anderes verlangt, als daß „die kaiserliche Majestät seliglich und göttlich dem Exempel Davids folgen mag, Kriege

---

[82] CR 13, 973.

[83] Magis impudenter iactitat lex Mahometi, contumelias adversus Christum, et flagitia libidinum. Haec notae a Prophetis indicatae sunt, ut nos a doctrina flagitiosa et a regno execrando deterreant (CR 13, 1470).

[84] Deinde praedictiones Spiritus sancti monent, ut adversemur doctrinae et regno Mahometi; ... Pugnemus etiam suo quisque loco, doctores legem Mahometicam refutent, patefaciant turpitudinem, monstrent dicta Prophetarum, qui nos praemunire voluerunt (CR 13, 1470).

wider den Türken zu führen[85]". Diese Einstellung treibt Melanchthon schließlich zu Widersprüchen, die von ihm aber anscheinend nicht gesehen werden: Auf der einen Seite wird der Kaiser unter Hinweis auf das Beispiel Davids zur Bekriegung der seiner Zeit mächtigsten islamischen Gruppe, der Türken, aufgefordert, andererseits aber werden die Heiden als exempla irae Dei hingestellt, weil sie gegen den biblischen Grundsatz der Gewaltlosigkeit verstoßen haben[86].

Melanchthon einen Vorwurf daraus zu machen, daß er in Unkenntnis der Jahrhunderte später durchgeführten Forschungen, die die Zuverlässigkeit der Bibel, speziell des Pentateuchs, als Geschichtsquelle stark erschütterten, Mythos, Sage, Legende nicht von Geschichte unterschied, geht nicht an. Und gewiß besteht auch Ellingers einschränkende Bemerkung — „Wissenschaftliche Ergebnisse im Sinne der heutigen Fachwissenschaft von Melanchthon zu verlangen, heißt sein Lebenswerk von einem unrichtigen Standpunkt aus betrachten[87]" — zu Recht. Aber das ist seine Schuld, von der ihn ein geistesgeschichtliches Forum nicht freisprechen kann, daß er, auf seiner biblizistisch-doktrinären Geschichtsphilosophie beharrend, den zeitgenössischen Vorkämpfern einer richtigen und gerechten Denkweise so gar kein Verständnis entgegenbrachte. Wenn man bei Harnack über Luther liest, es sei „die empfindlichste Schranke im geistigen Wesen des Reformators" gewesen, „daß er sich weder die Bildungselemente, die seine Zeit bot, voll angeeignet, noch das Recht und die Pflicht der freien Forschung erkannt hat[88]", so meint man unwillkürlich, er habe damit gleichzeitig die biblizistische Verkrampfung der I s l a m studien Melanchthons treffen wollen. Wie ganz anders und um vieles erfreulicher hätte die Geschichte der Islamforschung verlaufen können, wenn Melanchthon, der Humanist und neben Erasmus der maßgeblichste und vielseitigste Wissenschaftler seiner Zeit — der eben leider in erster Linie der kirchliche Reformator des Humanismus und erst in zweiter der humanistische Reformator

---

[85] CR 26, 289 f.
[86] In historiis ethnicis tantum cernuntur exempla irae Dei, contra atrocia scelera, iuxta regulas: Qui gladium acceperit, gladio peribit (CR 12, 716).
[87] A. a. O., S. 524.
[88] Lehrbuch der Dogmengeschichte, 4. Aufl., 1910, Bd. III, S. 816; vgl. hierzu: Ders., Philipp Melanchthon. Akademische Festrede. Berlin 1897 S. 18.

der Theologie war[89] — sich aus seiner sklavischen Schriftgebundenheit zu lösen vermocht hätte! Auf die erstaunlich folgerichtigen und aus dem Geist der Schrift heraus gesprochenen Bemerkungen eines Wiener „Esauita" (Postel?): Ineptum et ridiculum esse, petere a scriptura sacra, tanquam supremo iudice controversiarum religionis definitam sententiam[90], weiß Melanchthon nur mit ungerechtfertigten Verdächtigungen und unzutreffenden Vergleichen, die noch einmal die religionsgeschichtlich retardierenden Wirkungen eines überbetonten Formalprinzips beleuchten, zu antworten: Doleamus talibus blasphemiis augeri iram Dei . . . Quid enim aliud agunt isti, quam ut deleta voce divina concedatur potentibus, ut in Ecclesia collocent idola, et fingant dogmata, ut libet, sic ut fecerunt Nabochdonosor, Antiochus, Mahometus, et alii[91]. — Nach alledem bedarf die Diltheys[92] Untersuchungen zusammenfassende Behauptung Ellingers[93], trotz mancher anzunehmenden Einwände Melanchthons gegen die Aufklärung sei er doch „als der Vater dieses ‚natürlichen Systems' in seinen Vorzügen und seinen Schwächen" anzusehen, und in seinem wissenschaftlichen Gedankenkreis habe er die „grundlegenden Anschauungen der Aufklärung so weit vorbereitet, daß der Rationalismus seit dem Ende des siebzehnten Jahrhunderts nur die letzten Folgerungen aus Melanchthons Aufstellungen zu ziehen brauchte", einer Berichtigung.

### 4. Mangelhafte Kenntnisse und subjektive Darstellung.

Soviel dürften die Ausführungen des Ersten Teiles bereits ergeben haben, daß Melanchthons Zeichnung des Islam mehr einem

---

[89] Troeltsch, Vern. u. Offbg., S. 86.
[90] CR 9, 1082. [91] CR 9, 1082.
[92] Vgl.: „Melanchthon und die erste Ausbildung des natürlichen Systems in Deutschland" (S. 162—201). — Beim Lesen dieser wundervollen Abhandlung, worin die Universalität des „didaktischen" Geistes M.s eine kongeniale Interpretation findet, muß man sich jedoch gegenwärtig halten, daß hier nur ein Sektor aus dem Gesamtschaffen M.s herausgegriffen ist. Wenn D. aufzeigt, wie M. um die „fortschreitende Sittigung der Welt" (S. 164) bemüht war und in Erkenntnistheorie, Logik und Metaphysik dem 17. Jahrhundert vorarbeitete, so berücksichtigt er nicht genügend, was er selbst „die eine Seite des Tatbestandes" (S. 168) nennt. Hierher gehört der Religionswissenschaftler M., der die Muhammedaner de facto vom lumen naturale (vgl. S. 171, 177, 194) ausschließt.
[93] A. a. O., S. 614.

Zerrbild als einer objektiven Wiedergabe gleicht. Schon eine oberflächliche Vertrautheit mit der Religion Muhammeds läßt zu der Erkenntnis kommen, daß Richtiges und Falsches, Wesentliches und Unwesentliches, Tatsachen und Phantasien bei Melanchthon wirr durcheinandergehen. Nun ist es zwar so, daß der Islam, sein Schöpfer und seine Bekenner auch heute noch durchaus nicht einheitlich beurteilt werden, man je nach der persönlichen Einstellung die Schattenseiten Muhammeds hervorhebt oder die Befreiung seiner arabischen Volksgenossen aus ihrer polydämonistischen Vergangenheit und die Überwindung der nationalen Zersplitterung preist[94]. Im allgemeinen neigt man jedoch neuerdings — veranlaßt durch die Arbeiten der großen Orientalisten: Muir, Sprenger, Nöldeke[95], A. Müller[96], H. Grimme[97], C. H. Becker[98], Tor Andrae[99] — dazu, das Positive in seinen Leistungen in den Vordergrund zu schieben, vor allem ihm das ehrliche religiöse Wollen und ein nicht allein aus egoistischen Gründen fingiertes, sondern auf innerer Überzeugung beruhendes, selbstloses Prophetenbewußtsein zuzubilligen[100]. In besonders reiner und ausgeprägter Form glaubt man diese Züge in der ersten mekkanischen Zeit zu erkennen, wie sich noch die vorläufig letzte Muhammed-Vita[101]

---

[94] Vgl. Haas, S. 40 ff.     [95] Über diese drei vgl. ebda., S. 56 ff.

[96] —, Der Islam im Morgen- und Abendland. Berlin 1887. Bd. I, S. 44—207; s. a. dessen vornehme, kritische Einleitung zu Rückerts Koranübersetzung. Frankfurt a. M. 1888. S. 1—20.

[97] —, Mohammed. Münster 1892.

[98] —, in RGG, 1. Aufl., Bd. III, Sp. 711—718, s. v. Islam.

[99] —, Mohammed. Sein Leben und sein Glaube. Göttingen 1932. Ders., Die Person Muhammeds in Lehre und Glauben seiner Gemeinde. Stockholm 1918.

[100] Vgl. C. Snouck-Hurgronje, Der Islam in: Chantepie de La Saussaye, Lehrbuch der Religionsgeschichte. Herausgegeben von A. Bertholet und E. Lehmann. 5. Aufl. Tübingen 1925, I. Band, S. 671: „Je weiter aber die Forschung nach den Ursprüngen des Islam fortgeschritten ist, um so höher hat sich das Bild seines Gründers erhoben über alle Zweifel an seiner Aufrichtigkeit und seiner unbedingten Hingebung an das, was er bis zu seinem Tode für seinen göttlichen Beruf gehalten hat." — Im selben Sinne äußert sich M. Th. Houtsma, der Bearbeiter des Islam-Abschnittes in der 3. Aufl. des Lehrbuches von Ch. d. l. Saussaye (Tübingen 1905). S. a.: Tiele-Söderblom, Kompendium der Religionsgeschichte. 5. Aufl. Berlin 1920, S. 148. „Die Echtheit und der Ernst der Frömmigkeit Mohammeds, die Aufrichtigkeit in seinem Glauben an seine religiöse Berufung sind unverkennbar" (Tor Andrä, Mohammed, I, 150 f.).

[101] K. Ahrens, Muhammed als Religionsstifter in: Abhandlungen für die Kunde des Morgenlandes, XIX. Bd., Nr. 4, Leipzig 1935, mit der bezeichnenden Überschrift des I. Kapitels: Der Prophet.

nachzuweisen bemüht. Freilich treten dann im späteren Leben, in der medinischen Aera, Anzeichen dafür auf, daß der ursprünglich reine prophetische und soziale Schwung erlahmt, erstarrt und einer kleinlichen, selbstsüchtigen, der Sinnlichkeit mehr als förderlich nachgebenden Berechnung Platz macht. Das alles vermag aber einen so „positiven" Theologen wie Ludwig Ihmels, der ebenfalls Biblizist ist, nicht davon abzuhalten, Muhammed „wirkliche Gottesberührung zuzugeben"[102].

C. H. Becker schreibt einmal: „Wir wissen zuviel von Muhammed, um ihn zu idealisieren, zu wenig, um ihm ganz gerecht werden zu können[103]." So zurückhaltend urteilt der gerade hier sehr viel wissende Orientalist. Ganz anders Melanchthon; er weiß wenig, weniger als manche seiner Zeitgenossen, aber er wagt es nichtsdestoweniger so zu tun, als ob seine Verketzerung des Islam wohlfundiert wäre. Von all den, den guten Wissenschaftler auszeichnenden Eigenschaften, die Harnack Melanchthon zueignet — „das unermüdliche wissenschaftliche Streben, die ausgebreitetsten Kenntnisse, die Ehrfurcht vor der Wahrheit[104]" —, merkt man in seinen Islamstudien nichts. Nirgends läßt sich bei ihm ein Wort finden, das die eigene Unzulänglichkeit und Unzuständigkeit in dieser unübersichtlichen und schwierigen Materie ausdrückte, kein Wort, das auf eine Besinnung und ein Irrewerden an der eigenen hochmütigen Sicherheit schließen ließe[105]. Sein Verhalten ist vielmehr so, als käme seiner Kritik am Islam eine unumstößliche, nie revisionsbedürftige Gültigkeit zu. Und doch können Melanchthon zwei schwerwiegende Vorwürfe nicht erspart werden, die sowohl die Vorurteilslosigkeit als auch die Berechtigung seiner Richtersprüche in einem zweifelhaften Lichte erscheinen lassen. Das ist einmal die ungenügende Vertrautheit mit dem kritisierten Stoff und zum anderen eine subjektive, bewußt nach negativen Gesichtspunkten getroffene Auswahl.

Schon der Bericht über die Entstehung des Islam, wonach Muhammed die unzufriedenen arabischen Söldner des Kaisers Heraklius mit Hilfe seiner Militärordnung, des Koran, und unter weitestgehenden Konzessionen um sich geschart habe, ist nicht

---

[102] —, Aus der Kirche. Leipzig 1914. S. 46.
[103] RGG, 1. Aufl., Bd. III, Sp. 718. [104] —, Philipp Melanchthon, S. 3.
[105] Dagegen Snouck-Hurgronje: „Es läßt sich über Muhammeds Leben viel spekulieren; die gesicherten Tatsachen nehmen einen ganz geringen Raum ein" (S. 657).

richtig. Daß zu seinen Anhängern in der Hauptsache die unteren Volksschichten zählten, was man Muhammed auch vorwirft (Su. 19, 74[106]), stimmt; nur ist es falsch, daß er sie, wie Melanchthon behauptet, mit dem Geld seiner Frau sich gefügig gemacht habe.

Von den fünf Grundpfeilern des Islams[107], die als Ganzes überhaupt nicht erwähnt werden, sind ihm nur der 2. Salat, das fünfmalige tägliche Gebet; der 3. Zakat[108], der die Sozialgebote einschließlich der besonders geregelten Armensteuer umfaßt und der 4., das Fasten regelnde bekannt. Nicht eingegangen wird auf den 1., das gewaltige unitarische Glaubensbekenntnis und den 5., den Haddsch, die jährliche Pilgerfahrt nach Mekka. Hervorgehoben wird richtig allerdings der von Muhammed nicht unter die fünf Grundpfeiler gerechnete, aber seinen Kämpfern das Paradies verheißende und als Religionspflicht auferlegte heilige Krieg (Su. 2, 212 ff., 216). Die Absicht, die Melanchthon leitet, gerade die kultischen und sozial-charitativen Anweisungen Muhammeds zu betonen, ist deutlich: Er will den Beweis erbringen, daß der Islam eine Werkreligion ist. Nun kann man zweifellos, wie es auch Bousset in seinem „Wesen der Religion" getan hat[109], den Islam der Klasse der Gesetzesreligionen beiordnen, das aber nur, wenn man sich vorher darüber klar geworden ist, daß die Einführung einer solchen in Arabien gegenüber der zuvor dort herrschenden heidnischen Sitten- und Verantwortungslosigkeit einen Fortschritt und keine Verderbnis darstellte. Das konnte Melanchthon überblicken, weil er eine ziemlich deutliche Vorstellung von der Ausbreitung des Christentums besaß und von dem ursprünglichen Sittenzustand der später islamisierten Völker wußte, aber nicht würdigen, weil er keine Stufen der Religion kennt, sondern nur wahre und falsche.

Außer dem Namen des Propheten, seines Gesetzes und der ersten und bekanntesten unter seinen Nachfolgern[110], fehlen ihm

---

[106] Die Zitate aus dem Koran werden im folgenden nach der Übersetzung von M. Henning, Leipzig, Reclams Universal-Bibliothek, angeführt.

[107] Vgl. Tiele-Söderblom, S. 153 ff.

[108] „Auf Wohltätigkeit (Zakat) als Haupttugend fiel für ihn (Muh.) ein ganz besonderer Nachdruck, nicht nur vom Gesichtspunkt der Linderung der Armut, sondern namentlich auch als Betätigung der Geringschätzung der Güter dieser Welt" (Snouck-Hurgronje, a. a. O., S. 659).

[109] —, Tübingen 1906. S. 104 ff.

[110] Wahrscheinlich kannte er schon Abu Bekr nicht, der doch für den Islam fast dieselbe Wichtigkeit wie Paulus für das Christentum besaß.

die elementarsten Kenntnisse und Begriffe. Überall, wo sich Melanchthon mit dem Islam auseinandersetzt, oder einen Überblick zu geben sucht, ist weder von Mekka und Medina, der Hidschrah, der Kaaba, dem Umzug Tawaf, der Kibla, dem Namen Allah, den Hanifen, dem Hanifen Abraham im besonderen, noch von dem Wort Islam und seiner Su. 5, 5 erläuterten Bedeutung die Rede. Ferner ist ihm entgangen, welch zentrale Rolle der Gerichtsgedanke in der Predigt Muhammeds (Su. 74, 1—5; 96, 1—5[111]) spielt, und die Tatsache, daß der Koran auch einen Dekalog enthält (Su. 17, 23—41), der, abgesehen vom zweiten und dritten lutherischen Gebot, sonst im wesentlichen — unter Verschiebung der ursprünglichen Reihenfolge[112] — dieselben Gebote und Forderungen enthält wie Exod. 20 und somit die von ihm geforderte Sittlichkeit — wenigstens in der Theorie — keine vom Christentum prinzipiell verschiedene sein kann. Melanchthons anderslautenden Folgerungen sind also falsch. Eine weitere Fehlerquelle ist darin zu suchen, daß er, wenn er vom Islam spricht, sich nur an den Koran hält und die für das Verständnis des Muhammedanismus wichtige spätere Entwicklung, die Pflichtenlehre (Fikh.), die theologische Ausgestaltung und die arabische Mystik (Sufismus) — C. H. Becker spricht von einer rechtlichen, dogmatischen und mystischen Entwicklungslinie[113] — nicht beachtet. Die Religion Muhammeds war eben jahrhundertelang bildungs- und aufnahmefähig, so wie es die Religion Christi war und heute noch ist. Daß diese spätere Entwicklung Wertvolles hervorgebracht hat, zeigt z. B. der Katechismus des Birkawi, eines Zeitgenossen Melanchthons, dessen Gottesbegriff eine beachtliche Höhe aufweist.

Ein religionsgeschichtliches Kuriosum bildet die Unterstellung, Muhammed habe durch Einführung des Beschneidungsritus sich und sein Kriegsvolk in die legitime Nachkommenschaft der Sarah einschmuggeln wollen. Allerlei Überlegungen werden hieran geknüpft, und viel Scharfsinn wird aufgewandt, um die hierin liegende Anmaßung zurückzuweisen: Jedoch weder Muhammed noch der Koranherausgeber Abu Bekr hat dies von Melanchthon ersterem insinuierte Gesetz erlassen, so daß wir sie

---

[111] Vgl. Snouck-Hurgronje, S. 659, 661.
[112] Vgl. Ahrens, S. 122 ff.
[113] Vgl. Snouck-Hurgronje: Das Gesetz (S. 695 ff.); Die Dogmatik (S. 722 ff.); Die Mystik (S. 738 ff.).

trotz eifrigsten Suchens im Koran nicht finden werden. Die Beschneidung war vielmehr „bei den Arabern, gleichwie bei vielen anderen Völkern, schon von Alters her gebräuchlich und ging in den Islam über, ohne daß der Prophet Veranlassung hatte, dafür besondere Bestimmungen zu treffen. Im Koran wird die Beschneidung nicht erwähnt, und nur indirekt können die muslimischen Gelehrten sich auf das heilige Buch berufen, um nachzuweisen, daß Allah diesen Brauch wirklich dem Muslim vorgeschrieben habe[114]".

Auch bezüglich der muhammedanischen Sexualethik hat und verbreitet Melanchthon unrichtige Vorstellungen. Su. 4, 3 ist ausdrücklich von vier und nicht von den angeblich zugestandenen zwölf Frauen die Rede; der Ehebruch ist nicht gestattet, sondern unter Strafe gestellt: Su. 4, 19, 28. Der Vorwurf der Polygamie besteht zu Recht[115], aber im großen ganzen ist das Bild nicht so ungünstig, selbst wenn man es an der christlichen Geschlechtsmoral mißt. Die 65. Sure, „Die Scheidung", vertritt freilich juristische und religiöse Normen, die vom christlichen Standpunkt rundweg abzulehnen sind. Aber Muhammed war ja nicht allein Religionsstifter, sondern auch Staatsmann und als solcher von Bedenken bestimmt, wie sie auch in christlichen Staaten in der österreichischen Dispensehe und der oft die christlichen Grundsätze zugunsten biologischer und staatspolitischer Erfordernisse außer acht lassenden, erleichterten Scheidungsmöglichkeit in allerlei modernem Recht zum Ausdruck kommen. Ein Fortschritt liegt bereits in der von Muhammed begrenzten, gegenüber der früher unbegrenzten Polygamie und der teilweise sogar üblichen Stammespromiskuität. Hurerei wird von Muhammed nicht gefördert, sondern er sucht sie, im Gegensatz zu Melanchthons Darstellung, zu unterbinden (Su. 24, 27; 25, 68; 23, 7; 70, 31). Unerfindlich bleibt, wieso immer wieder Muhammed die Verantwortung für das scheußliche Inzest — Verbrechen zur Last gelegt wird, obwohl er es seinen Gläubigen Su. 4, 26 u. 27 untersagt. Die möglicherweise häufig zu findenden diesbezüglichen Übertretungen der Muhammedaner, von denen Melanchthon wohl

---

[114] Vgl. Juynboll, Handbuch des islamischen Gesetzes. Leipzig 1910, S. 161.

[115] „Doch muß gleichzeitig betont werden, wie energisch Mohammed gegen die Unzucht und die Auflösung des ehelichen Verhältnisses eintrat" (Tiele-Söderblom, S. 150).

vernommen hat, gehören in die Geschichte der Kriminalistik und Sexualpathologie, aber nicht in die Annalen des Islam.

Abscheu erregend ist für unser Gefühl die dem männlichen Geschlecht eingeräumte weitgehende Vormachtstellung, die sich in Frauentausch (Su. 4, 24), der Überordnung des Mannes (Su. 4, 38) und dessen Züchtigungsrecht (Ebda.) zeigt. Dieses und ähnliches mag Melanchthon vorgeschwebt haben, als er sich über die inferiore Stellung der Frau im Islam beklagt. Einen sehr ungünstigen Eindruck hinterläßt auch der am Ende der medinischen Periode aufbrechende sexuelle Egoismus Muhammeds, als er sich in willkürlichster Weise unter Vorgabe angeblicher überirdischer Offenbarungen durch zweifelhafte Machenschaften in den Besitz der Frau seines Stiefsohnes Zeid, der Seinab, zu setzen versteht (Su. 33, 1 ff., 49 ff.)[116]. Wenn Melanchthon von diesem Vorgang zusammen mit dem feigen, unmotivierten Überfall auf die jüdische Karawane (Su. 2, 214) und der hierbei zutage tretenden Rachsucht[117] Kenntnis gehabt haben sollte und diese gemeinen Handlungen zur Grundlage einer scharfen Verurteilung nimmt, so ist dem zuzustimmen. Nur muß man Melanchthon das Recht hierzu bestreiten, weil er aus der schlimmeren Untat Davids, die das 5. und das 6. Gebot in Realkonkurrenz verletzt, auch nicht eine radikale Verwerfung des jüdischen Staatsmannes ableitet, sondern sich verständnisvoll an das Große und Gute, das diesem Manne in so reichem Maße eignete, hält.

Wie verhält es sich mit der Entdeckung Melanchthons — mit der er die christliche Polemik gegen den Islam um den einzigen originellen Beitrag bereichert —, der Islam sei eine reine Werkreligion, in der man sich durch besondere Leistungen die Seligkeit erringen könne, und gleiche insofern der römischen Kirche, wenn man einmal nur den Koran, das angeblich zu diesem Zwecke herausgegebene Handbuch betrachtet? In der Tat sind die Äußerungen nicht selten, die auf ein kommunizierendes Verhältnis von Werk und Lohn, Schuld und Strafe verweisen, der menschlichen Selbstbestimmung einen weiten Spielraum einräumen und somit Melanchthons Eingruppierung zu bestätigen scheinen. Su. 53,

---

[116] „Modernen Menschen wird es schwer, diese Seite des Lebens des Propheten anders als wie eine Schwäche zu beurteilen" (Snouck-Hurgronje, S. 671). — Vgl. a.: F. Buhl, Das Leben Muhammeds, deutsch von H. H. Schäder. Leipzig 1930. S. 360 ff.

[117] Vgl. Grimme, Mohammed, Bd. I, S. 57 f.

40—42 spricht unbedenklich von einem bei der jenseitigen Abrechnung sich offenbarenden Wechselverhältnis von menschlicher Mühe und ihrem Lohn. Einer der Grundgedanken Muhammeds, den er seinem Voke immer wieder einhämmert, ist die Aufforderung, sich durch gute Werke, die ihren Lohn finden werden, in dem zu erwartenden Gericht ein gutes Plädoyer zu sichern (Su. 22, 29; 18, 44; 3, 174, 182, 104 f.; 4, 43 f.; 5, 12; 20, 16). Es wäre ja auch eigenartig, wenn ausgerechnet der Islam den Vergeltungsgedanken, den fast alle Religionen schon aus erzieherischen Gründen beibehalten haben, hätte preisgeben wollen. Vergleicht man Su. 16, 112; 18, 29 mit Matth. 6, 4, so wird man keinen wesentlichen Unterschied herauslesen können. Das ist nicht weiter verwunderlich, da in letzter Linie „eben beide Religionen im Orient und seiner Gedankenwelt wurzeln[118]". Aber diese Sachlage ist durch die das Wesen der Reformation ausdrückende paulinische Überlagerung Melanchthons Aufmerksamkeit entgangen. Damit ist noch nicht alles gesagt; denn dieses erwähnte Lohn- und Vergeltungsdenken, das sich auch in der Predigt Jesu als jüdisches Überbleibsel noch vorfindet[119], ist nur die eine Seite des muhammedanischen Glaubens. Er weist noch eine andere auf, die dem späten, das in Jak. 2, 17 liegende Anliegen erkennenden Melanchthon besonders verwandt und zur Stützung seiner eigenen These geeignet erscheinen mußte. Man kennt den üblen, Melanchthon das Lebensende vergällenden Kampf des Flacius und Konsorten gegen ihn, nur weil er endlich mit dem Geist des Neuen Testaments Ernst gemacht hatte, die Gefahr des in der reformatorischen Entdeckung liegenden Quietismus erkannte und mit der unablässig wiederholten Forderung verbannte: Bona opera sunt necessaria[120]. Auf die in dieser Parole zum Ausdruck kommende Einsicht in die notwendige Zusammengehörigkeit von Glauben und Werken wird auch mehrfach im Koran hingewiesen: Su. 18, 107; 27, 37; 31, 2—4; 18, 29; 19, 96; 38, 23; 20, 111; 21, 94. Ja, man kann noch weitergehen. Vereinzelt äußert sich

---

[118] C. H. Becker, Christentum und Islam, S. 46.

[119] Vgl. H. Weinel, Biblische Theologie des Neuen Testaments. 2. Aufl. Tübingen 1913. § 18. Die „eudämonistische" Begründung (S. 120—128). — Doch vgl. a. ebda.: § 19. Die letzten Motive der Drohung und Verheißung. § 20. Andere Formen für die letzten Motive. § 21. Durchbrechungen des Lohngedankens (S. 128—145).

[120] Paulus dicit: debitores sumus. Et saepe dico: Bona opera sunt necessaria, propter ordinem divinum... (CR 25, 238).

der Koran in einer Weise, die der Aufhebung des Lohngedankens gleichkommt (Su. 18, 57), und Su. 76, 7—12 zeigt in ihrer Forderung nach einem lohnlosen Gutes-Tun in Verbindung mit Su. 13, 22 neutestamentliches Gepräge[121].

Sehr erschwert sich Melanchthon ein tieferes Eindringen in den Muhammedanismus, indem er Muhammed allein von seiner politischen Seite erklären zu können meint. Darüber, daß der arabische Prophet zeitlebens, besonders aber in seiner medinischen Zeit, als Staatsmann gefühlt und gehandelt hat[122], braucht kein Wort verloren zu werden — ein Blick in seine Lebensgeschichte macht es offenbar[123]. Beipflichten muß man Melanchthon auch in seiner Forderung nach grundsätzlicher Scheidung von Politik und Religion[124]. Abwegig jedoch ist es, die herrlichen religiösen Intentionen des Propheten zu übersehen und ihn als einen die Religion nur als Mittel zum Zweck mißbrauchenden Militär und Reichsgründer abtun zu wollen. Das ist eine allen Doktrinären gemeinsame Vereinfachungsmethode, mit der sie Schwierigkeiten umgehen wollen, tatsächlich aber nur an die Peripherie eines Problems herankommen, niemals dieses lösen. Vollends unberechtigt wird der Vorwurf einer ad hoc geschaffenen Staatsreligion, wenn man nicht nur die Anfangs-, sondern auch die spätere Zeit ins Auge faßt. „Der Islam war anfangs Staat, um dann bald sich in seinen geistigen Trägern vom Staate zu trennen[125]." O. Spengler, dem man einen feinen Instinkt in historischen Fragen nachrühmen kann, wenn es ihm auch gelegentlich an solidem Sachwissen gebricht, sieht die diesbezügliche Lage im Islam gerade umgekehrt. An den Figuren Abu Bekrs und Omars macht er klar, wie dort die politische Macht zu religiösen Zwecken eingesetzt wird[126].

---

[121] I. Goldziher, Vorlesungen über den Islam, Heidelberg 1910, S. 17, weist darauf hin, daß nicht das Werk als solches im Islam entscheidend ist, sondern die es hervorrufende Gesinnung.

[122] „Politik und Religion, Staat und Kirche lassen sich nirgends unabhängig voneinander geschichtlich verstehen; am allerwenigsten im Islam. Die Schöpfung Muhammeds war eine Religionsgemeinde, aber ebensosehr ein Staat, und zwar ein Militärstaat mit zunehmender aggressiver Tendenz" (Snouck-Hurgronje, S. 676).

[123] Über den Werdegang des Politikers, Militärs und Gesetzgebers Muhammed s. Ahrens, S. 154.

[124] Sicut medicina longe lateque ab Evangelio distat: sic politica longe lateque distat ab Evangelio... (CR 16, 418).

[125] C. H. Becker, Christentum und Islam, S. 32.

[126] —, Der Untergang des Abendlandes, Bd. II, S. 374.

Melanchthon hat die in dem arabischen Cavour waltenden staatsgründenden Potenzen mit Recht als wichtig herausgehoben, veranlaßt vielleicht weniger durch die auf politischem Opportunismus hindeutenden (Su. 9, 1 u. 4) und die den heiligen Krieg propagierenden Koranstellen Su. 9, 19, 29, 41, die ihm wenigstens dem Inhalt nach bekannt gewesen sind, als durch die, die grüne Fahne des Propheten bis in christlichen Bereich vortragenden Kriegszüge seiner Anhänger. Unstatthaft ist aber die vorgenommene Verallgemeinerung, die, auf das Neue Testament angewandt, im Hinblick auf Matth. 10, 34 aus Christus einen Kriegsapostel machen würde. Ungeklärt läßt Melanchthon, wieso die mannigfachen von Muhammed den Muslim an deren Bequemlichkeit und Sinnlichkeit gemachten Zugeständnisse die Liebe zum Soldatendienst und die militärische Schlagkraft erhöhen sollen, obwohl die Erfahrung das Gegenteil lehrt. Dagegen, daß es Muhammed lediglich um eine für den Kriegsgebrauch berechnete Ethik zu tun gewesen sei, sprechen die im Koran wahrzunehmenden Entlehnungen christlicher Forderungen, wie sie beispielsweise in Su. 2, 279 3. Satz und — gewissermaßen als gelungene Ausführung zu Matth. 7, 21 — in Su. 2, 172 zutage treten.

Würde man Melanchthons Darstellung des muhammedanischen Gottesglaubens als richtig hinnehmen, dann ergäbe sich das Bild eines willkürlich waltenden, von Rachsucht besessenen Dämons, dessen Tätigkeit sich, ähnlich der des deistischen Weltbaumeisters, mit der Schaffung der Welt erschöpfte. Immer und immer wieder betont er, daß die Muhammedaner nur den Deus creator kännten, weiterhin aber keine Aussagen über Gott zu machen vermöchten und so, in Unkenntnis über den gnädigen Vater-Gott, zu ewiger zweifelnder Ungewißheit verdammt wären. Wie Melanchthon zu dieser Charakteristik Allahs gekommen ist, bleibt ein Rätsel; denn sämtliche Suren außer der neunten beginnen mit der stereotyp wiederkehrenden, andere göttliche Eigenschaften ausdrückenden Präambel: Im Namen Allahs, des Erbarmers, des Barmherzigen! Freilich ist Allah auch ein selbstherrlicher, nach seiner Willkür (Su. 17, 56) mit den Menschen umspringender Gott, wie der Deus absconditus Luthers in „De servo arbitrio", ein Despot, der unter Hinwegsetzen über menschliches Tun und Nichttun seine Entscheidungen über Erhörung oder Verstockung trifft (Su. 6, 39, 123, 125; 5, 44; 9, 5; 35, 9). Rational läßt sich dieser Widerspruch genau so wenig erfassen, wie die „dialektischen" theologischen Aussagen Melanchthons nach Engellands Ansicht Anspruch auf Durchsichtigkeit und Eindeutigkeit erheben wollen. Daß bei der Zeichnung Allahs der Apologet die Feder führt, geht aus den verschiedensten Umständen hervor. Die eine Spitze gegen die christliche Trinität enthaltenden Koranwendungen, die sich gegen die „Zugesellung" richten und im Postulat des Unitarismus gipfeln (Su. 2, 158; 3, 16; 4, 89; 5, 77 f.; 6, 79 f.; 10, 105; 15, 95 f.; 17, 41, 111; 19, 91 ff.; 90, 5, 7—10 und die das antichristliche Bekenntnis in sich bergende 112. Sure „Die Reinigung") werden zutreffend nicht unwidersprochen gelassen. Unterlassen wird aber der Hinweis darauf, daß der Gott der Schöpfung nicht nur diese eine Funktion ausgeübt hat (Su. 2, 27, 159; 6, 72, 95—99 u. ö.), sondern sich um dieses sein Werk auch kümmert, indem er sich das Wohl und Wehe von Natur und Menschen angelegen sein läßt. Um diesen Eindruck zu gewinnen, genügt allein das Lesen der psalmenähnlichen, Allahs Leistungen für die Menschheit aufzählenden 55. Sure mit der bezeichnenden Überschrift: Der Erbarmer. Hier kommt Muhammed im Grunde genommen zu der gleichen Feststellung wie Melanchthon: Die ganze herrliche Schöpfung ist ein illustre testimonium de deo opifice[127]. Darüber hinaus ist Allah der mit Allwissenheit begabte (Su. 5, 98; 39, 47), allgewaltige (5, 20 f.), allgegenwärtige (4, 81), majestätische (2, 100 f.; 3, 186 f.), barmherzig vergebende (2, 35) — der barmherzigste unter den Barmherzigen (12, 64) —, huldreiche (2, 99; 3, 67; 4, 85), fürsorgliche (9, 129), auf den Anruf Er-Rahman hörende (17, 110), in providentia tätige Weltregent (3, 25 ff.; 9, 79; 6, 95—99; 35, 12; 10, 32). Von all dem erfährt der Mensch der Reformationszeit nichts, auch nicht davon, daß Muhammed wie vor Zeiten Hiob mit dem Problem der Theodizee gerungen hat (Su. 10, 62; 6, 53 f.; 35, 12). Insofern gleicht Melanchthon einem Advokaten, der im Interesse seiner Mandanten — des Christentums und der Kirche — vor entstellender Einseitigkeit nicht zurückscheut. Etwas Verwerfliches dürfte er dabei kaum gefunden haben.

Auffällig und zugleich ein erneuter Beweis für die nur lückenhafte Kenntnis der muhammedanischen Glaubenslehre ist, daß eine Auseinandersetzung mit der muhammedanischen Form der

---

[127] CR 7, 472.

Praedestination, der fatalistischen Ergebenheit in das Unabänderliche, dem Kismet, fehlt, obgleich diese selbe Anschauung sonst als stoische oder manichäische Irrlehre ausführlich begründet zurückgewiesen wird[128]. Aber aus der bekannten diesbezüglichen Desavouierung Luthers[129] läßt sich ungefähr der Grad von Melanchthons Abneigung gegen diese ihm unbekannte Ketzerei ermessen, obwohl er selbst bis zum Jahre 1525 die Ansicht, omnia necessario fieri vertreten hatte, sich allerdings später — wohl nicht zum Schaden von Staat und Kirche — eines Besseren besann[130].

Eine ziemlich richtige Vorstellung scheint Melanchthon von dem gehabt zu haben, was der Koran über Christus berichtet[131]. Wenn er sagt, daß nach der Lehre des Propheten Jesus als ein besonders guter und ausgezeichneter Mensch, als ein „Gelehrter" und „Gesetzgeber", aber nicht mehr erscheine, so ist damit im großen ganzen das wiedergegeben, was Muhammeds Verkündigung über den Stifter des Christentums enthält. In der Tat findet sich nirgends auch nur entfernt eine Schmähung oder Mißachtung der sittlichen Person Jesu Christi. Entgegenstehende Behauptungen Melanchthons sind falsch und als Ausfluß seiner polemischen Apologetik zu erklären. Daß er aber auch da, wo diese Abirrung nicht vorliegt, die muhammedanische Lehrmeinung von Christus nicht richtig wiedergibt, hat seine Ursache in dem christozentrischen Gesichtswinkel, unter dem er das gesamte religiöse Geschehen betrachtet, d. h. daß seine Urteile auf der dogmengeschichtlichen Grundlage der Konzile von Nicaea (325) und Chalcedon (451) gefällt werden.

Die im Koran enthaltenen Berichte über Jesus sind, da Muhammed aus mehrfach getrübten Quellen seine Kenntnis schöpfte, nichts weniger als einwandfrei. Was wir davon lesen, zeigt, verglichen mit der Darstellung in den Evangelien, eine reichlich konfuse Vorstellung vom Leben, Lehren und Wirken Jesu Christi.

---

[128] Vgl. CR 7, 582, 652; 9, 100, 467, 766; 10, 652, 703, 704, 705, 785 f.; 16, 47; 21, 273, 650.

[129] „Ich hab bei Leben Lutheri und hernach diese Stoica und Manichäa deliria verworfen, daß Luther und andere geschrieben haben: alle Werk, gut und böß, in allen Menschen, guten und bößen, müßten also geschehen" (CR 9, 766).

[130] Vgl. Dilthey, a. a. O., S. 185.

[131] Vgl. hierzu: W. Rudolph, Die Abhängigkeit des Quorans von Judentum und Christentum. Stuttgart 1922. S. 76—88.

Und wenn sich Melanchthon hiergegen gewandt hätte, so dürfte er keinen Widerspruch finden. Nur würdigt er nicht genug die Hochachtung, mit der Muhammed von Christus spricht und übersieht die Einzigartigkeit seiner Stellung, indem er zum Gesandten und Helfer Allahs und Verkünder Ahmeds erhoben (Su. 61, 6 u. 14) und ihm ein bestimmter Aufgabenbereich zugewiesen wird (Su. 3, 43 ff.). Eine formale Unrichtigkeit unterläuft Melanchthon mit der Behauptung, der Koran kenne Jesus nicht als Messias, obwohl Su. 4, 169 wörtlich von dem „Messias Jesus, dem Sohn der Maria" spricht (Su. 3, 40; 4, 156; 9, 31), der allerdings im folgenden Vers näher als „Diener Allahs" beschrieben wird. In der Sache hat Melanchthon das Richtige getroffen, da Christus nach muhammedanischer Lehre nicht das Ansehen hat und die Aufgaben zugewiesen erhält, die ihm nach dem Neuen Testament zustehen, zumal sich andernorts (Su. 5, 19, 76; 9, 31) Äußerungen finden, die eine Leugnung der Messianität Christi enthalten. Gewiß mußte es dem auf Sauberkeit und Reinheit der Lehre bedachten Kirchenmann als schlimme Ketzerei erscheinen, wenn Christus als Verteidiger des Unitarismus dargestellt (Su. 5, 116—118), seine Göttlichkeit bezweifelt (Su. 3, 72 f.; 72, 3), er nur als Gesandter (Su. 5, 79) und Diener (Su. 43, 59) anerkannt wird. Demgegenüber mußten die positiven Äußerungen (Su. 2, 130, 254; 57, 27), die Christus als „angesehen hienieden und im Jenseits und einer der (Allah) Nahen" (Su. 3, 40) und „einer der Rechtschaffenen" würdigen, zurücktreten. Auch die z. T. einem außerkanonischen Evangelium entnommenen Wunderberichte (Su. 5, 109 ff.) können Melanchthon, wenn er sie überhaupt gekannt hat, zu keinem entgegenkommenderen Urteil über die muslimische Christologie veranlassen. Alles dies scheitert an dem muhammedanischen Grundirrtum, der Leugnung der Gottessohnschaft Christi (Su. 6, 101; 19, 36) und dem behaupteten Vorrang des Propheten vor Christus (Su. 5, 22). — Ob diese Überordnung berechtigt oder eine bloße Anmaßung ist, läßt sich mit wissenschaftlichen Mitteln nicht entscheiden. Das ist eine Glaubensfrage. Abzuweisen sind aber die bösartigen Ausfälle gegen die muhammedanische Annahme.

Daß er in einem wichtigen Punkte seiner Lehre von den letzten Dingen mit dem Islam übereinstimmte, konnte Melanchthon kaum wissen, da zu seiner Zeit die europäische Koranexegese noch nicht soweit gediehen war. Immerhin ist es eine den Religionsgeschichtler eigenartig berührende Wahrnehmung, daß für beide Religionen Christi Wiederkunft als Anzeichen des Jüngsten Gerichts gilt (Su. 43, 61). Zu den Irrlehren des Islam gehört auch der Su. 4, 156 f. angedeutete Doketismus, den freilich Melanchthon nicht ausdrücklich verwirft. Allein in der Beanstandung der muhammedanischen Polemik gegen den Gekreuzigten läßt sich eine Zurückweisung dieses alten gnostischen Irrtums vermuten. Das Anliegen, das Melanchthon in der Betonung der Trinität als integrierenden Bestandteils christlicher Verkündigung vertritt, mußte ihm durch die unitarische muhammedanische, dem Unverständnis gegenüber der Möglichkeit einer Drei-Einigkeit entspringenden und den Christen Tritheismus (Su. 4, 169; 5, 76, 77, 79) zum Vorwurf machenden Propaganda gefährdet erscheinen. Aufs Formale gesehen, denkt Melanchthon aber hier muhammedanisch; denn in demselben geringen Maße, wie Muhammed den differenzierten christlichen Trinitätsbegriff verstehen konnte, merkt jener, daß der arabische Prophet bei der Missionierung seinen in primitiver Religiosität befangenen Landsleuten unmöglich von Anfang an „feste Speise" zu bieten vermochte[132].

Kurz muß noch auf die zu allen Zeiten als Kampfansage und Provokation gegen das Christentum aufgefaßte Su. 9, 29 f., die die unmißverständliche Aufforderung an Allah enthält, die Nazarener totzuschlagen, eingegangen werden. Das praktische Verhalten der Muhammedaner auf ihren Kriegszügen gibt Melanchthon das Recht, die Vernichtung des Christentums als eines der wichtigsten Programmpunkte des Islam hinzustellen. Religionsgeschichtlich betrachtet ergibt sich jedoch, daß es sich hier mehr um eine aus dem Verhalten der medinischen Christen zu erklärende, persönlicher Verärgerung Muhammeds entspringende Hyperbel handelt; denn an anderer Stelle zeigt Muhammed eine „offene Parteinahme für die Christen[133]" (Su. 5, 82, 85—88). Hingewiesen sei auch darauf, daß „S c h r i f t b e s i t z e r" im islamischen Reich Duldung genießen, aber zur Zahlung der „Kopfsteuer" verpflichtet sind.

---

[132] „Die Dogmenlosigkeit, die Reduktion des Systems auf den rein durchdachten Monotheismus neben der unverfänglichen Anerkennung der geschichtlichen Tatsache, daß Mohammed der Bote dieses e i n e n Gottes sei, bedeutete einen großen Vorzug vor der christlichen Trinitätslehre, Soteriologie und Christologie" (J. Richter, Allgemeine Evangelische Missionsgeschichte, Gütersloh 1930. Bd. II, S. 18).

[133] Ahrens, S. 193.

Mit alledem fällt aber auch die Anklage Melanchthons in sich zusammen, der Muhammedanismus habe von Uranfang an die Absicht gehabt, das Christentum zu vernichten.

Je weiter die Religionswissenschaft in den Islam eindringt, um so mehr tritt die Verwandtschaft zwischen Bibel und Koran hervor. Melanchthon, der eine genaue Bibelkenntnis besaß, bemerkt die streckenweise sehr deutliche Anlehnung der Schrift des Propheten an die Bibel nicht. Die Stärke dieser Einwirkung ist derart, daß der Orientalist Schwally die pronozierte These aufstellen konnte, der Islam sei die Form, in der das Christentum in Arabien Eingang gefunden habe[134], und der Dogmenhistoriker Harnack den Islam „eine Umbildung der von dem gnostischen Judenchristentum selbst schon umgebildeten jüdischen Religion auf dem Boden des Arabertums durch den Propheten" nennen kann[135]. Gerade diese letzte Formulierung klingt freilich so, als ob auch Melanchthon Einblick in die hier vorliegenden Zusammenhänge gewonnen hätte. Denn die häufig anzutreffende Paarung Mahometani und Judaei legt den Schluß nahe, daß er um diese gewußt hat, mehr noch, daß man bei ihm eine Vorwegnahme heutiger wissenschaftlicher Ergebnisse finden kann. Dem ist jedoch nicht so. Die von ihm vorgenommene Gruppierung gründet sich in der Hauptsache auf eine Untersuchung äußerer Züge, der Zeremonien und Ritualgebote, und nur insoweit erstreckt sich seine systematische Tätigkeit. Schon die eine feststehende Tatsache, daß sich von Judentum und Christentum e c h t e — d. h. in der gleichen semitischen Welt gesponnene — Fäden zum Islam herüberziehen[136], wäre bestritten worden und dies anzuerkennen, nur unter Preisgabe seines Offenbarungsbegriffes möglich gewesen. Nach allem, was wir von ihm wissen, sind wir jedoch zu der Annahme genötigt, daß er die Tatbestände religionsgeschichtlicher Entsprechungen, Parallelen, Um- und Weiterbildungen nicht als religiöse Leistung gewertet, sondern geleugnet oder als teuflische Machenschaften abgetan hätte. Schon der ernsthafte Versuch oder die kundgetane Absicht, Christentum und Islam auf ihren

---

[134] Ähnlich Snouck-Hurgronje, S. 675: „Die Religion des Alten und des Neuen Testaments hatte durch Muhammed ihre arabische Gestalt bekommen..."

[135] —, Lehrbuch der DG II, S. 537; vgl. a. ebda. III, S. 522, und I, S. 331 A 2.

[136] Troeltsch spricht daher (Ges. Schr. II, S. 357) von Christentum und Islam als den beiden Kindern der Religion Israels.

gemeinsamen oder andersartigen Ursprung, die weitere Entwicklung sowie die Fortschritte und Depravationen zu durchforschen, und zwar so, daß das Ergebnis — nämlich die augenfällige allseitige Überlegenheit des Christentums — nicht von vornherein feststeht, wäre ihm als ein außerhalb aller Möglichkeiten liegendes Unterfangen erschienen.

Über den Anteil, den jeweils Judentum und Christentum bei Bildung der neuen Religion gehabt haben, gehen die Ansichten auseinander. Die einen meinen ein Überwiegen des jüdischen Elements[137] feststellen zu können, andere wiederum glauben einen stärkeren, ja fast ausschließlichen christlichen Einfluß annehmen zu müssen[138]. Während es den unten erwähnten Autoren darauf ankommt, die in Muhammeds Lehre vorgefundenen Parallelen als Entlehnungen aus den beiden großen vorderasiatischen Religionen aufzuzeigen und die vermutlichen Gründe für dieses eklektische Verfahren aufzuhellen, geht C. H. Becker in seinem schon mehrfach erwähnten Schriftchen[139] weiter, indem er die zwischen den beiden jüngsten Weltreligionen bestehenden Wechselbeziehungen mit ihrer gegenseitigen Beeinflussung in geistiger, philosophischer, theologischer, wirtschaftlicher und künstlerischer Beziehung aufdeckt[140]. Danach hat das Christentum bei der Geburt des Islam nicht nur Pate gestanden, sondern es ist später umgekehrt von diesem vielfältig befruchtet und angeregt worden, was bei der Ähnlichkeit beider Weltanschauungen[141] leicht möglich war. Obgleich Melanchthon in diesem Prozeß noch mitten inne steht[142],

---

[137] Vgl. P. Jensen, Mohammed, in: Festschrift Max von Oppenheim. Berlin 1933; Ch. C. Torrey, The Iewish Foundation of Islam. New York 1933; A. Geiger, Was hat Mohammed aus dem Judentum aufgenommen? 1902.

[138] Tor Andrae, Der Ursprung des Islams und das Christentum. Uppsala 1926; W. Rudolph, Die Abhängigkeit des Qorans von Judentum und Christentum. Stuttgart 1922; K. Ahrens, Christliches im Koran in: ZDMG, N. F. 9, S. 15—68; 148—190.

[139] —, Christentum und Islam. 1907.

[140] Vgl. a. Prutz, S. 44—72, der auch das für die morgenländische und abendländische Kultur Ersprießliche ihrer Wechselbeziehungen hervorhebt.

[141] C. H. Becker, Christentum und Islam, S. 51.

[142] Das beweisen die zahllosen, noch im 15. und 16. Jahrhundert nachgedruckten und wiederaufgelegten Übersetzungen der Werke arabischer Astronomen, Mathematiker, Mediziner und Philosophen. — Vgl. hierzu: M. Steinschneider, Die europäischen Übersetzungen aus dem Arabischen bis Mitte des 17. Jahrhunderts in: Sitzungsberichte der kaiserlichen Aka-

ja als Nutznießer hieran beteiligt ist — man lese seine Würdigung Avicennas als noch nicht überholten Wegbereiters der medizinischen Wissenschaft und die Declamatio über den Mathematiker Alfraganus — sieht er nicht das beide Kulturen Verbindende, sondern nur das Trennende.

Wenn man auch der religiösen Theorie des Islam seine Zustimmung nicht geben kann: Andachtsvoll wird doch jeder dafür Empfängliche die dichterische Schönheit[143] und die gläubige Ergebenheit bewundern, die uns aus dem muhammedanischen Vaterunser (der 1. Sure) und den letzten Suren, aber auch an anderer Stelle im Koran, wie dem Thronvers (Su. 2, 256), entgegenleuchten. Allein, was wir schon häufig beobachteten, gilt auch hier: Der für die literarischen Kunstwerke der Antike aufgeschlossene Humanist hört die „Stimmen der Völker in Liedern", die aus dem Orient herüberschallen, nicht. Und so entgeht es ihm auch, daß hier „ein neues Lied" zum Preis des Einen Gottes erklang.

## II. Praktische Auswirkungen

### 1. Missionarische Indifferenz.

In höchstem Grade verwunderlich bleibt die Gleichgültigkeit und praktische Untätigkeit, mit der Melanchthon den von ihm gegeißelten Irrlehren und sittlichen Mißständen der Muhammedaner gegenübersteht. An keiner Stelle seiner Werke findet sich unseres Wissens eine Äußerung, die auf das Innewerden der christlichen Verantwortung diesen „Teufelsgeschöpfen" gegenüber schließen ließe. Man vermißt ein „Klagen über die praktische Unausführbarkeit der durch die gegebene Weltöffnung so nahe gelegten Missionsverpflichtung[144]", sofern man nicht die Ermahnungen und Aufforderungen an die Obrigkeit zur Unterdrückung und Ausrottung der Türken hierher rechnen will[145]. Eigen-

---

demie der Wissenschaften. Philosph.-histor. Klasse, 149. Bd., IV. Abhandl., und 151. Bd., I. Abhandl.

[143] S. Fr. Rückerts Koranübersetzung.

[144] G. Warneck, Abriß einer Geschichte der protestantischen Missionen von der Reformation bis auf die Gegenwart. Berlin 1905. 8. Aufl., S. 7.

[145] H. Frick, Die evangelische Mission. Bonn und Leipzig 1922, tut das: „Es gab nur eine einzige Instanz, der von amtswegen Mission zugemutet werden konnte: die Obrigkeit. Hinweise bei Melanchthon, klare Aussprüche bei Calvin deuten in diese Richtung" (S. 16). — Ähnlich äußern sich P. Drews, Die Anschauungen reformatorischer Theologen

artigerweise setzt die sonst vorhandene geradezu sklavische Gebundenheit an das W o r t der Bibel in bezug auf den Missionsbefehl Matth. 28, 19 f. aus. So fern liegt Melanchthon der Gedanke, daß hier eine Verpflichtung zur Überbringung der Frohbotschaft von Christus auch an die heutigen nichtchristlichen, ja selbst christusfeindlichen Völker vorliegen könnte, daß er nicht einmal eine Rechtfertigung seines passiven Verhaltens — Frick nennt es quietistisch[146] — für nötig erachtet. Ebensowenig wie dieses direkte Gebot ihn zu einer Überwindung seiner grundsätzlichen Abneigung und damit zu einer Hilfsbereitschaft in Wort und Tat zu bestimmen vermag, so fühlt er auch nicht den offen zutage tretenden Widerspruch zum christlichen Liebesbegriff, der sich unmöglich in einer Aufzeigung des Irrigen und Falschen der fremden Religion erschöpfen darf, ohne wenigstens den Versuch gemacht zu haben, die Ketzer und Sünder zu bekehren, d. h. des eigenen Wissens und Heils teilhaft werden zu lassen. Nun kann man zwar auf dem Standpunkt einer nur regionalen und temporären Wahrheit einer Religion stehen[147], der in seinen Konsequenzen auch zur Negation missionarischer Bemühungen kommt. Das Christentum erkennt jedoch diese Theorie nicht an, wenn anders es einen integrierenden Bestandteil — seinen Universalismus — nicht preisgeben will.

Auf jeden Fall ist es unstatthaft, Verdikte auszusprechen über Menschen und Institutionen, wenn man nicht auf vorhergehende Bemühungen zur Änderung und Beseitigung des vorherigen Zustandes verweisen kann[148]. Ein Recht zur Kritik ergibt sich erst im Falle eines unnachgiebigen Beharrens der zu Bekehrenden auf dem alten Standpunkt. Selbst eingetretene Mißerfolge dürfen nicht im Sinne einer böswilligen Verstocktheit ausgedeutet werden, da ja die Bekehrung zum Christentum, wie die Geschichte der Mission allenthalben bezeugt, gar zu oft nur ein Versuch mit untauglichen Mitteln war und man daher weithin besser von Pro-

---

über die Heidenmission, in: Zft. f. prot. Theol. XIX, Jg. S. 201, und Warneck, S. 16.

[146] „So erweckt insgesamt die Stellung der deutschen Reformation zur Mission eine Vorstellung von jener eigenartigen religiösen Haltung, die man lutherischen Quietismus zu nennen pflegt" (A. a. O., S. 16).

[147] „Für jeden Menschen und seines Daseins kurze Spanne ist die e i n e Religion ewig und wahr, die das Schicksal ihm durch Ort und Zeit seiner Geburt bestimmt hat" (Spengler, II, S. 336).

[148] Vgl. Jesu Stellung zu den „Verlorenen".

paganda, wie es H. Frick empfiehlt, statt von Mission spricht[149]. Christliche Propaganda unter dem Islam gab es seitens der römischen Kirche bereits im 13. Jahrhundert[150], die allerdings, wenn man von der durch sie vermittelten Bekanntschaft mit der Lehre Muhammeds, sowie den Sitten und Gebräuchen seiner Anhänger absieht, nur kümmerliche Erfolge erzielte. Ob Melanchthon von diesen Expeditionen der Dominikaner und Franziskaner gewußt hat, läßt sich nicht mit Sicherheit sagen. Bezug darauf nimmt er weder in seinen Briefen, noch in seinen dogmatischen und historischen Schriften. Fest steht nur, daß der Theoretiker der Reformation keine auf die Missionierung nichtchristlicher Völker hinzielenden Weisungen erteilt hat. So enthält die Confessio Augustana zwar eine Zurückweisung einzelner muhammedanischer Irrtümer, aber nicht einen Artikel, worin auf die zu erreichende Sammlung a l l e r Menschen in e i n e r christlichen Kirche als göttlichen Auftrag hingewiesen würde. Der christliche Universalismus wird weder im VII. Artikel von der Kirche, noch im IX. von der Taufe — Matth. 20, 19 f.! — berücksichtigt, und von der Notwendigkeit einer missionarischen Organisation als kirchlicher Aufgabe ist schon gar nicht die Rede[151]. Die negativen Pflichten der Obrigkeit: Verhinderung von Irrlehren und Verstößen gegen die göttliche Ordnung werden nicht nach dem Positiven hin erweitert, m. a. W. der Bau von Schulen und Kirchen, die Einführung in den christlichen Glauben und die Anleitung zu sittlichem Leben ihr nicht aufgetragen[152].

[149] —, Mission oder Propaganda? 1927.
[150] Vgl. Ch. H. Kalkov, Geschichte der römisch-katholischen Mission. Erlangen 1867. Deutsche Ausgabe von A. Michelsen, S. 130 ff.; 180 ff.; vgl. a. H. Barge, S. 27 ff.
[151] „An eine Mission im modernen Sinne, d. h. an eine besondere Unternehmung zur Bekehrung der heidnischen Völker denkt kein einziger unter den reformatorischen Männern im 16. Jahrhundert" (P. Drews, S. 298). — „Aber obgleich die Reformation in eins der großartigsten Entdeckungszeitalter fiel und die katholische Kirche in der neuen Weltöffnung ein Missionssignal erblickte, fehlte dem jungen Protestantismus die Missionstat" (Warneck, S. 6).
[152] „Trotzdem Melanchthon immer wieder betont, daß die Kirche Christi ‚zerstreut' sei unter allen Völkern, daß sie nur in wenigen Staaten frei leben könne, in den meisten aber unterdrückt sei (CR 12, 25; 14, 908 usw.), hat er sich die technische Frage, wie es d o r t mit der propagatio Evangelii (die er unter die ‚Exekutionspflicht der Obrigkeit im Dienste der Kirche' einbezieht) zu halten sei, nicht gestellt" (W. Elert, Morphologie des Luthertums. Bd. I: Theologie und Weltanschauung des Luthertums hauptsächlich im 16. und 17. Jahrhundert. München 1931. S. 346).

Daß bei Melanchthons weitreichenden internationalen Verbindungen die Ansatzmöglichkeit für eine Missionierung der Muhammedaner gegeben war, bezeugt eine Notiz aus einem Brief an Theodorus Vitus: Hodie hic duos bonos viros, Pannonas, inter Turcas concionaturos Evangelium ἐμνήσαμεν[153]. Einen Missionsauftrag gibt er den beiden pannonischen Predigern nicht mit. Ungenutzt läßt er auch die durch Kriegsgefangene erfolgende direkte Berührung zwischen Christentum und Islam; er verlangt nur, daß der kriegsgefangene Christ überall und unter allen Umständen sich zu seinem christlichen Glauben durch Gebet und Ausübung der kirchlichen Bräuche bekennt[154]. In diesem Zusammenhang bemerken wir an Melanchthon eine durchaus aufrechte, christlichen Bekennergeist offenbarende Haltung. Er beharrt auf einem konzessionslosen, nach außen sichtbaren Eintreten für Christus, das sich nicht an einem stillschweigenden Bekenntnis genügen lassen darf[155]. So wertvoll und die Glaubensstärke Melanchthons kennzeichnend diese Mahnungen sein mögen, sie befriedigen doch nicht voll: Es waltet in ihnen nur ein Interesse, das des persönlichen Heils. Und die Besorgnis um dessen möglichen Verlust ist so stark, daß darüber hinaus die Sorge um das Seelenheil des andersgläubigen muhammedanischen Nächsten keinen Raum mehr hat. Er sagt zwar: Optamus autem, ut omnes gentes agnoscant et glorificent Christum et ei obediant vera fiducia misericordiae ipsius et dilectione proximi . . .[156], trifft aber weder theoretische, noch praktische Anstalten, um diesen Wunsch zu realisieren, obwohl es, wie wir sahen, ihm an Gelegenheit hierzu nicht ermangelte. Möglicherweise mag er sich mit der Einsicht beschieden haben, daß dies eine menschliche Kompetenz überschreitende Tätigkeit dargestellt hätte, die sich Gott[157] und Christus

---

[153] CR 5, 325.

[154] Etiamsi quis est in Turcia captus, debet Ecclesiae adiunctus esse votis, mente, invocatione (CR 25, 881). Unusquisque, ubicunque est, etiamsi est in Turcia in carcere, debet se ad veram Ecclesiam adiungere confessione et voluntate, quod velit veram Ecclesiam non deleri, velit ei bene esse, et cum potest ostendere usu sacramentorum et aliis officiis, quod illam Ecclesiam approbet (CR 14, 891). S. a. 25, 565.

[155] ... si quis captivus ex Christianis, vivens inter Turcas, tacitus apud sese Christum invocaret, nec tamen externa professione suam fidem ostenderet, imo etiam interesset Turcicis sacris: haud dubie reus esset aeternae irae Dei (CR 5, 735).

[156] CR 2, 737.

[157] Deum transire per universam mundi aetatem et sibi colligere Ecclesiam... (CR 5, 92).

selbst vorbehalten haben, denn er „sammlet eine ewige Kirchen in allerlei Königreichen, nicht allein unter den Römern, sondern auch in Chaldäa und India, die nicht unter das römische Reich gehöreten[158]". Und diese Vermutung findet eine weitere Stütze in der beinahe unglaublichen These, daß die biblischen Verheißungen nach Christi eigenem Bekenntnis im 16. Psalm für die Feinde des Evangeliums keine Geltung haben[159]. Zu verweisen wäre weiterhin auf die herrschende Ansicht, wonach sowohl Melanchthon als auch Luther mit der Aussendung der Apostel die Mission der Kirche als beendet ansehen[160]. Er resigniert bei dem religionsgeschichtlichen status quo[161]. Aber der eigentliche tiefere Grund ist wohl darin zu suchen, daß Melanchthon den Blick nicht über den kirchlichen Gesichtskreis zu erheben vermochte und von dem Interimscharakter des Islam überzeugt war[162]. Am Herzen liegt ihm nur das Schicksal der Kirche, und zwar nicht nur das der deutschen, sondern auch das der Kirchen in anderen Ländern[163], wie er auch sich und sein gesamtes Schaffen dem Urteil der Kirche unterstellt[164]. Aber eben nur der Kirchen, nicht auch der außerhalb Stehenden. So ergibt sich bei Melanchthon das eigenartige Bild eines deutlich ausgeprägten Bewußtseins der übernationalen, ökumenischen Existenz der Kirche, das jedoch lediglich statisch ist

---

[158] CR 9, 855.

[159] Non pertinent promissiones ad hostes Evangelii, sicut nec ad Iudaeos, nec ad Mahometistas pertinent, ut saepe testatur Deus, et Psalmo 16. inquit Pontifex Christus: Non offeram eorum libationes, nec faciam eorum mentionem labiis meis (CR 15, 781). — (23, 640 findet sich eine vom Herausgeber des CR übersehene Dublette.)

[160] „Der Sendungsauftrag hat nur denen gegolten, die Apostel, d. h. lateinisch: missionarii, waren. Solche ‚Zwölfboten' aber gibt es heute nicht mehr, also ist auch der Missionsbefehl für die Gegenwart nicht verpflichtend. Es fehlt das Amt dazu. So der Dogmatiker Melanchthon" (Frick, S. 15). — So auch: Warneck, S. 16; Drews, S. 198.

[161] Obwohl Gott „Lehre, Gesetz und Verheißung gegeben: so sind dennoch von Anfang für und für in der Welt mancherlei und ungleiche Meinungen von Gott und Göttlicher Lehre gewesen, und wird solche Ungleichheit bleiben bis auf das öffentliche und letzte Urtheil Gottes" (CR 7, 49). S. a. 5, 251.

[162] Nec ullae traditiones, aut sectae excitatae contra verbum Dei sunt durabiles. Sicut extincti sunt Idolatrici, cultus, qui olim fuerunt, item postea Haereses, Manichaea, Arriana et aliae: sic interibunt Mahometi secta, et pontificum et monachorum traditiones... (CR 13, 1300).

[163] Etsi autem nunc de nobis ipsis ac de Ecclesiis Germanicis magis angor, tamen saepe etiam de Ecclesiis aliarum nationum cogitare nos necesse est (CR 7, 786 f.).

[164] Et semper me et meos labores omnes Ecclesiarum nostrarum iudicio subieci... (CR 9, 1025).

und sich nicht fähig erweist, durch Mission oder auch nur Propaganda im Sinne eines höheren und weiteren christlichen Universalismus zu wirken.

Noch zu Lebzeiten Melanchthons wurde dies Versäumnis von drei Humanisten, die ihm alle nicht unbekannt waren, erkannt: E r a s m u s gliedert seinem „Ecclesiastes sive Concionator evangelicus" einen begeisterten Missionsappell an[165], und B i b l i a n d e r tut die Absicht kund, als Missionar unter die Muhammedaner zu ziehen, um ihnen das Evangelium zu verkünden[166]. Sein Missionswerk „De monarchia totius orbis suprema legitima et sempiterna" (1553) enthält eingangs das Grußwort: „Allen Christen, Juden und muhammedanischen Muselmännern wünscht Theodor Bibliander Gnade, Frieden und jegliches Heil von dem Herren Gott[167]." Auch P o s t e l beschäftigte der Missionsgedanke zeitlebens[168]. Das 4. Buch seines „De orbis terrarum concordia" gibt Anweisungen, wie man die Mohammedaner, Heiden und Juden zum Christentum führen soll[169]. „Es ist beachtenswert sowohl die Betonung der Notwendigkeit eines langsamen, stufenmäßigen Vorgehens der Missionare und des Sich-Accomodierens an die zu belehrenden[170]." Postel denkt sogar an eine Bekehrung der Türken[171].

2. G r u n d s ä t z l i c h e  I n t o l e r a n z.

Lange ist es strittig gewesen, ob die Reformation tolerant oder intolerant war, bis schließlich durch die abschließenden Untersuchungen Heinrich Hoffmanns[172] diese Frage in letzterem Sinne entschieden wurde. Welche Stellung nahm nun Melanchthon zur religiösen Toleranz ein? Eine bejahende ist schon aus dem Grunde nicht zu vermuten, weil er, wie allgemein bekannt ist, Calvin in seinem Vorgehen gegen Servet, qui veterem Samosateni impietatem renovavit[173], zustimmte[174], ja dem Genfer Magistrat sogar dafür dankte[175]. Bei näherer Betrachtung zeigt sich denn auch

---

[165] Frick, S. 42.    [166] Egli, a. a. O., II, S. 78 f., 88.
[167] Ebda., S. 90.    [168] Kvačala, a. a. O., XV. Jahrg., S. 157 ff.
[169] Ebda., IX. Jahrg., S. 307.    [170] Ebda.
[171] Ebda., XI. Jahrg., S. 202.
[172] Vgl.: —, Reformation und Gewissensfreiheit. München 1928; Ders. in: RGG, 1. Aufl., V, Sp. 1273 s. v. Toleranz; Ders., Die Aufklärung. Tübingen 1912. S. 19: „Auch der Protestantismus hat keine Toleranz gewährt und keine vom Zwange der Autorität freie Wissenschaft geschaffen."
[173] CR 12, 143; 9, 1003, 133.    [174] CR 9, 133.    [175] CR 8, 362.

bei ihm eine grundsätzliche Intoleranz gegenüber allen religiösen und geistigen Bewegungen, die sich nicht in voller Übereinstimmung mit seinen eigenen Anschauungen, deren Art und Besonderheit wir kennen gelernt haben, befinden. N. Paulus' Buch „Protestantismus und Toleranz im 16. Jahrhundert" enthält einen besonderen Abschnitt über: „Melanchthons Unduldsamkeit gegen Alt- und Neugläubige[176]", worin er dessen auf rücksichtslose Unterdrückung der gegnerisch gesinnten Papisten, Sektierer und Wiedertäufer hinzielende Ratschläge kritisch zusammenfaßt[177]. Dieses Kapitel ist so jedoch unvollständig und bedarf einer Erweiterung; denn die Muhammedaner will Melanchthon genau so behandelt wissen wie seine inländischen Gegner. Der Gedanke, daß der Islam außer als Geißel Gottes eine Daseinsberechtigung auf der Erde haben könnte, wenn auch nur in regionaler Beschränkung auf orientalische Völker oder als Übergangsstufe und gleichzeitig als Erzieher zum Christentum, ist ihm ebensowenig geläufig wie der einer über den geschlossenen christlichen Kreis hinausgreifenden Mission.

Eindrucksvoll ist zwar der kompromißlose Radikalismus, mit dem alles abgetan wird, was die Einheitlichkeit und Gültigkeit des eigenen Dogmas stören könnte; auf der anderen Seite zeigt sich jedoch mit Deutlichkeit, zu welchen Verirrungen ein Denken führen muß, das, der Demut bar, die religiöse Umwelt nach dem Schwarz-Weiß-Verfahren zeichnet, und der weltenweite Abstand der Neuzeit von der Reformation. Denn diese trägt mit ihrer Unterdrückung der Gewissensfreiheit tatsächlich noch den mittelalterlichen Zwangscharakter[178], während jene der vielgelästerten Aufklärung, die, trotz Albert Schweitzers Eintreten für sie und

---

[176] Freiburg 1911, S. 66—79.

[177] Das beliebte Spiel, die gegnerische Ansicht als „türkisch" hinzustellen oder gar den Türken als den verhältnismäßig Besseren oder höher stehenden zu rühmen, wurde nicht nur von den Reformatoren, sondern ebenso von deren katholischen Gegnern getrieben: Heri pro concione vociferatus est Faber, Turcas Lutheranis meliores esse, Quia Turcae ieiunia servent, quae violent Lutherani (CR 1, 104), und Cochläus nennt die Loci theologici novum plane Alchoranum (CR 21, 79/80).

[178] „Es sind auch hier noch die Reste der mittelalterlichen Weltanschauung — (sc. ‚eine gewisse Härte, die er namentlich ketzerischen Richtungen gegenüber an den Tag legt') —, die sich bei Melanchthon erhalten haben. Aus der ganzen Form, die seine Lehre in der Spätzeit seines Lebens angenommen hatte, erklärt es sich, daß man von einer Anerkennung des Grundsatzes religiöser Duldung noch weit entfernt war" (Ellinger, S. 602).

seinem bisher ungehört verhallten Ruf nach einer Neuen Aufklärung[179], auch heute noch nicht die ihr zukommende Rehabilitierung erhalten hat, in ihrer Ideologie viel näher steht[180]. Nicht nur, daß Melanchthon eine Duldung der Muhammedaner prinzipiell ablehnt, fordert er die Obrigkeit im Gegenteil auf, sie gewaltsam an der Verbreitung ihrer Irrlehren zu hindern. Diese Aufgabe hat er, unter Berufung auf Augustinus[181], dem staatlichen Regiment zugedacht, dessen, der zweiten Tafel des Gesetzes entspringendes Eingriffsrecht in das äußere Leben der Menschen er ausdrücklich auch auf die erste Tafel ausdehnt[182]. Der Magistrat, der als Typus der staatlichen Executive schlechthin erscheint, hat sowohl das Recht zur Strafe als auch das weitere, Gottes-

---

[179] Vgl.: —, Verfall und Wiederaufbau der Kultur. Kulturphilosophie I. München 1923.

[180] Das wird vielleicht in den Kreisen der Repristinatoren, die den kulturellen und religiösen Krebsgang preisen, dereinst auch eingesehen werden! Keiner von ihnen dürfte den traurigen Mut besitzen, der Randbemerkung Friedrichs des Großen vom 16. Juli 1740: „alle Religionen Seindt gleich und guht wan nur die leüte so sie profesieren Erliche leüte seindt, und wen T ü r k e n und heiden Kähmen und Wolten das Landt Pöpliren, so wollen wier sie M o s q u e e n und Kirchen bauen" (G. Heinrich, Friedrich der Große in seiner Zeit. Sein Vermächtnis. Leipzig. S. 157 in Faksimile wiedergegeben) seine Zustimmung zu versagen. Nach Melanchthons Dafürhalten wäre diese tolerante Äußerung Blasphemie; und einem derartige Anschauungen propagierenden Fürsten zu gehorchen, dürfte er keinem seiner Mitmenschen zugemutet haben. — Und was wäre wohl in der Reformationszeit mit dem 12jährigen Lessing geschehen, der in einem Schüleraufsatz die sowohl von erstaunlicher Frühreife, als auch von wahrhaft christlichem Geist zeugenden Worte schrieb: Deus ipse dixit: Ne judicate, ne damnate! Nolumus damnare Mahometanos; etiam inter Mahometanos probi homines sunt (Haas, S. 34).

[181] Nam magistratus debet, ut alia publica et manifesta crimina, ita blasphemias manifestas et publicas punire. — Augustinus etiam permisit gladio coerceri Donatistas... (CR 2, 18).

[182] Magistratus est custos primae et secundae tabulae legis, quod ad externam disciplinam attinet, hoc est, prohibere externa scelera, et punire sontes debet, et proponere bona exempla. Manifestum est autem in primo et secundo praecepto, prohiberi idololatriam et blasphemias: ergo necesse est, magistratum externam idololatriam et blasphemias tollere et curare, ut pia doctrina et pii cultus proponantur (CR 16, 87). — Secundo, cum magistratus civilis sit custos etiam primae tabulae, quod ad externam disciplinam attinet, debet magistratus prohibere et punire blasphemias, idololatriam et falsa dogmata, et curare, ut vera et pia doctrina propagetur, et defendere recta docentes. Hanc sententiam primum confirmat praeceptum decalogi secundum. Omnes magistratus debent et ipsi obtemperare secundo praecepto decalogi, et eius custodes esse. Secundum praeceptum prohibet et punit blasphemias et falsa dogmata. Ergo omnes magistratus debent prohibere et punire blasphemias (CR 16, 118). — Vgl. hierzu auch: Paulus, S. 62—65; 74 ff.

lästerer zu töten¹⁸³. Unter besonderer Bezugnahme auf den Türken wird dieser ganze Komplex abgehandelt in den Libri visitatorii, Instructio Visitatorum. Wittenberg 1528. im Kapitel: Vom Turcken¹⁸⁴. Sein Tenor ist, daß wohl die Rache des einzelnen verboten, aber die durch die Obrigkeit vorgenommene g e boten ist, und der Boden, auf dem diese Anschauung erwächst, ist der der alttestamentlichen Talion¹⁸⁵. Die zur Verhinderung des Unglaubens und der Gotteslästerung unternommenen Feldzüge sind berechtigt, wie an dem Beispiel Karls des Großen und seiner gewaltsamen Sachsenbekehrung nachgewiesen wird. Allerdings sieht Melanchthon darin nicht etwa eine Unterdrückung, also eine intolerante Handlung, sondern eine Befreiungstat, die es den davon Betroffenen ermöglicht, Gott zu dienen¹⁸⁶. Hieraus ersieht man, daß er in keiner Weise geneigt war, den Muhammedanern, denen er ja ebenfalls Götzendienst, Gotteslästerung und falsa dogmata vorwirft, Gewissens-, Lehr- und Kultfreiheit zu gewähren.

Welches Verfahren er ihnen gegenüber für angebracht gehalten hätte, zeigt die Identifizierung Servetischer mit muhammedanischen Irrlehren¹⁸⁷. Er lobt Justus Menius, weil er „auch harte

---

¹⁸³ CR 8, 520; ausführliche Behandlung dieses Stoffes: CR 10, 851 ff.: Quaestio: An politica potestas debeat tollere haereticos?; CR 24, 374 f.: An haeretici sint interficiendi? postea est alia quaestio, an liceat Magistratui tollere haereticos, Item punire gladio blasphemias; CR 3, 240 ff.: De iure reformandi; Ebda., 466 ff.: De quaestione: Rectene Bonifacius VIII. constituerit quod iure divino Papa habeat utrumque gladium, hoc est, et summam potestatem Ecclesiasticam, et summam potestatem seu mandatum, seu ius conferendi regna et imperia mundi.

¹⁸⁴ CR 26, 81 f.

¹⁸⁵ „Vnd wie die schrifft den Christen sonderliche vnd eintzele eigene rache verbeut, also gebeut sie rache der öbrickeit, vnd nennet die Rache, so durch die öbrickeit geschieht, Gottes dienst, Ja das beste almosen ist, mord mit dem schwerd weren, wie Gott befolhen hat, Wie Genesis am Neunden (v. 6) stehet, Wer menschen blut vergeusset, des blut sol widder vergossen werden" (CR 26, 82).

¹⁸⁶ Potestas politica debet prohibere externam idololatriam, sicut dicitur in Deuteronom. Destrues aras ipsorum. Non potest Magistratus mutare affectus cordis. Sed externam professionem blasphemiarum, externos cultus idololatricos prohibere debet ac potest. Ita Carolus Magnus recte fecit prohibens Saxonibus idololatricos cultus, et passim constituens Episcopatus, quorum occasione instituerentur Saxones in religione: Sicut ipse in fundatione Episcopatus Bremensis scripsit: Non volo ut mihi serviant Saxones, sed ut sint liberi, et serviant Deo (CR 24, 199).

¹⁸⁷ Recens Servetus disputavit contra doctrinam de Trinitate. Transformat Ecclesiae doctrinam in imaginationes Mahometicas et philosophicas (CR 24, 252). — „Stancarus läuft in Hungern und Siebenbürgen

Reden gehabt wider Servetum und alle Mahometisten, die den Sohn Gottes lästern[188]". Und wie er in dessen Hinrichtung die angemessene, aber auch erforderliche Sühne für seine Ketzereien erblickt, so haben wir keinen Anhaltspunkt dafür, daß er die Muhammedaner hätte milder behandelt sehen wollen. Ohne Einschränkung gilt das Gebot: Non est contemnendum praeceptum, quod inquit: Blasphemus morte moriatur[189]. Das ist nicht menschlicher, sondern Gottes Wille: Vult Deus blasphemias et periuria severissime puniri, et punit ipse alastoras illos impiorum dogmatum autores, cum magistratus officium suum negligunt[190] ... Die Richtigkeit dieser Annahme wird durch die Forderung der Todesstrafe für Theobald Thamer aus Frankfurt a. M. bewiesen, der ebenfalls der Verbreitung „muhammedanischer" Lehren beschuldigt wird[191]. — Ein interessantes Streiflicht erhält diese rigorose These durch Gegenüberstellung einer anderen Äußerung Melanchthons. Auf das Gebot Muhammeds, den zu töten, der sich irgendwie gegen den Koran ungünstig ausspreche, antwortet Melanchthon mit dem Hinweis auf Christus, der Gegner nicht zu töten, sondern excommunicare verbo befohlen habe[192].

Genau so unbegreiflich wie die eben dargelegten Gedanken ist für unser Empfinden Melanchthons Befürwortung eines Mordes am Sultan, von dessen Ausführung er lediglich aus praktischen Erwägungen abrät[193]. Nach alledem darf man wohl sagen, daß Melanchthon bezüglich der Mittel zur Durchführung seiner intoleranten Pläne nicht gerade sehr wählerisch gewesen ist. Zur

---

umher, und machet viel Unruhe, ist voll jüdischer Opinion und stinket nach Serveto, ist mehr mahommetisch denn christlich, und ist unser Kirchen öffentlicher Feind..." (CR 9, 770).

[188] CR 9, 928.     [189] CR 11, 430.     [190] CR 12, 145 f.

[191] Constanter igitur Thammeri et similium furores detestamur, qui Mahometicas blasphemias spargunt. — Quod vero Thammerus horribilem confusionem efficit Ethnicorum, Mahometistarum, et Ecclesiae, non solum refutandus est doctrina, sed etiam a piis Magistratibus capitali supplicio adficiendus erat (CR 10, 867). — Thamerus, qui Mahometicas seu ethnicas opiniones spargit, vagatur in dioecesi Mindensi, quem publicis suppliciis magistratus politici adficere debebant (CR 9, 125).

[192] Hoc non sanxit Christus, quod ad ministros Evangelii attinet: Quos non iussit gladio tollere contradicentes, sed excommunicare verbo (CR 24, 374).

[193] Ut etsi honestum esset, si quis privatus solus iret in regiam Turcicam, et tyrannum interficeret, tamen id consilium non probandum, sed reiiciendum est, quia nec possibile est, nec uni alicui conveniens (CR 17, 803).

Abwendung der der Kirche seitens des Islam drohenden Gefahren ergreift er eben alle nur denkbaren Möglichkeiten. Von Duldung, Verstehen und Entschuldigung des fremdreligiösen Gegners ist wenig zu verspüren. Alles atmet noch den Geist des so übel mißverstandenen Coge intrare (Luk. 14, 23), mit dem die mittelalterliche römische Kirche ihre flammenden Scheiterhaufen sanktionierte und glorifizierte. Wenn irgendwo einer mit der Mahnung auftritt, daß den Christen die Rache untersagt sei, und rät, vom Widerstand gegen die Muhammedaner abzulassen, dann ist das für ihn „eine auffrührische rede, welche nicht sol gelitten oder gestattet werden[194]". Aber den Bauern legt er unter Berufung auf das Evangelium die Verpflichtung auf, sich nicht zu wehren[195].

Noch unverständlicher wird Melanchthons Intoleranz, wenn man bei ihm selbst von dem für die damalige Zeit großzügigen und duldsamen Verhalten der Türken gegenüber Protestanten liest. Von solchen Vorkommnissen berichtet er mehrfach: Einmal, als er die Türken dem Kardinal Sardolet als rühmliches Beispiel für Toleranz vorhält[196], ein andermal in einem Brief an Sutelius, worin er diesem mitteilt, daß trotz türkischer Besatzung das Evangelium in Ungarn gelehrt werden dürfe[197], und schließlich, daß die von den Bischöfen vertriebenen und verfolgten Prediger beim Türken Zuflucht suchten und fänden[198]. C. H. Beckers These, daß der Islam ursprünglich tolerant[199], erst durch christliche Einflüsse intolerant geworden sei, scheint, was das erstere betrifft, schon in der Reformationszeit nicht unbekannt und auch vertreten worden zu sein; denn Melanchthon schreibt in der für den Kaiser Maximilian aus-

---

[194] „Es schreyen auch etliche Prediger freuelich vom Türcken, man sol dem Türcken nicht widderstehen, Darümb das Rache den Christen verboten sey. Dis ist..." Forts. s. oben im Text (CR 26, 81).

[195] Zum andern, so gebewt das Euangelium vnrecht zu leyden, darum handeln die Bawrn vnchristlich, das sie mit dem namen des Euangelij sich decken... (CR 20, 658).

[196] Praefecti Turcici concedunt in Ungaria populo, ut vocent Pastores Ecclesiarum suo iudicio, et multi vocantur, qui pure docent Evangelium (CR 5, 771).

[197] CR 5, 405; 3, 629.

[198] In Hungaria, quia Turcae quiescunt, pelluntur pii Pastores ab Episcopis, et aliqui mersi sunt in Danubium, aliqui fugiunt in ea loca, quae tenent Turcae. Ibi tuto docere possunt (CR 8, 261). — Pannonia inter classica Turcica tamen literas colit ac sonat Evangelii vocem (CR 7, 689).

[199] —, Christentum und Islam. S. 36.

gearbeiteten Rede: Nam si quis putat mitia aut tolerabilia esse Turcarum imperia, is longe fallitur[200]... Er lehnt diese irrige Meinung also ab und begründet dies im folgenden durch die an Frauen und Kindern verübten Schändungen. Halt macht er allerdings, trotz seiner sonstigen Unduldsamkeit, vor dem Völkerrecht, indem er die Tötung des kriegsgefangenen Türken als unstatthaft hinstellt[201].

Eine Ahnung davon, daß es dem Christen nicht ziemt, bei jeder Gelegenheit gleich nach dem Büttel Staat zu rufen und sich seiner Schwerthilfe gegen Andersgläubige zu bedienen, mag auch bei Melanchthon hin und wieder aufgestiegen sein. Denn dieser Fortschritt ist doch wohl schon darin zu sehen, daß er die Obrigkeit einmal aus dem Spiele läßt, sie nicht zur rücksichtslosen Gewaltanwendung auffordert, sondern statt dessen sich auf das G e b e t wider die Muhammedaner beschränkt. Freilich zu einer Fürbitte für diese Feinde des Christentums kann er sich nicht durchringen, wobei offenbleiben muß, wie der Biblizist Melanchthon diese Haltung mit Matth. 5, 44 f. in Einklang bringen will: „Weil wir nu sehen, das Gott selbs diss Mahometisch Reich verdampt, vnd nennet es Gotteslesterung vnd Mord, So sollen wir ... mit ernstem gebet dagegen zu Gott ruffen, Das Gott disen grim lindern, vnd ein Ende daran machen wölle. Hieraus ist zu mercken, das dich Gottes wort selbs ... vnterweiset ... auch nicht dafür zu beten, Sondern wider das gantze Mahometisch Reich zu beten[202]."

Faßt man alle diese Äußerungen zusammen, dann kann man sich, besonders im Hinblick auf einige weitere, noch zu behandelnde, des Eindrucks nicht erwehren, daß Melanchthon von den Begleiterscheinungen aller Intoleranz, der falschen Sicherheit, Überheblichkeit, Selbstgerechtigkeit und dem theologischen Hochmut in seiner Polemik gegen den Islam nicht frei ist. Denn anders müßte er mit größerer Zurückhaltung und nicht so triumphierender Gewißheit über das künftige Schicksal der eigenen Religion

---

[200] CR 20, 463.

[201] Antiquo iure est verum, Ne occidas hostem captum, etiam Turcam: sed proeliantem interficere potes (CR 25, 508).

[202] CR 22, 624; s. a. CR 13, 1034 f.: Sic et nos hoc tempore oremus Deum, ut reprimat Turcas et alios hostes Evangelii, praecipue ob hanc causam, ut blasphemiae refutentur, et omnes agnoscant hunc vere Deum esse, quem Ecclesia invocat, et ad eum convertantur et Evangelium amplectantur.

reden²⁰³. Nicht genug damit, daß er den Staat zur Unterdrückung und Ausrottung fremden Kultes ermuntert, geht er sogar so weit, allen, die nicht seinen Glaubensstandpunkt teilen, wozu auch die Muhammedaner gerechnet werden, ihre Verurteilung und ihren Ausschluß von den Heilstatsachen anzukündigen²⁰⁴. „Gottlosigkeit und Lüge" ist jede Lehre, die sich nicht auf den „Eckstein" Jesus Christus stützt²⁰⁵. Zu eigenartigen Aussagen kommt Melanchthon auch in bezug auf das Schicksal der ungetauften jüdischen und türkischen Kinder: Denn dieses ist wahr und muß erhalten werden, daß der Juden und Türken Kinder, das ist, wo der Name Christi über die Kinder nicht wird angerufen, sondern verflucht, die gehören nicht in die Erbschaft Christi und in ewige Seligkeit²⁰⁶. Dadurch, daß sich Muhammed gegen die Alleingültigkeit der Heiligen Schrift ausgesprochen hat, ist er ein „Gottesfeind", seine Lehre „fluchwürdig²⁰⁷".

²⁰³ Auch in dieser Beziehung tritt ein Strukturunterschied zwischen den teilweise noch in römischen Vorstellungen befangenen und mit römischen Mitteln arbeitenden deutschen Reformatoren und den heutigen Christen zutage, die es peinlichst vermeiden, in die Majestätsrechte Gottes einzugreifen und sich bemühen, die durch den Glauben und die Erkenntnis der steten eigenen Irrtumsmöglichkeit gebotene Reserve sich aufzuerlegen. Wie wäre es sonst möglich, daß beispielsweise ein so „positiver" Theologe wie Alfred Dedo Müller die Deutsche Glaubensbewegung mit dem ersten, anfangs Nein sagenden Sohn (Matth. 21, 28 ff.) gleichsetzen kann (Z. Th. K., Jg. 1935, Heft 1)! Wir wissen heute, daß gnädige Annahme oder Verwerfung eines nicht-christgläubigen Menschen eine Entscheidung ist, die sich der Herr über Gute und Böse vorbehalten hat und die selbst zu fällen, menschliche Kompetenz übersteigt.

²⁰⁴ Nemo venit ad Patrem, nisi per Filium. Item: Qui non credit in Filium, iam iudicatus est. Impossibile est igitur invocationem Ethnicam et Mahometicam Deo placere (CR 23, 525). — Ut enim in coniugio ad amorem mutuum accedit fides, qua uterque coniunx suum corpus uni coniugi castum et sanctum servat... ita filius Dei unicam sponsam, et eam solam complectitur, quae verbum et beneficia ipsius amat, et puritatem doctrinae Christi ac sacramentorum retinet, non diligit Turcicos, Ethnicos, Iudaicos aut Haereticorum coetus (CR 12, 135). S. a. 8, 531; 5, 135.

²⁰⁵ Quare sunt exclusi a vita aeterna omnes, super quos non est invocatum nomen Christi, ut gentes ignarae Evangelii, aut blasphemae, ut Epicurei omnium gentium. Item Iudaei, Mahometistae, tyranni, qui defendunt impios cultus Papae, et conantur veram et salutarem doctrinam de beneficiis Filii Dei, et de fide opprimere. — Impietas et impostura est, proponere aliam doctrinam pro fundamento seu lapide angulari, dissentientem ab Evangelio, sicut faciunt Iudaei, Mahometistae et defensores errorum pontificiorum (CR 13, 1445 f.).

²⁰⁶ CR 5, 688; s. a. 7, 886; 14, 764; 21, 858, 860.

²⁰⁷ Quia enim abiicit universam doctrinam traditam per Prophetas

Die Maßlosigkeit Melanchthons, wo immer er ein Hinausschreiten über den starren Konfessionalismus wittert, bekommt auch der Frankfurter Theologieprofessor Theobald Thamer[208] zu spüren. Wie wir schon sahen, forderte er für ihn die Todesstrafe. Damit gibt er sich aber noch nicht zufrieden, sondern sucht ihn zu wiederholten Malen durch bösartige Verwünschungen zu diffamieren[209]. Sein „Verbrechen" besteht in dem auch von der modernen Religionswissenschaft erhobenen Postulat einer „unbewußten Offenbarung" Christi unter Nichtchristen: vult Ethnicos novisse Christum interno lumine[210], und seiner Mahnung zu einem in der Liebe tätigen Glauben. Diese Gedanken, die uns diesen Theologen besonders anziehend machen und in ihm einen mit Weitblick begabten Vorläufer des 18. Jahrhunderts und seiner in gleicher Richtung tätigen Kämpferschar sehen lassen, sind für Melanchthon nichts anderes, denn eine „Zurüstung auf die muhammedanische Schmach[211]".

Für Melanchthon wäre es nicht schwer gewesen, in der Geschichte der Toleranz einen Ehrenplatz als Vorkämpfer einzunehmen, wenn er da fortgefahren oder wenigstens stehen geblieben wäre, wo er im Jahre 1521 stand. Damals war ein Pamphlet: „Thomae Rhadini Todischi Placentini in Lutherum Oratio" erschienen, das unter anderen Anwürfen auch den enthielt, daß „Luther in der gottlosesten Weise für Türken und Ketzer eintrete[212]". Unter dem Pseudonym Didymus Faventinus verfaßte hiergegen Melanchthon eine äußerst geschickte, schwungvolle und schlagkräftige Erwiderung, worin uns vor allem die Stellen interessieren, in denen er Luther gegen die ihm zur Last gelegte Sympathie für den Türken verteidigt: Luther habe nichts anderes gesagt, als daß

---

et Apostolos hostem esse Dei nihil dubium est. Quare fugienda et execranda est Mahometi doctrina (CR 13, 961).

[208] Vgl. über ihn: RGG, 2. Aufl., V, Sp. 1083; RE 19, S. 580 ff.; 24, S. 560.

[209] CR 12, 612, 589, 375; 10, 865; 9, 366; 8, 667, 68, 58, 59.

[210] CR 8, 56.

[211] Mihi novum bellum est cum homine fanatico Thamero, qui Francofordiae ad Moenum in Ecclesias nostras diu flagitiose debacchatus est, qui contendit, Ecclesiam semper fuisse et esse coetum, qui honesta disciplina mores rexit aut regat etiam inter Ethnicos, qui nomen Christi non norunt. Abolet discrimen legis et Evangelii, et Evangelium ait tantum esse νόμον φυσικόν. Haec est παρασκευὴ πρὸς βεβηλότητα τουρκικήν. (CR 8, 70).

[212] CR 1, 243.

man zuerst bei sich selbst Einkehr halten solle, bevor man daran ginge, die Türken zu bekriegen. Christlicher wäre es, durch Verkündigung des Evangeliums diese fromm zu machen, als sie mit Waffengewalt zu zwingen. Auf diese Weise sei man, wie die türkischen Erfolge beweisen, bisher noch nicht vorwärtsgekommen. Bekannt seien ja auch die egoistisch-taktischen Vorspiegelungen, die die Aufmerksamkeit immer wieder auf die Türken lenkten, um unter diesem Deckmantel die eigenen schmutzigen Geschäfte zu betreiben. Dies alles wolle Melanchthon sagen, um zu zeigen, „wie wenig fromm" diese Türkenkriege seien[213]!

Leider waren diese zu Selbstkritik, Gerechtigkeit und Mission an muhammedanischen Menschen ermahnenden Regungen in Melanchthon nicht tief verwurzelt, sondern anscheinend nurmehr aus der Oppositionslust des Augenblicks heraus geboren. Es bleibt die Tatsache bestehen, daß ein Mann, der unter Inanspruchnahme der Glaubens- und Gewissensfreiheit eine Neuerung auf religiösem Gebiet durchführen konnte, sich nicht dazu aufraffte und nicht die Objektivität besaß, dieses für seine religiöse Auffassung beanspruchte Recht nunmehr auch der letzten aus dem großen orientalischen Religionskessel entsprungenen Glaubensbewegung zuzugestehen.

### 3. Das patriotische Anliegen.

Bei Untersuchung der Gründe für Melanchthons geringe Bereitwilligkeit zu einer objektiven Prüfung des Islam stößt man neben den bereits bekannten dogmatischen Einwänden auf etwas, das man bei ihm nicht ohne weiteres erwartet: Das ist die bange

---

[213] De Turcicis etiam bellis dicendum erat, ... cum Lutherus non aliud dixerit, nisi pium esse, ut nos ipsos prius emendemus, quam ferro in Turcas grassemur. — Porro autem, quanto Christianius erat, praedicatione Evangelii eos ad pietatem vocare, quam bello cogere. Immo quam ferro nihil profectum sit, satis apparet, cum nostris bellis velut excitatus ab ultima Asiae parte, propemodum in mediam Europam nos secutus sit. Neque vero damno, Principes, maiorum vestrorum studium, qui suas vires experiri Turcam voluere, sed stultorum Pontificum accuso impietatem, qui illos Turcis obiecere, ut ipsi interim domi dominarentur. An obscurum est, quo consilio Henrici et Friderici in Asiam ablegati sint? An obscurum est, quam infoeliciter dimicatum sit ad Varnam, cum pium foedus Hungarici regis et Turcae impie rescinderet Cardinalis Iulianus? annon satis poenarum pro perfidia dedimus amisso rege Hungarico? ut caetera taceam. Horum uos monere volui, ut ipsi cogitetis, quam parum pia sint hoc genus, Turcica bella, quae nos iam aliquot seculis gerimus. Quid quod Romae finxerunt hactenus toties, bella minari Turcam, quoties Germaniam depraedari libuit (CR 1, 354 f.).

Sorge um die Erhaltung des unversehrten Bestandes Deutschlands und Europas[214]. Natürlich begegnet uns bei ihm nicht die aus völkischen Wurzeln aufsteigende Art des Nationalbewußtseins, wie wir es heute bei den einzelnen europäischen Nationen beobachten können, sondern es ist mehr die Stimmung, die Wilhelm II. zu den bekannten Worten veranlaßte: „Völker Europas, wahrt eure heiligsten Güter!" Und wie dieser damit auf die drohende „gelbe Gefahr" aus dem Fernen Osten hinweisen wollte, so wird jener nicht müde, seine Zeitgenossen vor dem ständig[215] im Verzug befindlichen Unheil aus dem nahen Südosten, dem Crudelissimus nominis Christiani hostis Turca[216] zu warnen[217]. Unerträglich ist es ihm, daß der persönliche Egoismus der europäischen Herrscher[218] sich nicht zu einem kräftigen Widerstand gegen den Türken durchringt: Utinam igitur Deus exsuscitet tandem duces, ut patriae, ut Ecclesiae, quae est altera patria, ut suae privatae saluti consulant[219]. — Diese letztere Wendung, die von der Kirche als altera patria spricht[220], zeigt die Eigenart von Melanchthons Patriotismus[221]. Wenn überhaupt, dann hat nicht der Staat oder das Volkstum, sondern die Kirche einen Vorrang zu beanspruchen. Me-

---

[214] Fester, S. 11, meint allerdings: „Von seinem Patriotismus sollte man nicht soviel Aufhebens machen." — Er könne „nicht finden, daß er sich dadurch vor anderen Humanisten ausgezeichnet habe".

[215] Adhaec Turci latrones paulatim longius grassantur, et quotidie propius ad nos accedunt (CR 14, 722).

[216] CR 11, 26.

[217] Die damals allgemein herrschende Türkenangst kommt auch in Hans Sachs' Gedichten: „Die Landsknechte vor Wien" und „Wider den blutdürstigen Türken!" (in: J. Sahr, Deutsche Literaturdenkmäler des 16. Jahrhunderts, Bd. II, 2. Aufl. Berlin und Leipzig 1920. S. 24—36) zum Ausdruck, und wie J. Ficker mitteilt (Deutsches Pfarrerblatt, 40. Jg., Nr. 18, S. 308 f.), ist sogar das Lied „Ein feste Burg ist unser Gott" von Luther als Trutzlied gegen die Türken gedacht gewesen: „Mit dem allen steht über allem Zweifel . . ., daß dieses Hohelied von dem Herrn Christus als der festen Burg, Wehr und Waffen in Sieg und Schutz, den im Kampfe mit dem Teufel uns Gott selber geben hat, den Anstoß zu seinem Hervorbrechen in der furchtbaren Not hat, die mit dem Türken abermals heraufgebrochen war gegen die Hauptstadt des deutschen Reiches und gegen den Herrn Christus und sein Reich."

[218] Etsi vident Reges et Principes Turcicum tyrannum iam grassantem in Pannoniis, Germaniam etiam appetere: tamen nunquam magis inter se discordes fuerunt. — Communis salus Europae postponitur rebus privatis (CR 5, 56). — Etsi deploro infelicitatem Ferdinandi, tamen Germanos caeteros accusandos esse potius sentio, qui propter privata odia desunt communi causae et saluti patriae (CR 3, 447). — Vgl. a. Hartfelder, S. 305.

[219] CR 13, 1470.   [220] S. a. CR 3, 669, 508.

[221] Vgl. Hartfelder, S. 304 ff.

lanchthon wurzelt so tief in theokratischen Vorstellungen, daß er sich aus dem Bann ihrer Totalität noch nicht gelöst hat. So fordert er Camerarius, den Nürnberger Herzensfreund und Gelehrten, auf, die Jugend anzuleiten ad communem utilitatem patriae, et melioris patriae Ecclesiae[222]. Sie ist die mater omnium gentium[223]. Diesen kostbarsten Besitz, das „bessere Vaterland" fürchtet Melanchthon durch die Türken zu verlieren[224]. Besonders schlimm wird die Lage dadurch, daß Deutschland gleichsam zwischen Scylla und Charybdis, d. h. zwischen Türkennot und Bürgerkrieg schwebt[225]. Nicht so sehr scheint er den durch die Türken drohenden territorialen Verlust oder ein Leben unter ihrer Oberhoheit zu fürchten, als vielmehr die Zerstörung der in Deutschland geschaffenen kulturellen Werte[226]. Um dies zu verhindern, ermahnt er die Fürsten immer wieder zu Frieden und Einigkeit und ist tief betrübt über ihren Unverstand und ihre Untätigkeit[227]. Wenn Melanchthon auf diese Unterlassungssünde der Fürsten zu sprechen kommt, wird er mitunter sehr scharf und bitter[228]. Er tadelt

---

[222] CR 5, 110; s. a. 6, 624.

[223] CR 6, 530. — Trotz der großen Bedeutung, die der Kirche eingeräumt wird, übersieht er aber nicht den Vorrang der Staatsinteressen gegenüber dem Einzelwohl: Deinde illud etiam sciamus, nos non nobis, sed rei publicae vivere (CR 16, 111).

[224] Erunt nova bella intestina, venient Turci, et hanc pulcherrimam partem totius generis humani, videlicet Ecclesias in Germania, redigent in vastitatem et solitudinem, sicut Asia, sicut Graecia nunc sunt solitudines (CR 14, 860). S. a. 24, 531.

[225] Cogitate, quanta haec sit miseria. Ubi fuit flos generis humani ibi iam est talis vastitas. Deus parcat nobis. Si venerit Turca, erit similis vastitas, aut si erunt bella civilia, wirdts nicht besser werden (CR 25, 297). — Externos hostes habent Ecclesiae nostrae crudelissimos tyrannos Turcicos et Pontificios. His relictis dimicamus inter nos, ut Cadmei fratres (CR 12, 331). S. a. 11, 634 f.

[226] Dei beneficio videtis mediocriter iam cultam esse Germaniam. Sed quid erit paulo post? quando vastabitur a Turcis, aut bellis civilibus, quod etiam metuo. Sed magis metuo, ne vastetur a Turcis (CR 25, 889). — Bretschneider schreibt hierzu: Sic in decennio quinto saepe ligitur sententia, urbes maiores imperii fore et manere sedes doctrinae et litterarum, si Turcae campum Germanicum devastaturi fuissent (CR 1, 129).

[227] Quis enim non doleat summos Monarchas Christiani nominis inter se ita ludere, cum Turci alibi immanem saevitiam, pene in conspectu nostro exerceant (CR 5, 253). — Optarim autem Germanicos principes et in inquirendis historiis Turcicis diligentiores, et in defensione patriae coniunctiores et acriores esse... (CR 12, 155). S. a. 24, 939.

[228] Deinde regum et principum aulas vide. — Quid gerunt adversus Turcicam tyrannidem ... quae ... minetur non modo servitutem, sed

die anscheinend eingerissene Sucht, Turcico habitu delectari und
steht nicht an, solche Leute hostes patriae zu nennen[229]. Bei der
Erzählung eines Wiener Gastfreundes, daß die Türken auf Ofen
zu rücken und Wien sich zur Verteidigung rüstet, ruft er aus: O
rem tristem cogitatu! Maiores nostri Turcas in Asia reprimebant,
nunc grassantes in vestibulo Germaniae ne quidem cogitamus re-
primere[230]. Überhaupt scheint die türkische Bedrohung Wiens wie
ein Schock auf ihn und die deutschen Fürsten gewirkt zu haben[231].
Er wundert sich über Karl V., der Deutschland bekriegt, während
der Türke in Pannonien seine Räubereien ausführt[232]. Unbedingt
tritt er für die Verteidigung Deutschlands und die Entsendung von
Hilfstruppen gegen die Türken ein, auch auf die Gefahr hin, einen
taktischen Fehler zu machen, da dadurch der gegnerische König
Ferdinand und Kaiser Karl gestärkt würden[233]. Nichts läßt er
ungenutzt, vor Augen zu führen, wie nahe und wie brennend die
Gefahr für Deutschland geworden ist und davor zu warnen, daß
man sich in falsche Sicherheit wiege[234]. Es ist der ökumenische
Gedanke, der ihn veranlaßt, die Fürsten zu gegenseitiger Unterstützung in der Abwehr des gemeinsamen Feindes aufzurufen[235].
Seinem rastlos nach abschreckenden Beispielen suchenden pa-
triotischen Eifer entgeht nicht das warnende Mahnmal Konstantinopel, seit dessen Fall er den türkischen Angriff auf Deutschland
für nahe bevorstehend hält[236]. Unzählige Male verleiht er seinen

vastitatem? — Una cura est profundendae et quaerendae pecuniae (CR 13, 924).

[229] CR 11, 145.   [230] CR 8, 675.

[231] Ibi (sc. in Torgau) cognovimus, Viennam a Turcis summa vi oppugnari. Nec iam dubii rumores sunt, sed omnia feruntur explorata certo. Ea re valde omnes consternati sunt. Princeps cum tota aula maxime videtur hoc periculo commotus (CR 1, 1108).

[232] CR 6, 189.   [233] CR 5, 334 f.

[234] An non enim corporum caedes in oculis omnium fiunt? Turcici certe latrones atrociter grassantur in Ungaria: id proh dolor negari non potest. Nec somniemus clades et vastationes in vicina Pannonia nihil ad nos pertinere. Nam paulo post, quod Deus prohibeat longius grassante rabie Turcica hae regiones opinione omnium celerius et immanius vastari facile poterunt (CR 14, 753).

[235] Quare Christiani defensionem Christianis contra Turcos et Tyrannos debent, quatenus possunt, et accedunt duces et mediocres exer-
citus, $\mu\iota\tilde{\alpha}\varsigma\ \gamma\grave{\alpha}\varrho\ \chi\varepsilon\iota\varrho\grave{o}\varsigma\ \grave{\alpha}\sigma\vartheta\varepsilon\nu\grave{\eta}\varsigma\ \mu\alpha\chi\eta$, inquit Euripides (CR 23, 149).

[236] Afficiamur illis calamitatibus et cogitemus nos esse proximos periculo. Quando concidit Constantinopolis, coepit in maiori periculo esse etiam Germania. Est usitatus versus: Tunc tua res agitur, paries cum proximus ardet. — Accedit huc, quod nostri principes in Germania

diesbezüglichen Besorgnissen Ausdruck[237]. Aus der noch zu Lebzeiten Karls V. erfolgten Regierungsniederlegung — jetzt cum Turcicae irruptiones quotidie expectandae sunt — folgert er: Vere nunc est Almania, ut vox Ebraea sonat, Almana id est vidua[238]. Die politische Lage sieht er aber nicht allein unter dem deutschen Aspekt, sondern er betrachtet sie vom höheren Standpunkt des den weiteren Raum überschauenden Menschen, der um das gemeinsame Schicksal aller europäischen Staaten weiß und ein dieser Völkergemeinschaft nicht entsprechendes Handeln scharf kritisiert. Hierbei vertritt er durchaus moderne Ansichten bezüglich Polens auf der einen und Deutschlands und Frankreichs auf der anderen Seite[239].

Angesichts des in Aussicht stehenden Unheils nimmt Melanchthon eine heroische Haltung ein, die man bei ihm nach der populären Vorstellung eines den Frieden und die bürgerliche Ruhe über alles liebenden, etwas schwächlichen und dauernden nachgiebigen Menschen nicht vermutet: Er zieht einen ehrenvollen Tod einem unehrenhaften Leben, wie es die türkischen Martern an Leib und Seele bedeuten würden, vor[240]: ... Lieber, wenn

ad eundem modum tumultuantur, sicut factum est ante exidium Constantinopolis (CR 25, 13). S. a. 9, 827.

[237] CR 8, 821, 591, 620, 848, 852 u. ö.

[238] CR 8, 907. — Et igitur Almania, ut nomen sonat, Almana, id est, misera, quia et Turcicae irruptiones impedent (CR 8, 892). — Derartige Äußerungen bestätigen J. Richter, wenn er feststellt (Evangelische Missionskunde. Bd. II: Missionslehre und Apologetik. Leipzig 1927. S. 207), „daß im Mittelalter (aber auch noch in der Reformationszeit!) die Muslime ein sieghaftes Gefühl der Überlegenheit, die Christen eine an Verzagtheit grenzende Stimmung der Ohnmacht beherrscht habe".

[239] Fuit autem regnum Polonicum praecipue salutare reliquae Europae, annis iam quingentis, quia murus fuit adversus Tartaros, nec bella nobis intulit. Caetera regna, Germanicum et Gallicum, dum inter sese de possessione Italiae dimicant, publicae saluti deferunt (CR 8, 869). S. a. 9, 814, 781.

[240] Quis nostrum non malit uno hiatu terrae universam Germaniam corruere, ac vastitatem fieri, quam inferri contumeliosas Christo, coniugii dissipationem, publicam licentiam rapiendi florem iuventutis (CR 13, 1470). — Quid magis heroicum, quam quod Hector ait: εἷς οἰωνὸς ἄριστος ἀμυνᾶσθαι περὶ πάτρας unum auspicium foelicissimum, fortiter depugnare, et honeste cadere pro patria? Quam sententiam si ob oculos et in animos scriptam hoc tempore Principes haberent, non vidissemus Turcas toties iam Germaniae et Christiano orbi ita impune insultantes, nec eorum adventum adeo perhorresceremur (CR 11, 386). — Denn viel leidlicher were es einem fromen man, sehen seiner kinder tod, denn das sie Türckische sitten müsten an nemen... (CR 26, 82).

schon der Christliche glaube nichts were, so ists dennoch not, das wir streiten widder die Türcken, vmb vnser weib vnd kind willen. Denn wir lieber tod sein wollen, ehe wir solche schande vnd vnzucht an den vnsern sehen vnd leiden wollen . . ."²⁴¹. Rührend ist es, wie er in weitschauender Sorge Calvin die Sache der Wissenschaften und des Evangeliums für den schlimmsten Fall anvertraut. Er, der sonst jeden ablehnt, der auch nur um ein Kleines von seiner und Luthers Lehre abweicht, stellt hier alle kleinlichen Bedenken zurück und sieht nur das eine große Ziel: Die Rettung des Christentums vor dem Türken²⁴². An Österreich wird in diesem Zusammenhang getadelt, daß es sich eigenartig widerspruchsvoll verhalte, auf der einen Seite zur finanziellen Unterstützung seiner Türkenzüge auffordere, andererseits jedoch den protestantischen Kirchen Schwierigkeiten mache²⁴³. Wenn der Widerstand gegen den türkischen Allesverderber nicht aufgenommen wird, dann sieht Melanchthon nach Unterwerfung der benachbarten Stämme mitten in Germanien die fürchterlichsten Greuel an Menschen und Kirchen wüten²⁴⁴. Städte werden dem Erdboden gleichgemacht, Kinder ihren Eltern genommen, Schwangere geschändet und „fanatische Religionen" propagiert werden²⁴⁵. Der Sultan ist in seinem Christenhaß und Blutdurst unersättlich²⁴⁶.

Da anzunehmen ist, daß Melanchthon nur solchen Ansichten, die er selbst gutheißen konnte, das Wort geredet hat, so darf man

---

[241] CR 26, 83.

[242] Fortassis nostra Germania paulo post a Turcis vastabitur, quod si fiet, eo magis vobis alibi in locis tutioribus studia literarum excitanda erant, et pugnandum vehementius, ut in reliqua Europa Evangelii lucem accendatis et retineatis (CR 5, 109).

[243] Nunc quidem Turci quiescunt. Sed vicina (sc. Austriaca) gubernatio duas res contrarias simul agit, postulat ut dent pecuniam et gerant bellum contra Turcos Hungari, et in Ecclesiis, quae nobiscum sentiunt, recipiantur veteres εἰδωλομανίαι (CR 8, 97).

[244] Nam si Turci rumperent in Germaniam, qualis vastitas, quantae dissipationes harum gentium fient? (CR 5, 93).

[245] Nisi enim occurrimus, paulo post domitis vicinis gentibus in media Germania videbitis excindi urbes, inflammari templa, rapi ad omne flagitii genus coniuges et liberos, divelli infantes a complexu parentum atque interfici, medias secari gravidas mulieres, illo acynace barbarico, fanaticae religiones, quibus initiati sunt, ne quidem concedunt eis otium, sed lege cogunt imperium extendere (CR 20, 464).

[246] Neque enim arbitrari debemus, eum (sc. Turcarum tyrannum) in tanto odio Christiani nominis, in tam dira siti humani sanguinis posse diutius quiescere (CR 1, 875).

auch die Aussprüche Kaiser Maximilians in der von jenem ausgearbeiteten Rede gleichsam als seine eigenen betrachten. In ihnen fordert er aber, unter Hinweis auf die innertürkischen Schwierigkeiten und die augenblicklich (1518) günstige Gelegenheit, zum Präventivkrieg gegen die Türken auf[247], ja er bezeichnet dieses Unternehmen als „notwendig und fromm"[248]. Die Notwendigkeit dieses Krieges wird unterstrichen durch die Verpflichtung, die man gegenüber anderen, von diesen unterdrückten europäischen Staaten habe[249].

Überblickt man diese Warnungen und Mahnungen, dann ergibt sich, daß der „monitor Germaniae" Melanchthon so, wie er die durch die Türken herbeigeführte politische Lage Deutschlands und Europas sah, sich der Überzeugungskraft und Wirksamkeit seiner Argumente begeben hätte, wenn er den Islam wirklichkeitsgetreu und gerecht und nicht als die schlechthin feindliche und zu unterdrückende Religion gezeichnet hätte. So aber ist es ihm möglich, seine Apologie gegen die vom Südosten her Europa bedrängende, die Lehre von dem e i n e n Gott verkündende Bewegung als Theologe wie als Staatsbürger von ein und derselben Basis aus zu führen. Beider Argumentation fließt ineinander, so daß sich heute eine reinliche Scheidung hinsichtlich ihrer Motive nicht mehr vollziehen läßt.

Wenigstens gestreift werden mag, daß eine Allianz mit den Türken, wie sie während des Weltkrieges die Mittelmächte mit dem Osmanischen Reich unbedenklich eingingen, von Melanchthon niemals gebilligt worden wäre; denn die gleichen Bestrebungen zu seiner Zeit verwirft er unter Hinweis auf entgegenstehende göttliche Mahnungen: Cum autem fuerint ingentes successus et admirandae victoriae regni Turcici, Ecclesiae vero tam vastatae sint, sequuntur homines fortunam, multi ad Turcos deficiunt et amplectuntur impiam doctrinam: Alii expetunt societatem et $\sigma\upsilon\mu\mu\alpha\chi\iota\alpha\nu$ cum Turcis, et quanquam non amplectuntur eorum doctrinam tamen regnum impium adiuvant. Praemonet igitur nos Deus, ne capti admiratione potentiae, aut fracti nostris

---

[247] CR 20, 461 ff. [248] Ebda., 463.
[249] Nam etiamsi Turcae suis finibus iam contenti, non proferrent arma longius, nec nobis periculum denuntiarent, nos quidem, quibus Deus Praecipue commendavit orbis Christiani defensionem, bellum inferre illis opportebat, ut Graeciam et vicinas provincias crudeli servitute liberaremus (Ebda.).

aerumnis, deficiamus ab Evangelio²⁵⁰. — Wenn Melanchthon schreibt: Sicut Christiani reges habent iustas causas belli gerendi contra Turcas, quia invaserunt nostras provincias, et in lege Mahometica profitentur se nobis esse hostes et perpetuum bellum nobis denunciant²⁵¹, dann läßt er erkennen, daß er den Kreuzzugsstandpunkt noch nicht überwunden hat.

Eine reine, nur der Wahrheit verpflichtete Wissenschaft, die nicht zweckgebunden ist und die Forschung um der Sache willen treibt, kannte Melanchthon nicht; sie war bei ihm immer irgendwie zweckbestimmt, entweder auf kirchliche oder nationale Belange. Das, was Melanchthon hier bezüglich des Islam tut, ist ein Dienst pro patria et Ecclesiis²⁵². Als Religionswissenschaftler mußte er durch das Hineintragen eines fremden Elements versagen; dafür darf er aber für sich den Ruhm in Anspruch nehmen, mit Ulrich von Hutten in einer Reihe zu stehen, der es ebenfalls als seine Aufgabe betrachtet, die deutsche Öffentlichkeit vor der türkischen Gefahr zu warnen²⁵³.

Anhang: Vergleich mit Luthers Islamkritik.

Was für Melanchthon nicht gilt, trifft bei Luther zu: Seine Kritik am Islam ist — wie schon oben gesagt — wiederholt Gegenstand der Untersuchung gewesen. Alle diese Arbeiten kranken aber daran, daß sie nicht unvoreingenommen den Stoff behandeln, sondern auf eine in der Sache nicht begründete Apologie des Apologeten Luther hinauslaufen. Diese ist aber unangebracht; denn auch Luther zeigt in der Behandlung dieser Frage, daß er Muhammed, Koran, Muslime, überhaupt den gesamten Islam nur unter dem bekannten, verengten mittelalterlichen Blickwinkel zu sehen vermag²⁵⁴. Von einer Einsicht in die morphologische Zwangs-

---

²⁵⁰ CR 13, 862.   ²⁵¹ CR 16, 108.

²⁵² Defensio enim nostra nunc suscipitur pro patria et Ecclesiis contra eos, qui bellum denunciarunt, ut restituunt idola et blasphemias, et rapiunt ad stupra honestas matronas et virgines (CR 6, 188).

²⁵³ Vgl. Ulrichi de Hutten Equitis Germani ad Principes Germaniae, ut bellum Turcis invehant, Exhortatoria 1518.

²⁵⁴ Vgl. G. Simon in RGG, 2. Aufl., III, Sp. 425. — Daß auch Luther von apologetisch-polemischen Motiven bei seiner Auseinandersetzung mit dem Islam überwiegend geleitet wird, bezeugt eine Stelle aus seinem Brief an den Rat zu Basel, in dem er diesen um Freigabe der beschlagnahmten Biblianderschen Koranausgabe bittet. Danach soll das Buch ausgehen „Christo zu ehren, den Christen zu gut, den Turcken zu schaden, dem teuffel zu verdriess" (in: K. R. Hagenbach, Luther und der

läufigkeit, die völkische Notwendigkeit, den sozialen Fortschritt und die lebendige muhammedanische Religiosität ist er weit entfernt. Diesen wissenschaftlichen Mangel übersehen sie alle: Holsten, Voßberg, Simon, Barge. Was ihn von Melanchthon vorteilhaft unterscheidet, ist einmal die Tatsache, daß er sich nicht mit einigen zufällig erlangten, ungeprüften Nachrichten begnügt, um darauf ein mangelhaft unterbautes Urteil zu gründen, sondern — wenigstens zeitweise — um eine einwandfreie, eingehende Information bemüht war[255]. So kann man ihm, wenn auch seine Ansichten falsch, weil einseitig und auf unsachgemäße Weise gewonnen waren, den Vorwurf der Leichtfertigkeit nicht machen[256]. Und zweitens weist er in seiner Islamkritik wenigstens Spuren einer gewissen, wahrscheinlich durch sein größeres Sachwissen bedingten Objektivität[257] auf, nach der man bei Melanchthon ver-

---

Koran vor dem Rat zu Basel, in: Beiträge zur vaterländischen Geschichte, Bd. IX, 1870, S. 299). Die Koranpublikation denkt er sich vornehmlich als gute Hilfe für die Islampolemik der Pfarrer nebst heilsamen Nebenwirkungen auf den Kampfesmut der christlichen Krieger. Jener Aufgabe sei es, „dem volck fur zu predigen den grewel des Mahmets". Das stärke den christlichen Glauben und dürfte einem Christen „ein recht lewen Hertz ym felde machen" (Enders-Kawerau 14, S. 351). — „Luther hat freilich in erster Linie das Ziel im Auge, daß für den Christen dem Islam jegliche Überzeugungs- und Anziehungskraft genommen werde" (Holsten, S. 149). Wenn das richtig ist, dann ist erwiesen, wie fern Luther religionswissenschaftlicher Arbeit steht.

[255] Nach Clemen ist sogar der Anstoß zur Edition des Koran durch Bibliander von den Wittenbergern ausgegangen (WA 53, S. 562 ff.). Doch ist mir der von Egli (S. 50 ff.) geschilderte Gang der Ereignisse wahrscheinlicher. Bestärkt werde ich in dieser Annahme durch den Umstand, daß von Melanchthons Seite niemals eine derartige Anregung ausgehen konnte. Daß er sich dazu bestimmen ließ, das Werk zu bevorworten, geschah auch nur wegen der gleichzeitig mit veröffentlichten Pamphlete. — S. a. Enders-Kawerau 14, S. 351; H. Barge, S. 113.

[256] Nur ist es übertrieben zu behaupten, wie es Voßberg tut (S. 94), Luther sei „weit entfernt von einer einseitigen und ungerechten Beurteilung oder gar Schmähung des Islam". Die von ihm und auch von Barge gebrachten Zitate beweisen eher das Gegenteil.

[257] In seiner Übersetzung der Confutatio des Riccoldus sagt Luther eingangs: „Dis Buch Bruder Richards, prediger ordens, Confutatio Alcoran genant, hab ich vormals mehr gelesen, Aber nicht gleuben können, daß vernünfftige Menschen auff erden weren, die der Teufel solte bereden, solch schendlich ding zugleuben" (WA 53, S. 266). Fastnacht 1542 nimmt er jedoch seine Bedenken gegen Riccoldus zurück. — Seine Objektivität darf man auch nicht überschätzen, denn ihm fehlt ein wissenschaftliches Grunderfordernis: philologische Genauigkeit. In der Wiedergabe von Riccoldus' Gegenschrift verfährt er frei, läßt ausgesprochen katholische und scholastische Argumentationen weg, kürzt

geblich suchen wird. Bei Luther spürt man ein inneres Ringen um das Problem der Fremdreligion, Leben und Entwicklung. Aber bei Melanchthon herrscht immer die gleiche starre Negation. Natürlich fehlt auch bei Luther nicht die eintönige Schimpferei nach Art der vorreformatorischen Islampolemiker auf Muhammed und seine Lehre[258]. Das ist aber nur ein neuer Beweis für die allseitig fortwirkende Macht mittelalterlicher Vorstellungen, die in gleicher Weise auf Melanchthon lasteten. Obwohl der Tenor bei beiden Reformatoren der gleiche ist[259], fehlen Anzeichen dafür, daß ein den Islam betreffender Gedankenaustausch mit gegenseitiger Beeinflussung und Berichtigung stattgehabt hat. Fest steht nur, daß Melanchthon von Luthers Übersetzung der Confutatio des Riccoldus unterrichtet war. Von einer Hinzuziehung oder Mitbeteiligung hieran lesen wir nichts[260]. Einzig um die Freigabe des Biblianderschen Sammelwerkes zu ermöglichen, sehen wir sie gemeinsam tätig[261]. An eine Mission unter Muhammedanern hat Luther, auch darin sich mit Melanchthon berührend, nie gedacht[262].

---

rücksichtslos und macht, wo es ihm gut scheint, eigene Zusätze (vgl. WA 53, S. 267 f.).

[258] Vgl. H. Barge, S. 79 ff.; Simon, Der Islam und die christliche Verkündigung, S. 45.

[259] Nach Barge setzt Luthers Kritik an drei Punkten ein: 1. an Muhammeds Stellung zu Christus, 2. an der Störung des weltlichen Regiments, und 3. an der Vielweiberei (S. 111). Einzelheiten der Koranlehre werden angeführt „meist in der polemischen Absicht, ihre Wesensähnlichkeit mit der päpstlichen zu erweisen" (S. 112). — „Daher tragen alle seine (sc. des Islams) Lehren den Charakter der Ungewißheit. Wo aber Wort Gottes nicht Grundlage der Religion ist, ist sie Produkt der menschlichen Vernunft, Erdichtung, als solche von sündiger Qualität, dem Reiche der Finsternis angehörig. Hier liegt der grundlegende Unterschied (Melanchthons discrimen!) zwischen Christentum und Islam (samt allen anderen Religionen)" (Holsten, S. 127). Der Islam ist eine trinitarische und christologische Ketzerei und steht in einer Linie mit Arius (Ebda., S. 129).

[260] In der Hand gehabt hat er sie; denn er schreibt an Lauterbach in Pirna: Mitto tibi D. doctoris Martini utilem et piam admonitionem contra Mahometica deliria editam (CR 4, 807).

[261] Vgl. Enders-Kawerau, 14, S. 259, Nr. 3142 a und ebda., S. 349 ff., Nr. 3197; 15, S. 39 f., Nr. 3216, wo die infolge uneinheitlicher Angaben in den einzelnen Ausgaben strittige Urheberschaft der beiden Vorworte geklärt wird.

[262] Vgl. Frick, S. 37; Warneck, S. 9: „Niemals bezeichnet Luther die Türken oder gar die Heiden als Objekt einer geordneten Missionstätigkeit."

**Ebenfalls im SEVERUS Verlag in der *Reihe RelígioSus* erhältlich:**

Paul Kalkoff
**Ulrich von Hutten und die Reformation**
Eine kritische Geschichte seiner wichtigsten Lebenszeit und der Entscheidungsjahre der Reformation (1517 - 1523)

Herausgegeben und mit einem Vorwort versehen von Christiane Beetz

*Reihe ReligioSus, Band I*

SEVERUS 2010 / 624 S. / 49,50 Euro
ISBN 978-3-942382-52-6

Ulrich von Hutten, Zeitgenosse Martin Luthers, hat die frühen Jahre der Reformation bedeutend mitgeprägt. Die von ihm geübte Kritik an der Kirche und an den Landesfürsten nahm die Mißstände der Zeit auf; sein politisches Engagement betrieb er ohne Rücksicht auf sein eigenes Schicksal. Bis heute ist die Einordnung seiner Schriften auf Grund seiner kontroversen Persönlichkeit umstritten.

Der Reformationshistoriker Paul Kalkoff zeigt mit dem vorliegenden Band den Einfluß Huttens auf zeitgenössische Theologen und Schriftsteller auf und setzt sich kritisch mit den Beurteilungen anderer Historiker auseinander. Auf diese Weise gelingt ihm ein wichtiges Zeitdokument zur Person Ulrich von Huttens.

„Ulrich von Hutten und die Reformation" von Paul Kalkoff ist der erste Band der Reihe ReligioSus, die vergessene Werke, die sich auf unterschiedlichste Weise mit dem Phänomen Religion und deren Beeinflussung unserer Wertvorstellungen beschäftigen, wieder zugänglich machen möchte.

***Reihe ReligioSus Band III* in Vorbereitung:**
**Richard Zoozmann: Hans Sachs und die Reformation - In Gedichten und Prosastücken.**

www.severus-verlag.de

**Bisher im SEVERUS Verlag erschienen:**

**Achelis. Th.** Die Entwicklung der Ehe * **Andreas-Salomé, Lou** Rainer Maria Rilke * **Arenz, Karl** Die Entdeckungsreisen in Nord- und Mittelafrika von Richardson, Overweg, Barth und Vogel * **Aretz, Gertrude (Hrsg)** Napoleon I - Briefe an Frauen * **Ashburn, P.M** The ranks of death. A Medical History of the Conquest of America * **Avenarius, Richard** Kritik der reinen Erfahrung * **Bernstorff, Graf Johann Heinrich** Erinnerungen und Briefe * **Binder, Julius** Grundlegung zur Rechtsphilosophie. Mit einem Extratext zur Rechtsphilosophie Hegels * **Bliedner, Arno** Schiller. Eine pädagogische Studie * **Brahm, Otto** Das deutsche Ritterdrama des achtzehnten Jahrhunderts: Studien über Joseph August von Törring, seine Vorgänger und Nachfolger * **Braun, Lily** Lebenssucher * **Braun, Ferdinand** Drahtlose Telegraphie durch Wasser und Luft * **Büdinger, Max** Don Carlos Haft und Tod insbesondere nach den Auffassungen seiner Familie * **Burkamp, Wilhelm** Wirklichkeit und Sinn. Die objektive Gewordenheit des Sinns in der sinnfreien Wirklichkeit * **Caemmerer, Rudolf Karl Fritz** Die Entwicklung der strategischen Wissenschaft im 19. Jahrhundert * **Cronau, Rudolf** Drei Jahrhunderte deutschen Lebens in Amerika. Eine Geschichte der Deutschen in den Vereinigten Staaten * **Cushing, Harvey** The life of Sir William Osler, Volume 1 * The life of Sir William Osler, Volume 2 * **Eckstein, Friedrich** Alte, unnennbare Tage. Erinnerungen aus siebzig Lehr- und Wanderjahren * **Eiselsberg, Anton Freiherr von** Lebensweg eines Chirurgen. * **Elsenhans, Theodor** Fries und Kant. Ein Beitrag zur Geschichte und zur systematischen Grundlegung der Erkenntnistheorie. * **Ferenczi, Sandor** Hysterie und Pathoneurosen * **Fourier, Jean Baptiste Joseph Baron** Die Auflösung der bestimmten Gleichungen * **Frimmel, Theodor von** Beethoven Studien I. Beethovens äußere Erscheinung * Beethoven Studien II. Bausteine zu einer Lebensgeschichte des Meisters * **Fülleborn, Friedrich** Über eine medizinische Studienreise nach Panama, Westindien und den Vereinigten Staaten * **Goldstein, Eugen** Canalstrahlen * **Griesser, Luitpold** Nietzsche und Wagner - neue Beiträge zur Geschichte und Psychologie ihrer Freundschaft * **Heller, August** Geschichte der Physik von Aristoteles bis auf die neueste Zeit. Bd. 1: Von Aristoteles bis Galilei * **Helmholtz, Hermann von** Reden und Vorträge, Bd. 1 * Reden und Vorträge, Bd. 2 * **Kalkoff, Paul** Ulrich von Hutten und die Reformation. Eine kritische Geschichte seiner wichtigsten Lebenszeit und der Entscheidungsjahre der Reformation (1517 - 1523), Reihe ReligioSus Band I * **Kerschensteiner, Georg** Theorie der Bildung * **Krömeke, Franz** Friedrich Wilhelm Sertürner - Entdecker des Morphiums * **Külz, Ludwig** Tropenarzt im afrikanischen Busch * **Leimbach, Karl Alexander** Untersuchungen über die verschiedenen Moralsysteme * **Liliencron, Rochus von / Müllenhoff, Karl** Zur Runenlehre. Zwei Abhandlungen * **Mach, Ernst** Die Principien der Wärmelehre * **Mausbach, Joseph** Die Ethik des heiligen Augustinus. Erster Band: Die sittliche Ordnung und ihre Grundlagen * **Müller, Conrad** Alexander von Humboldt und das Preußische Königshaus. Briefe aus den Jahren 1835-1857 * **Oettingen, Arthur von** Die Schule der Physik * **Ostwald, Wilhelm** Erfinder und Entdecker * **Peters, Carl** Die deutsche Emin-Pascha-Expedition * **Poetter, Friedrich Christoph** Logik * **Popken, Minna** Im Kampf um die Welt des Lichts. Lebenserinnerungen und Bekenntnisse einer Ärztin * **Rank, Otto** Psychoanalytische Beiträge zur Mythenforschung. Gesammelte Studien aus den Jahren 1912 bis 1914. * **Rubinstein, Susanna** Ein individualistischer Pessimist: Beitrag zur Würdigung Philipp Mainländers * Eine Trias von Willensmetaphysikern: Populär-philosophische Essays * **Scheidemann, Philipp** Memoiren eines Sozialdemokraten, Erster Band * Memoiren eines Sozialdemokraten, Zweiter Band * **Schweitzer, Christoph** Reise nach Java und Ceylon (1675-1682). Reisebeschreibungen von deutschen Beamten und Kriegsleuten im Dienst der niederländischen West- und Ostindischen Kompagnien 1602 - 1797. * **Stein, Heinrich von** Giordano Bruno. Gedanken über seine Lehre und sein Leben * **Thiersch, Hermann** Ludwig I von Bayern und die Georgia Augusta * **Tyndall, John** Die Wärme betrachtet als eine Art der Bewegung, Bd. 1 * Die Wärme betrachtet als eine Art der Bewegung, Bd. 2 * **Virchow, Rudolf** Vier Reden über Leben und Kranksein * **Wernher, Adolf** Die Bestattung der Toten in Bezug auf

www.severus-verlag.de

Hygiene, geschichtliche Entwicklung und gesetzliche Bestimmungen * **Weygandt, Wilhelm** Abnorme Charaktere in der dramatischen Literatur. Shakespeare - Goethe - Ibsen - Gerhart Hauptmann * **Wlassak, Moriz** Zum römischen Provinzialprozeß

www.ingramcontent.com/pod-product-compliance
Lightning Source LLC
Chambersburg PA
CBHW032104300426
44116CB00007B/887